# 引き寄せのコツ

運がよくなる
96のきっかけ

植西 聰

自由国民社

## まえがき

人の心は「引き寄せる力」を持っています。

いいことを引き寄せてくる力を持っています。

幸運、幸福、チャンス、いい人との出会い……など、様々ないいことを引き寄せてくれます。

しかし、反対に、悪いことを引き寄せてくることもあります。

時に、心は、不運、不幸、災難、失敗……などを引き寄せてきてしまう場合もあります。


すべては「心次第」なのです。

幸せで充実した人生を手にするのも、反対に、ふがいない人生を送ってしまうのも、すべてが自分の心次第なのです。

心がプラスの状態になれば、たくさんのいいことが引き寄せられてきます。

しかし、マイナスの状態になった心をそのままにしておくと、悪いことが引き寄せられてきてしまいます。

これが**「引き寄せの法則」**です。

人はみな、この引き寄せの法則に従って生きています。


本書は、もちろん、いいことを引き寄せるコツについて述べています。

そのコツは、**心をプラスの状態にすること**です。

それはこの人生を楽しく生きていくためです。

喜びに満ちた、充実した人生を実現するためです。

そのためには、特別な能力など必要ありません。

普通の人ができないような苦労をする必要もありません。

繰り返しますが、すべては心の持ち方次第なのです。

「心」が、自分自身の人生を作っていくと言ってもいいのです。

そして、**どのような心を持って生きていくかは、自分次第なのです。**

意識して、心をプラスのエネルギーで満たすようにしていけば、奇跡のようないいことがどんどん引き寄せられてきます。

もちろん生きていれば、苦しいこと、悩ましいこと、悲しいことも経験しなければなりません。

しかし、この「いいことを引き寄せるコツ」を知っていれば、いつまでもクヨクヨしなくて済みます。

落ち込んだまま立ち直れなくなるということはないのです。

心がくじけそうになる事があっても、そこから力強く立ち直り、明るい気持ちを取り戻して、元気に生きていけるようになります。

再び前向きな気持ちになって、たくさんのいいことを引き寄せて、意欲的に生きていけるようになります。

本書の中から一つでも二つでも参考になることを見い出して、本書が読者の幸せな人生に役立つことができれば幸いです。

著者

# 目次

## 第2章　心をプラスの状態にする

## 第3章　いい人間性を築きあげていく　59

## 第4章　良い心の習慣を持つ　85

## 第7章　前向きな面を見つける　159

## 第8章　心が元気になることをする　179

## 第9章　毎日を気持ちよく生きていく　203

# 第1章
# ワクワクすることを願う

# やりたいことがある時は、その前向きな気持ちを素直に言葉にしていくのがいい

## ◆やりたいことに対してネガティブな言葉を使わない

何かやりたいことがあっても、

「私には無理に決まっている」

「失敗して恥をかきたくない」

といったことを言って、最初からあきらめてしまう人がいます。

しかし、そのような「何もしない人」に、いいことが訪れることはありません。

挑戦してみる前から、無理だと決めつけることはありません。

失敗を怖れたり、恥をかくことを嫌がることはありません。


**「やってみたい」という気持ちがあるのなら、その気持ちを素直に口に出すほうがいいのです。**

「私、やってみたいことがあるんです。ぜひ、やってみたいと思うんです」

「だって、楽しそうじゃありませんか。気持ちがワクワクしてくるんです」

このような「やりたい」という気持ちを素直に言葉にするのがいいのです。

その前向きで意欲的な気持ちによって心がプラスになり、いいことが引き寄せられてくるからです。

もちろん、簡単にうまくいくことはないかもしれません。様々な困難に見舞われることもあるでしょう。時には、失敗したり、周りの人たちから笑われて恥をかくこともあるかもしれません。

しかし、前向きで意欲的な気持ちを持ち、そしてポジティブな言葉をいつも口にしている人には、そんな苦しい状況になった時に、いいことがやってきます。

思わぬところから助け舟を出してくれる人が現れたり、急に事態が好転して物事がうまく運び出す、ということがあるのです。

ですから、怖れることはないのです。

思いっきり、やりたいことへ向かって進んでいくのがいいのです。

そのほうが充実した人生を実現できます。

# やりたいことを見つけて、それを実現するために一生懸命になる

## ◆いいことは、やりたいことを持っている人に引き寄せられる

「やりたいことは何もない」

「何をやっても面白くない」

「興味があることなんてない」

といったことを言う人がいます。

しかし、そのような言葉を口にしながら、心の中では「何か、いいことが起こらないかな」という思いを強く持っている人もいます。

もし、いいことを引き寄せたいという思いがあるのなら、「やりたいことは何もない」といったネガティブな言葉は口にしないほうがいいでしょう。

やりたいことを具体的に持っている人に、いいことはやってきます。

自分がやりたいことに向かって一生懸命にがんばっている人に、いいことは引き寄せられてきます。

やりたいことに前向きに生きている人に、いい人との出会いがあります。

いい情報がもたらされ、そして、いいチャンスにも恵まれます。

ですから、**「やりたいことは何もない」などと言っていないで、何かやりたいことを見つけ出すことが大切です。**

最初のうちは、小さなことでもいいのです。

まずは日常生活の中で、何かやりたいことを探し出すことから始めます。

「評判がいいレストランで食事をしてみたいな」

「休日にハイキングへ行ってみたい」

「話題の本をゆっくり読んでみたい」

日常生活の中で、そのような小さな「やりたいこと」をたくさん見つけて、そのために努力していきます。

そうすれば、生きることがずっと面白くなってきます。新たに興味を感じるものも出てきます。その結果、心がプラスになり、いいことが引き寄せられてきます。

## 「願う心」を持って生きていく人は、自分の人生を意欲的に作っていく

### ◆いつも新しい夢に向かって意欲的に生きていく

仏教の言葉に、**「願心《がんしん》がないと、堕落してしまって何事も成し遂げられない」**というものがあります。

「願心」とは、その言葉通り、「願う心」です。

「こういうことをやってみたい。成し遂げてみたい」

「私には夢がある。その夢を実現するために一生懸命になる」

といったことです。

このような「願う心」がない人は、生きる意欲を失い、毎日をノンベンダラリと無意味に過ごすだけになってしまいます。

その結果、これといったことは何事も成し遂げられません。

もちろん、いいことに恵まれることもありません。

人間は、何でもいいですから、「やってみたいこと」を持って生きていくことが大切です。

何か夢を持っているだけで、気持ちがワクワクしてきます。

その夢に向かって一生懸命に取り組んでいる自分自身をイメージして、気持ちがワクワクしてくるのです。

そして、その夢を達成した時の自分を想像して、胸がはずんでくるのです。

そのようなワクワク感は、いいことを引き寄せてきます。

夢を実現するにあたって、それを助けてくれるような、いいことにたくさん恵まれるのです。

そして、一つの夢を達成すれば、また新たな夢に向かってチャレンジしてみたくなってきます。

結果的に、自分の人生を意欲的に生きていくことができるのです。

たくさんのいいことにも恵まれて、幸福な人生を実現できます。

そういう意味で、「願う心」を持って生きていくことが大切だと言えます。

## まずは、今の自分の心のパワーに合ったものを引き寄せることから始める

### ◆段階的に大きないいことを引き寄せていく

「いいことをなかなか引き寄せられない」と言う人がいます。
その人は、高望みをしすぎているのかもしれません。
今の自分に釣り合わないようなことを望んでも、決していいことは訪れません。
たとえば、幼い子供は重いものを持ち上げることはできません。
重いものを持ち上げるだけのパワーがないのです。
いいことを引き寄せるということについても、同様のことが言えます。
心にそれだけのパワーがついていない段階で、あまりに大きなことを望みすぎても、
それを引き寄せることはできないのです。
それればかりか、ちっともいいことがない自分自身に自己嫌悪の感情を持つようにな

ります。かえって意欲を失って、思い悩むようになります。

そうなれば、かえって、悪いことを引き寄せるようになっていきます。

そういう意味では、まずは、**今の自分のパワーで引き寄せることができることを願うのがいい**でしょう。

ちょっとがんばれば達成できるようなことを願うのです。

「今日は、定時までにきっちり仕事を終わらせて、残業しないで帰りたい」といったように、日常生活に密着するようなことでも構いません。

そのような、たとえ小さいことであっても、それをやり遂げることで、心に「うれしい」という感情が生まれます。

その喜びの感情が心をプラスにし、いいことを引き寄せます。

たとえば、早めに家に帰って寛《くつろ》いでいると、友人から、行きたかったコンサートに招待される、といったようなことがあったりするのです。

いいことが起これば、少し自分に自信がつきます。そうしたら、もう少し大きなことを願います。それを叶えれば、また、もう少し大きな、いいことが起こります。

そのようにして段階的に「大きないいこと」を引き寄せていくのがいいのです。

# 一度にたくさんの願い事をすると、引き寄せる力が分散して弱くなる

## ◆一つのことにしぼって、願い事をしてみる

「あれもほしい、これもほしい」

と、欲張った願い事をする人は、結局は、何一つ欲しいものを手にすることができずに終わってしまう、という場合が多いようです。

たとえば、

「仕事で成功できますように。お金持ちになれますように。名声を得られますように。幸せな結婚ができますように。幸福な家庭に恵まれますように」

といった具合に、一度にたくさんの願い事をしてしまうと、いったいどの願い事を叶えたいかわからなくなってしまいます。

たくさんの願いを持つことは必ずしも悪いことではありません。

しかし、その**願い事を一つ一つ段階的に叶えていくようにするのが、いいことを引き寄せるコツの一つになります。**

たとえば、まずは、

「仕事で成功できますように」

ということを一心に願います。

そうすることで自分自身が仕事に集中することができますし、また、いいことを引き寄せる力も強まるのです。

そして、仕事で成功するという願いを叶えることができたら、

「幸せな結婚ができますように」

という次の願い事をするのです。

欲張って、一度にたくさんのいいことを引き寄せようと思うと、その一つ一つの願いを引き寄せる力が分散してしまうことになります。ですから、何一つ、いいことを引き寄せられないまま終わる、ということにもなりかねません。

しかし、一つのいいことだけにしぼって願えば、それを引き寄せる力が強くなるのです。つまり、願い事が叶う可能性が高まるのです。

# 思い立ったが吉日、やりたいことができたらすぐに体を動かす

## ◆せっかくの楽しい夢を先延ばしにしないようにする

**「思い立ったが吉日《きちじつ》」**という言葉があります。

「こんなことをしてみたい」という、楽しい夢を持ったとします。

胸がワクワクと躍《おど》るような夢です。

そんな夢を思い立ったら、その日のうちに行動に移すのが「吉《きち》」なのです。

それがいい運勢を自分のもとへ引き寄せるコツになるのです。

しかし、そこで「もう少し、じっくり考えてからにしよう」「とりあえず何日かしてから準備にとりかかろう」と先延ばしをしていると、ワクワク感がどんどん弱まっていってしまいます。

それに伴って、いいことを引き寄せる力も弱まってしまうのです。

たとえば、「旅行したい」という夢を持ったとします。

このようなケースで、「その日のうちに旅立つのがいい」と言っているわけではありません。

仕事などの都合で、そんなことは無理な場合が多いでしょう。

しかし、旅行してみたいと思う観光地などの情報を集めることは、近いうちに行動に移せると思います。

旅行会社へ行ってパンフレットを集めてくることもできます。

インターネットで、情報を集めることもできるでしょう。

自分が旅行したいと思っている観光地へ行った経験のある人が友人にいたら、その友人から話を聞くこともできます。

旅行会社に申し込む時は、先延ばしせずに、すぐ動くということが大切になります。

すぐ動くことで、ワクワク感がさらに強くなっていきます。

旅行当日の日が来るまで、そのワクワク感はさらに大きくなっていきます。

そうすれば、きっと、旅行先でいいことがあると思います。

## 良いアイデアに素早い行動が加わって、初めていいことを引き寄せられる

### ◆グズグズしていると、せっかくのチャンスが逃げていく

「あの時、すぐに行動していれば、結果は大きく変わっていただろう」

「あの時、グズグズしていたから、せっかくのチャンスを逃してしまった」

「行動するのが遅かった。ライバルに先を越されてしまった」

そんな声をよく聞きます。

たとえば、仕事で何かいいアイデアを思いついたとします。

しかし、「本当に成功するだろうか」と迷います。

「どうせ、上司からケチをつけられてボツにされることになるのでは」と思い悩みます。

しかし、そんなふうに迷ったり悩んだりしているうちに、ライバルに自分のアイデ

アを先取りされてしまいます。

その結果、「あの時、すぐに動いていれば〜」と後悔することになるのです。

迷ったり、悩んだりしているのは、時間の無駄です。

時間を無駄に使っていると、悪いことが引き寄せられてきてしまうのです。

**「好機逸《こうきいっ》するべからず」**という言葉もあります。

「チャンスを逃してはいけない」という意味です。

アイデアを思いついた時がチャンスなのです。

「成功するだろうか」「上司がどう言うだろうか」といったことは気にせずに、とにかく行動してみることです。

企画書を書き、提案してみることです。

その提案をどう受け取るかは、相手が考えることです。

自分自身としては、「すぐ動く」ということが大切です。良いアイデアだけでは、いいことは引き寄せられません。良いアイデアに、素早い行動が加わって、初めて色々なことが引き寄せられます。

きっと、そのアイデアを実現するチャンスも巡ってくると思います。

# 時間的な余裕を持って予定を組む、それが心のゆとりを持って楽しむことにつながる

## ◆忙しくなりすぎると、マイナス感情が悪いことを引き寄せる

「時間的な余裕を持つ」ということも、いいことを引き寄せるための大切なコツになります。

時間的な余裕を持つということは、心にゆとりを持つことにつながります。

その「心のゆとり」が、いいことを引き寄せるのです。

「これを実現したい」という願望を持つとします。

その願望を実現するために、様々な準備を行います。

情報を集め、関係する人にあって話を聞き、行動する必要があるでしょう。

実現したいことが大きければ大きいほど、「やるべきこと」は山のようにたくさんあります。

やりたいことができたら、それをすぐに行動に移すほうがいいとしても、しかし、だからと言って、予定をギューギューに詰め込まないほうがいいのです。

予定を詰め込みすぎて忙しくなりすぎると、心にゆとりがなくなります。

そのために、ちょっとしたことでイライラするようになります。

思うようにならないことがあると、怒りを感じます。

訳もなく周りの人に八つ当たりしたい気持ちになってきます。

そのように乱れる感情が、かえって悪いことを引き寄せてきてしまうことにもなりかねないのです。

そうなれば、願望の実現が遠のくことになります。

ですから、あまり焦らず、自分のペースを守りながら、願望の実現を目指していくことが大切です。

そのように**時間的な余裕を持つことで、心にゆとりができて、その過程を楽しみながら願望の実現を目指していくことができるようになります。**

過程を楽しむということが心をプラスにします。

# 夢を実現して喜んでいる自分のイメージを持ち続ける

## ◆自分自身に対して、いいイメージを持つようにする

夢の実現のために行動していく過程では、様々な障害が生じます。難しい問題に突き当たって、前へ進めなくなることもあります。途中で資金が足りなくなってしまうこともあるでしょう。仲間たちとの人間関係に問題が生じることもあります。

しかし、**どんな障害にぶつかったとしても、最終的に夢を実現して喜んでいる自分のイメージを心に持っておくことが大切です。**

多くの人たちから祝福され、仲間たちと喜び合っている情景のイメージです。

そのような良いイメージが、障害に直面した時に心の支えになってくれます。

心が折れそうになった時も、その良いイメージが心の支えになってくれて立ち直る

ことができるのです。

また、その良いイメージがいいことを引き寄せる力を生み出します。

障害に直面すると、人はつい、目先の問題ばかりに意識を取られて、イライラしたり落ち込んでしまいがちです。しかし、そのためにいっそう悪いことを引き寄せてしまう結果になることも多いのです。

ですから、気持ちを落ち着けて、現在直面している障害を乗り越えて、いつの日にか実現するだろう「喜びの瞬間」をイメージしてみるのです。

そうすることで、「こんなことで負けてはいられない」という闘志が生まれてきます。

「どうにかなるんじゃないか」という楽観的な気持ちにもなれます。

たとえば夜、眠りにつく前に、そのような「喜びに満ちて輝いている自分」をイメージします。

昼間でも、ちょっと寛《くつろ》いでいる時に、「充実した人生を手にして満足している自分」をイメージします。

そうすることで、心をプラスにする良いイメージが強化されます。

すると、いいことを引き寄せる力も強まります。

# 第2章 心をプラスの状態にする

# 悲しいこと、悩ましいことがあっても、「日々是好日《にちにちこれこうじつ》」で生きていく

## ◆日々の出来事に振り回されず、いつも心を前向きにしておく

禅の言葉に、**「日々是好日《にちにちこれこうじつ》」**という言葉があります。

ある時、禅の師匠が弟子たちに、「これからの将来、あなたたちはどういう気持ちでいると思いますか」と尋ねました。

そう問われた弟子たちは、何も答えられませんでした。

人間には、これから先に何が起こるか見通すことなどできません。

今日、うれしいことがあれば、うれしい気持ちでいられるでしょう。

しかし、明日、悲しいことがあるかもしれません。そうなれば悲しい気持ちで暮らすことになります。

明後日には、悩ましい問題が生じるかもしれません。そうなれば悩ましい気持ちに

させられることになります。

つまり、将来的に何が起こるかで、うれしい気持ちになったり、悲しい気持ちになったり、悩ましい気持ちになったりします。

その時の出来事によって、人の気持ちはコロコロ変わっていきます。

ですから、一口に「どういう気持ちで〜」と師匠から問われても、弟子たちは答えることができなかったのです。

それに対して、その師匠が述べた言葉が、「日々是好日」です。

この言葉は、**「悲しいことがあっても、悩ましいことがあっても、『今日はとても良い一日だ』という気持ちを持って生きていくことが大切だ」**という意味です。

確かに将来は何が起こるかわかりません。

しかし、たとえ悲しいこと、悩ましいことがあっても、心をマイナスにしておくのではなく、プラス思考で毎日を生きていくことが大切なのです。

そういう心がけを持つことで、日々生じる出来事に振り回されずに、前向きな気持ちで生きていけます。

そしてその前向きな気持ちが心をプラスにし、いいことを引き寄せるのです。

## 今日という日を良い一日にするために、明るい笑顔でその日をスタートする

### ◆明るい笑顔が、たくさんのいいことを引き寄せる

心をプラスにする方法の一つに、「朝、起きたら、まず笑顔を作ってみる」というものがあります。

カーテンを開けて、日の光が輝く空に向かって、明るくほほえみます。

また、鏡に向かって、ほほえんでみます。

気持ちのいい笑顔からその日をスタートすることで、「今日という日が、とても良い一日になりそうだ」という楽しい予感がしてくるのです。

気持ちがハッピーになり、いいことがどんどん引き寄せられてくるのです。

西洋のことわざに**「なごやかな笑顔に、運命の女神は慈愛の手を差し伸べる」**というものがあります。

「運命の女神は慈愛の手を差し伸べる」とは、まさに「いいことがたくさん起こる」ということを意味しています。

笑顔を作ることによって、心がプラスの状態になります。

心が明るく、楽しく、前向きになります。

そうすると、その良い状態になった心の力に引き寄せられて、色々ないいことが起こるのです。

思いがけずに、願い事が叶うこともあるでしょう。

人からほめられたりもします。

とにかく、うれしい出来事がたくさん起こるのです。

その日一日が、たくさんのいいことに恵まれた、とても良い日になるでしょう。

従って、朝起きたら、まずは良い笑顔を作ることを心がけるようにすることが大切です。

悩ましい顔でその日をスタートしてしたら、悪いことばかり引き寄せる結果になります。

いいことは、笑顔に引き寄せられていくのです。

# いいことも、悪いことも、すべては自分の心のあり方が引き寄せる

## ◆いつも自分の心をプラスの状態にしておく

いいことをたくさん引き寄せて、幸せに暮らしていく人がいます。

一方で、残念なことに、悪いことばかり引き寄せてしまって、泣いたり悩んだりしながら生きていく人もいます。

この両者の違いがどこから生じるのかと言えば、それは各自の「心の持ち方」が関係しているのです。

いいことをたくさん引き寄せることができる人は、普段から自分の心をプラスの状態にしていくよう心がけています。

一方で、悪いことを引き寄せてしまう人は、いつも心がマイナスの状態になっている場合が多いのです。

仏教の創始者であるブッダ（紀元前５世紀頃）は、**「すべての物事は心にもとづき、心を主とし、心によってつくり出される」**と述べました。「人生における、いいことも悪いことも、すべてその人の心の状態にもとづいて作り出される」ということです。

そして、ブッダは、**「心が汚れていると、悪いことが引き寄せられる。心に汚れがなければ、いいことが引き寄せられる」**（意訳）と指摘しています。

「心が汚れている」とは、言い換えれば、心の中がマイナス思考によって満たされているということです。

反対に、「心に汚れがない」というのは、心の中に悲しみや苦しみがなく、希望や楽しみや喜びに満たされ、心がプラスの状態になっているということです。

つまり、ブッダも、また、「引き寄せの法則」について述べているのです。

**「いいことをたくさん引き寄せて幸せな気持ちで生きていくためには、いつも心をプラスの状態に保っていくことが最も大切だ」**ということです。

まずは、自分の心の状態をいつもチェックし、もし心がマイナスの状態に傾いていると わかった時は、その心をプラスの方向へ持っていくよう努力することが大切です。

## 「川上《かわかみ》」でいいことを思えば、「川下《かわしも》」でいい出来事になって現れる

### ◆自分自身の心のあり方にまずは意識を向ける

インドには、**「川下《かわしも》、川上《かわかみ》の考え方」**というものがあります。

「川下で起こることは、すべて川上で起こることに関係している」という考え方です。

では、「川下で起こること」とは何かと言えば、それは、その人の人生で起こる具体的な出来事です。

たとえば、自分の人生で何かいいことが起こるというのは、「川下で起こること」の一つなのです。

それでは、「川上で起こること」とは何かと言えば、それは、その人の心の中での出来事と言えます。

たとえば、心の中で、楽しいこと、喜ばしいことを思うとします。

川上において何か楽しいことを考えると、その思いが川の流れに乗って下っていきます。

そして、その楽しい思いが川下まで下ってきたところで、現実に「いい出来事」として自分の身の上に現れてくるのです。

心と、実際の出来事とは、このような因果関係で結ばれているのです。

**心の中、つまり川上でいいことを思うから、実際に川下でいいことが起こります。**

言い換えれば、「最近つまんないことばかりだ。何か、いいことが起こらないだろうか」と願っているだけではダメです。

その人は「川下」で起こることばかりに意識を奪われています。

自分の人生にいいことを引き寄せたいのであれば、「川上」へ意識を向けることが大切です。

まずは、自分の心をプラスの状態にする、ということです。

**「心で何を思うか」が、まずは先なのです。**

心をプラスの状態にすれば、自然に、いいことが引き寄せられてきます。

# 感謝する気持ちを持って生きると、たくさんのいいことが引き寄せられてくる

## ◆「生かされていること」に感謝しながら生きる

心をプラスの状態にする方法の一つに、「感謝する習慣を持つ」というものがあります。

人は、感謝するということで、とてもいい気持ちになれます。

松下電器（現パナソニック）の創業者である松下幸之助（19～20世紀）は、**「感謝の心が高まれば高まるほど、それに正比例して幸福感が高まっていく」**と述べました。

一緒に仕事をしている人たちに、「あなたたちのおかげで、私もいい仕事ができます。ありがとうございます」と感謝します。

友人や家族に、「あなたたちのおかげで、私も豊かな人生を送れます。ありがとう」と感謝します。

そんな感謝の気持ちを持つことで、その人の心はいつも大きな幸福感に満たされます。

そして、その幸福感に、色々ないいことが引き寄せられてくるのです。

その結果、何かいいことがあったら、そのことにもまた「ありがとうございます」と感謝します。

自分にいいことをもたらしてくれた人に、「おかげさまで助かります」と感謝の言葉を伝えます。

その結果、いっそういいことがもたらされます。いいことがいいことを生み出し、いいことが連続していくという好循環が生まれるのです。

人は「生きている」のではなく、ある意味、「生かされている」という存在だと思います。周りの人たちの助けや、環境や、仕事や、様々なもののおかげで「生かされている」のです。

まずは、自分が「生かされている」ということに感謝しながら生きていくことが大切です。

そんな感謝の気持ちが心をプラスにし、いいことを引き寄せるのです。

# 不満があるものも、ちょっと見方を変えれば、「感謝すべきもの」になっていく

## ◆感謝すべきものは、たくさんある

身の周りのことに感謝するどころか、不満ばかり言って生きている人がいます。

その人たちは、「私の人生には、感謝すべきことなど何もない」と思っているのです。

そのような人の心には幸福感が生まれません。

従って、いいことも起こりません。

本人は「感謝すべきことがない」と言うのですが、本当は身の周りにたくさんあるのです。

本当は、感謝すべきことがたくさんあるのに、本人がそれに気づいていないだけではないでしょうか。

ヨガ哲学者の中村天風《てんぷう》（19〜20世紀）は、「**感謝するに値するものがないのではない。**

**感謝するに値するものに気がつかないでいる」**と述べました。

ちょっと見方を変えてみればいいのです。

たとえば、仕事に不満があるという人がいるかもしれません。

しかし、その仕事があるからこそ生活ができている、というのも事実だと思います。

そうならば、その仕事に感謝することができると思います。

また、家族に不満を持つ人もいるかもしれません。

しかし、その家族の支えがあってこそ、自分が生きていける、ということも事実だと思います。

その事実に気づけば、やはり、家族への感謝の気持ちも芽生えてくると思います。

このように、ちょっと見方を変えることで、「感謝するに値するもの」に気づくことができるのです。

そして、感謝の気持ちで心を満たせば、それだけ「生きていて幸せだ」という思いも大きくなっていきます。

その結果、心がプラスになり、いいことが引き寄せられてきます。

# 食べ物も自然もすべてが自分の命を支えている、すべてのものに感謝して生きる

## ◆感謝の気持ちをこめて、食事をする

曹洞宗《そうとうしゅう》の開祖である道元《どうげん》（13世紀）に次のようなエピソードがあります。

ある時、炊事《すいじ》を担当していた修行者が、道元がいるところで、「米をとぐ」という言葉遣いをしました。

道元は、その修行者に対して、「『米』ではなく、『お米』と言いなさい」と教えました。

さらに、**「『お米をといで差し上げる』という言い方をすればもっといい」**と諭《さと》しました。

米を「お米」と言うのも、「お米をといで差し上げる」と言うのも、これは「感謝の気持ちを持つことの大切さ」を意味しているのです。

米は、日本人の主食です。

米があるおかげで、日本人は命を育《はぐく》めています。

それは禅の修行者であっても同じことです。

自分の命を支えているものへの感謝の気持ちをこめて、米を「お米」と呼び、また、「お米をといで差し上げる」と言うように道元は指摘したのです。

このように、常日頃から感謝の気持ちを忘れないことで、心が安らぎ、また幸福感に満たされていく、ということです。

人の命を支えているものは「お米」だけではありません。

「水」も「空気」も「日光」も、人の命を育む大切な要素の一つです。

「空気」や「日光」まで「お」をつけて呼ぶことはないと思いますが、ただし、そういう意味で、感謝の気持ちを忘れないことは大切だと思います。

自分の身の周りにあるものは、食べ物も自然もすべて「自分の命を支えてくれているもの」です。

それらすべてに感謝の気持ちを持つことも心をプラスにし、いいことを引き寄せる一つのコツになります。

## 「仕事がつまらない」と思うと、そのマイナス感情にいっそう悪いことが引き寄せられてくる

### ◆「仕事は楽しい」と意識を変えてみる

何事も「楽しんでやる」ということが大切です。

その「楽しい」という気持ちに、いいことが引き寄せられてくるからです。

にもかかわらず、「仕事なんて、つまらない」と言う人がいます。

「仕事はつまらない」と言う人は、きっと、仕事であまりいい思いはしていないのでしょう。

失敗を繰り返して、上司に叱られてばかりいたり、トラブルばかりに見舞われて、苦労しているのでしょう。仕事の人間関係もうまくいきません。そんな嫌な思いばかりしているから、いっそう「仕事がつまらない」という気持ちがしてくると思います。

しかし、ここで、考え方の順番を変えても良いと思います。

仕事の失敗やトラブルになぜ見舞われるのかと言えば、それは自分自身が「仕事がつまらない」と考えているからです。

「つまらない」というマイナスの感情を抱くと、そこに悪いことがどんどん引き寄せられてきます。

失敗やトラブルに見舞われて、いっそう仕事がつまらなくなり、そのためにさらに面倒な失敗やトラブルを経験する……という悪循環にはまっていきます。

このような悪循環を変えるためには、「仕事を楽しむ」という意識を持つことが大切です。

「こんなつまらない仕事を楽しむなんて、しょせん無理だ」と決めつけてしまうのは賢明ではありません。

**自分からアイデアを出して、自分らしいやり方で積極的に仕事を創造していくという気持ちを持てば、必ず仕事が楽しくなっていきます。**

「楽しい」という気持ちがあると、業績が上がったり、上司からほめられるといった様々ないいことが引き寄せられてきます。

心がプラスになれば、仕事がいっそう楽しくなっていきます。

# すべては自分の心が決めている、「楽しい」と思えば何事も楽しくなる

## ◆仕事に自分のアイデアを生かすよう心がける

仏教に**「唯識《ゆいしき》」**という考え方があります。

「唯《ゆい》」は、「ただ」とも読みますが、「ただ、それだけがある。その他にはない」という意味があります。

「識《しき》」には、「心」という意味があります。

つまり、「唯識」とは、**「心で思うことがすべてだ」**という考え方なのです。

たとえば、「仕事がつまらない」と言う人がいます。

それは、本質的な意味で、その仕事がつまらないのではありません。

自分自身の心が「つまらない」と決めつけているにすぎないのです。

ですから、「仕事は楽しい」と、認識の仕方を変えればいいのです。

そうすれば、本当に、その仕事を楽しみながら行っていくことができるようになります。

これが仏教の「唯識」という考え方なのです。

もちろん、そのように認識の仕方、つまり心のあり方を変えるには、何かしら具体的な方法も必要になってきます。

おそらく、「仕事がつまらない」という人は、上司から命じられる仕事をそのままやっているだけなのではないかと思います。

つまり、「やらされている」という意識があるので、そのために仕事がつまらないと感じてしまうのです。

その意味では、自分から積極的に働きかけていくことが大切です。

自分からアイデアを提案したり、自分の考えで行動するように心がけます。

**自分の持っているものを、仕事に生かしていくことを心がけるのです。**

そのようにして、自分のアイデアが成果につながっていけば、仕事が楽しくなります。

仕事を楽しめば心がプラスになり、いいことを引き寄せます。

# 自分の心の持ち方次第で、地獄のような生活を天国に変えることもできる

## ◆自分の心が変われば、相手も変わってくれる

『失楽園《しつらくえん》』の作者として有名なイギリスの詩人であるジョン・ミルトン（17世紀）は、**「心というものは、それ自体一つの独自な世界だ。地獄を天国に変え、天国を地獄に変えることができる」**と言いました。

ミルトンは仏教徒ではありませんでしたが、この「心というものは、それ自体一つの独自な世界だ」という言葉は、仏教の**「唯識《ゆいしき》」**という考え方に通じるものがあると思います。

仏教の「唯識」もまた、**「心がすべてである。心がすべてを作り出す。心とは一つの世界だ」**という考え方だからです。

そして、「地獄を天国に変え、天国を地獄に変える」のも、その「心次第《こころしだい》」だとい

うことです。

たとえば、ある男性は、「家庭を地獄のように感じる」と言います。

家に帰ると、妻から文句ばかり言われます。

妻は鬼のように怒ってばかりいます。

そのために、妻とケンカばかりしているので、「私にとって、家庭は、まさに地獄だ」と言うのです。

しかし、これも自分自身の「心次第」で、家庭を天国に変えることができるのです。

それは、妻がなぜ怒って文句を言ってくるのかと考え、妻の心境を思いやることです。

そして、妻にやさしくする気持ちを持つことです。

自分自身がそういう「心」を持つことができれば、妻もまた夫にやさしくするでしょう。

また、妻は夫のために尽くすでしょう。

そして、妻は夫のために、いいことをたくさんすると思います。

そうすれば、家庭を天国のように感じられるはずです。

何事も、自分の心次第で変えられるのです。

## 時々「心の掃除」をして、マイナス感情を心から払い落とす

### ◆爽快な気分に、いいことは引き寄せられてくる

中村天風《てんぷう》（19～20世紀）の言葉に、**「概念要素の更改《こうかい》」**というものがあります。

「概念要素」とは、わかりやすく言えば、「心で思うこと」ということです。

「更改」とは、「新しいものに改める」ということです。

人の心には、知らず知らずのうちに不満、いら立ち、怒り、悩み、悲観といった感情がたまっていきます。

そのために何かと、身近な人と余計なトラブルを起こしたり、集中力を失ってつまらないミスを繰り返したりします。

ネガティブな感情が、悪いことばかりを引き寄せてしまうのです。そのために人間関係をうっとうしく感じるようになり、また仕事への意欲を失います。

従って、時々心を掃除《そうじ》して、不満やいら立ちといったマイナスの感情を心から払い落とす必要があります。

そうして、きれいさっぱりとした心境になってこそ、前向きな気持ち、やさしい気持ちが生まれてきます。

それが、天風の言う「概念要素の更改」です。

部屋を掃除すると、気分が爽快《そうかい》になるものです。

それと同じように、心を掃除することでも、爽快な気持ちになります。

そんな爽快さが、いいことを引き寄せてくるのです。

心を掃除する方法は、いくつかあります。

ヨガや瞑想をするのもいいでしょう。

趣味やスポーツなど、楽しいことに熱中するのもいいと思います。

美しい自然に接したり、いい音楽を聴く、という方法もあります。

そんな**自分ならではの「心の掃除法」を持つのが良いのです。**

# 第3章
# いい人間性を築きあげていく

# いいことは人と共にやってくる、周りに多くの人が集まってくる人になる

## ◆まず自分自身が人格的にすばらしい人間になる

人格的にすぐれている人のもとには、たくさんの人が集まってきます。

やさしい気持ちを持ち、人のために役立ちたいという気持ちを持つ人の周りには、多くの人が集まってきます。

その集まってくる人たちが、様々ないいことをもたらしてくれます。

たとえば、いい情報をもたらしてくれます。

また、仕事のチャンスを運んできてくれます。

「あなたの結婚相手にどうかと思う人がいるんです」と言ってきてくれる人もいるかもしれません。

自分に楽しい趣味を持つきっかけを作ってくれる人もいるでしょう。

自分が夢を実現することにあたって後押しをしてくれる人もいるでしょう。

自分が困っている問題を解決してくれる人もいるでしょう。

そのように**「いいこと」というのは、人と共にもたらされることも多いのです。**

すぐれた人格、やさしい気持ちの人に多くの人が集まってきて、集まってくる人と共にいいことが引き寄せられてきます。

しかし、人格的に問題がある人や、意地悪な人や、自分のことしか考えない利己的な人の周りには、人が集まってきません。

ですから、そのような人は、いいことを引き寄せることができません。

むしろ、そのような問題がある人の周りからは、人が離れていきます。

それと一緒に、いいことも離れていってしまうのです。

そういう意味では、すばらしい人間になっていくように、みずから努力をしていくことがとても大切になってきます。

他人を大切にし、自分を人間的に成長させるための努力を行っている人には、人が集まってくると共に、いいことがたくさん集まってくるのです。

## 自分の人間性を磨《みが》く、そうすれば人と共に大きな幸福がもたらされる

### ◆志《こころざし》を持って、人のために生きていく

中村天風《てんぷう》（19～20世紀）は、**「まずは人間を創《つく》る。魂を磨《みが》く。そうすれば、幸福は向こうからやってくる」**と述べました。

「幸福は向こうからやってくる」というのは、「いいことを自分のもとへ、たくさん引き寄せる」という言葉に言い換えられると思います。

この天風の言葉は、まさに引き寄せのコツについて述べられたものなのです。

そして、引き寄せの力を強めるために必要なこととして、天風は「人間を創ること」と「魂を磨くこと」を掲げているのです。

この「人間を創ること」と「魂を磨くこと」という二つの言葉は、実は、同じことを意味していると思います。

それは、「人間的に、すばらしい人間になる」ということです。

さらに、もう少し具体的に言えば、次のようなことになると思います。

・大きな志《こころざし》を持って前向きに生きる。
・情熱を持って、積極的な生き方をする。
・チャレンジ精神を持ち、たえず自分を成長させていく。
・人に喜びを与えることを、自分自身の喜びにする。
・人を尊重する気持ちを持ち、人間関係を大切にしていく。
・自分自身を大切にし、明るい生き方を目指す。
・小さなことでクヨクヨせず、楽天的に生きる。

このようなことを心がけていくことで、人間が創られていきます。つまり、魂が磨かれていくのです。

そして、そんな自分を慕って、たくさんの人が集まってきます。

集まってくる人たちが、いいことを人生にもたらしてくれます。

そして、そんな人たちと共に、いい人生を送ることができるのです。

## 「言葉」「行動」「心」が完全に一致した志を持つ、そういう人にいいことが引き寄せられる

### ◆言うこととやることが裏腹の人間にはならない

「志」という言葉は、「士」と「心」という文字が組み合わさって出来ています。

この「士」という文字の原型は、「之」です。

この「之」は、「の」と読むのが一般的ですが、この文字は「ゆく」という読み方もあります。

「ゆく」とは、「行く」です。

つまり「自分がある方向へ向かって進んで行く」ということです。

「志」という言葉は、この**「『自分が進んで行く方向』と『自分の心』とが重なり合っている、つまり完全に一致している状態」**を表しているのです。

口では、「人のために尽くします。人のために、がんばります」と立派なことを言い、

また人のために尽くすようなふりをしながら、実際には自分の利益のためにしか動かない人がいます。

このような人は、「志のある人」とは言えないでしょう。

言うことと、やることが違っているのです。

このような人は、いいことを引き寄せることはできません。

最初のうちは、その人の言葉に共感して人が集まってくるかもしれませんが、だんだんとその人の本音《ほんね》と、欲にまみれた本当の性格がわかってくるにつれて、その人の周りから人が離れていきます。

それと一緒に、いいことも離れていくのです。

本当の意味での志とは、**「口で言うこと」「行動すること」「心で思っていること」が完全に一致している状態**でなければならないのです。

そういう志を持っている人の周りに、多くの人が集まってきます。

また、いいことも引き寄せられてきます。

「言」「行」「心」が一致した志を持つことが大切です。

## いい人材を自分のもとに集めるコツは、「情け深い人間になる」ことにある

### ◆人を恨んだり、人に意地悪なことをしない

戦国武将の武田信玄《たけだしんげん》（16世紀）は、**「人は城、人は石垣《いしがき》、人は堀、情けは味方、仇《あだ》は敵なり」**と述べました。

信玄が戦国武将として成功した大きな要因の一つに、「たくさんの有能な家臣に恵まれた」ということが挙げられます。

信玄の有能な家臣は「武田二十四将《にじゅうよんしょう》」とも言われました。

信玄の、二十四人のすぐれた家臣を指す言葉ですが、その中には勇猛《ゆうもう》な武将もいました。

勇猛な家臣は、実際の戦場で大活躍しました。

一方で、知略《ちりゃく》にすぐれた家臣もいました。

知略にすぐれた家臣は、戦いの作戦を考える際に才能を発揮しました。

そのような様々な分野で優秀な能力を持った家臣がそろっていたのです。

そんな有能な家臣たちが、城のように、石垣のように、堀のように信玄を守っていたのです。

では、どのようにすれば、そのような有能な家臣を自分の周りに集めることができたのかと言えば、その理由は信玄の「情けは味方、仇は敵なり」という言葉で表されています。

つまり、「人には情け深く、やさしい気持ちで接することが大切だ。そうすれば、自分の味方になってくれるような、いい人材が自分に引き寄せられて大勢集まってくる」ということです。

反対に、「人を仇《あだ》する、つまり人を恨んだり、人に意地悪をするようなことをしてはいけない。そんなことをしたら、自分を敵視する人が増えていくばかりだ」ということです。

情け深い人に、いい人材が集まります。

その人材が、自分のためにいいことをもたらしてくれるのです。

# みんなで協力し合っていけば、みんなでいいことを分かち合うことができる

## ◆みんなでいいことを引き寄せていく

人と人とが協力し合っていくということは、とても大切なことです。

一人一人がみんなのためを思って尽くすと、いいことが起こります。

また、誰か一人困っている人がいたとしたら、みんながその一人のために尽くします。

そのようにして、みんなで協力していくことで、その「みんな」にいいことが訪れます。

みんなでいいことを分かち合い、そして喜び合うことができるのです。

戦国時代の武将に多胡辰敬《たこときたか》（16世紀）という人物がいます。

現在の島根県、山口県を支配していた尼子《あまご》氏の家臣として活躍しました。

この多胡辰敬が、次のように述べています。

**「一人で建物を建てるとしたら、十日かかるとする。**

**しかし、十人で協力して建てれば、一日で済む。**
**一人では大きな石を持ち上げられないとする。**
**しかし、八人集まれば、その大きな石を持ち上げられる。**
**つまり、人と人が団結し協力していくことが大切だ」**（意訳）

会社の仕事も、家族も、あるいはボランティア団体のような活動であっても、すべてに当てはまる言葉だと思います。

みんなで団結し協力していくことで、物事を効率的に早く終わらせることができます。

そうすれば次の課題に早く移ることができます。

また、より大きな成果を出すことができます。

そうすれば、さらにやりがいのある仕事が舞い込んできます。

そして、その喜びをみんなで分かち合うことで、生きがいや、やりがいといったものがさらに大きくなっていくのです。

## 「怒らず、不満を持たず、許す」という意識を持って、協力関係を強めていく

### ◆たとえ相手に非があっても、それを許す

性格や考え方が異なる人たちが協力して何かをしようという時、ちょっとした気持ちのすれ違いから人間関係がギクシャクしてしまうことがあります。

相手の言葉ややることに怒りを感じたり、あるいは不満を覚えたりするのです。

しかし、そのようなマイナスの感情をぶつけ合ってしまうことは、組織の和を乱す大きな原因になります。

組織がバラバラになってしまい、いいことを引き寄せる力も急激に失われていきます。

みんなと協力し合っていく時に大切なことが一つあります。

それは**「堪忍《かんにん》する」**ということです。

「堪忍」という言葉は、仏教から出てきました。そこには、

「人に対して怒らない」

「人に対して不満を持たない」

「人を許す」

といった意味があります。

戦国時代から江戸時代初期にかけての禅僧である沢庵《たくあん》（16～17世紀）は、**「何事においても、堪忍という二文字を常に心に置いておくことが大切だ」**（意訳）と述べました。

特に大切なのは「許す」という意識を忘れないことです。

時には、明らかに相手が悪い、という場合もあると思います。

しかし、そうではあっても、怒らず、不満を持たず、相手を許していく気持ちを持つのです。

そうすることで、協力関係が強まります。

いいことを引き寄せる力も強くなります。

そして、より大きな成果が得られるのです。

## 「出世する」ということの本当の意味は、「俗世間の煩悩を捨て去る」ということにある

### ◆出世したら、無私の心境になって人のために尽くす

出世するということは多くの人たちにとって、喜ばしい、いい出来事であると思います。

しかし、「出世する」ということの意味を取り違えると、その、せっかくのいいことを失ってしまうことになりかねません。

たとえば、「出世すれば、威張り散らすことができる」と考える人です。

また、「出世をすれば、自分の思いで、多くの人を好き勝手に動かすことができる」と考える人です。

このような人たちは、「出世する」ということを思い違いしているのです。

「出世」という言葉の原語は仏教にあります。

**仏教で言う「出世」は、「俗世間の煩悩《ぼんのう》から抜け出る」ということを意味しています。**

つまり、「俗世間に影響された悪い考えを捨て去る」ということです。

「威張り散らしたい」というのも、「人を思い通りにしたい」と思うのも、煩悩、つまり悪い考えです。

そのような悪い考えが、悪いことを引き寄せる原因になります。

つまり、部下たちの信望を失って、上司としての能力を疑われる結果になるのです。

そのために、せっかく就いた地位を失ってしまうということになるかもしれません。

出世をしたら、「威張り散らしたい」「人を思い通りにしたい」といった煩悩を捨て去って、いわば無私の心境で部下たちや、会社のさらなる発展のために貢献する、という気持ちを持つことが大切です。

それが「出世する」という言葉の本当の意味なのです。

そういう「出世する」という言葉の意味を実践できる人が、部下たちの信頼を得て、自分自身もやりがいを持って自分の仕事に従事することができます。

そのため出世してからの人生に、いいことがもたらされるのです。

## 「謙虚であること」「穏やかであること」が、人と人とを「和」で結びつけていく

### ◆「和を大切にし協力する」という価値観を引き継いでいく

「和」という言葉は、「人と人とが和《なご》やかに協力していく様子」を表した言葉です。

この「和」とは、「禾《のぎ》へん」に「口」と書きます。

この「禾」には、「穀物」の意味があります。

「和」の「禾」は、穀物が豊かに実って、穂《ほ》が穏《おだ》やかに頭を垂れている様子を示していると言われています。

人間も、人間性が豊かな人は、人に対して謙虚に頭を垂れることができます。

頭をのけぞらして、威張ったりしません。

「和」の「禾」には、そういう人間性が豊かな人が頭を垂れている謙虚な姿も合わせてイメージされているのです。

また、「和」に「口」という字があるのは、「人間性が豊かな人は、謙虚で穏やかな話し方をする」という意味があるとも言われています。

つまり、**人と人とが和をもって結ばれていくためには、「謙虚な態度で人に接する」ということと、「謙虚で穏やかな話し方をする」ということが大切だ**ということです。

謙虚であることと、穏やかであることを心がけていくことで、人と人とは和の関係を保っていけるのです。

日本は、昔、**「大和《やまと》」**と呼ばれていました。

これは、「日本人は『和』というものを大切にする国である」ということを意味しています。

昔の日本人は、「和を大切にし、みんなで協力して農作業を行っていくことで、豊かな生産物を収穫できる。いいことがたくさんもたらされる」ということを知っていたと思います。そこで、みずからの国を「大和」と呼びました。

「和を大切にし協力することで、いいことがある」という考え方は、現代人も引きついでいく価値があると思います。

# 人を非難すると、自分自身の心の中で怒りの感情が大きくふくらんでいく

## ◆相手の長所を探し出して、それをほめてみる

知らず知らずのうちに自分の人生に悪いことを引き寄せてしまう言葉があります。

それは、誰かを非難する言葉です。

「あなたは、どうしていつも出来が悪いんですか。あなたがのろまなので、みんなが迷惑をしているのがわからないんですか」

「あの人は本当に性格が悪い。どうにかしてほしい。あの人と一緒にいるだけで、こちらがイライラしてくる」

このような非難は、実は、自分自身の感情にマイナスの影響を与えてしまう大きな原因になってしまうのです。

誰かを非難してしまったことが原因で、自分自身の心の中で、怒りの感情が大きく

ふくらんでいきます。

イライラが止まらなくなります。

そのようなマイナスの感情のために、いいことが離れていきます。

むしろ、悪いことが引き寄せられてきます。

誰かを非難しながら、腹立ちまぎれに電信柱を蹴《け》っ飛ばし、自分自身の足をねん挫《ざ》してしまう……というのは、よくマンガに登場する一場面ですが、実際にそのようなことが起こってしまうのです。

ですから、自分自身のためにも、人の非難はしないことが大切です。

人を非難したくなるのは、その相手の悪いところばかりに意識を奪われているからだと思います。

もし、**非難したくなったら、意識してその人の長所を探してみます。**

**そして、その人の長所を、「あの人はすごい」とほめてみます。**

心の中で、ほめるだけでもいいのです。

そうすることで、その相手とうまくつき合っていけるように思えてきます。

気持ちも穏《おだ》やかになって、いいことも引き寄せられてきます。

## 「明るい性格」は、いいことを引き寄せる「永遠の財産」になる

### ◆お金をためることよりも、明るい性格を心がける

鉄鋼の仕事で成功したことから「鉄鋼王」と呼ばれたアメリカの実業家、アンドリュー・カーネギー（19～20世紀）は、**「財産よりも、もっと貴重なのは、明るい性格だ。困ったことがあっても、笑いで吹っ飛ばしてしまおう」**（意訳）と述べました。

「明るい性格」とは、「楽天的で、前向きな気持ちを失わない」ということだと思います。

困ったことがあっても、絶望したり悲観することなどなく、「笑いで吹っ飛ばしてしまう」くらいの楽天的な気持ちで、前向きに生きていくことです。

失敗することがあっても、クヨクヨすることなく、「これは、いい勉強になった。これで私は一つ賢くなった」と前向きに考えることができるのです。

そのように何があっても明るい性格でいると、向こうから、どんどんいいことが引

き寄せられてくるのです。

明るく笑えば、困った状況をはね返し、一発逆転するチャンスがめぐってきます。失敗を取り返し、名誉挽回《めいよばんかい》するチャンスがやってきます。

ですから、カーネギーは、「財産よりも、もっと貴重なのは、明るい性格だ」と言ったのです。

財産というものは、なくなってしまう場合もあります。事業がうまくいかずに、せっかくの財産を失ってしまう、という場合もあるでしょう。

危ない投資に財産をつぎ込んで、すべての財産がパーになることもあります。

また、人にだまされて、財産を奪われる、ということもあるかもしれません。

しかし、明るい性格さえ心がければ、いいことを引き寄せる力は無尽蔵《むじんぞう》です。

明るい性格でいれば心がプラスになり、いいことを永遠に引き寄せていくことができます。

その意味でも明るい性格は、財産より貴重なのです。

# 人も虫も同じで、不思議に「明るいところ」へと引き寄せられていく

## ◆明るい話と、明るい笑顔を心がける

**「虫も人も、明るいところに集まる」**といいます。

夜に活動する羽虫《はむし》（羽で飛ぶ虫のこと）は、明るい照明がついている場所に集まっていくという習性があります。

それと同じように、人間にも「明るいところに集まっていく」という傾向があるのです。

しかし、人間の場合、「明るい照明」だけに集まるわけではありません。

人間の場合は、「明るい性格の人」のもとにも集まるのです。

明るい人と一緒にいると、良い気持ちになれます。

明るい人と話をしていると、前向きな気持ちになれます。

明るい人と一緒に何かをしていると、「こんな失敗でクヨクヨすることはないんだ」と楽天的な気持ちになれます。

ですから、明るい性格の人の周りには、たくさんの人が集まってきます。

自分自身が、そんな「明るい性格の人」になるよう努力することが大切です。

そうすれば、自分の周りにたくさんの人が集まってきてくれるのです。

そして、自分のもとに集まってくる人たちは、様々な幸運を運んできてくれます。

つまり、いいことが引き寄せられてくるのです。

では、どのようにすれば、明るい性格になれるのでしょうか。

今からでも簡単にできる方法を二つ挙げておきます。

**・明るい話題の話をする。**

**・明るい笑顔を心がける。**

この二つのことを、日常生活の中で心がけていくだけでも、性格が明るくなっていきます。

明るい考え方ができるようになり、また明るい希望を持って生きていけるようになります。

## 誰の心の中にも「明るい性格」が眠っている、それを呼び覚ますだけでいい

### ◆「私は根暗だから」と、自分の性格を決めつけない

「私は根暗な人間だから、明るい性格にはなれない」と言う人もいるでしょう。

しかし、**「明るい性格」というものは、実は、誰もが持っているものだ**と思います。

自分は根暗だという人であっても、実際には、明るい性格を持っているのです。

ただし、その明るい性格が、普段は、自分の奥のほうに閉じ込められてしまっているために、自分に明るい性格があると気づいていないだけなのです。

「明るい話をする」「明るい笑顔を心がける」ということは、**自分の奥のほうに閉じ込められて眠っている「明るい性格」を呼び覚ます**という効果があるのです。

そして、その明るい性格を呼び覚ますことに成功すれば、これまでとは違う生き方ができるようになります。

職場では、以前と比べてずっと明るく振る舞えるようになります。

上司や同僚たちとも、明るい態度で接することができるようになります。

取引先やお客さんからの評判も良くなります。

落ち込んでクヨクヨすることがなくなります。

前向きな気持ちで積極的に行動できるようになります。

友人たちとも、明るいつき合いができるようになります。

その結果として、そんな明るい性格に引き寄せられるようにして、新しい知人が増えていきます。

仕事の人間関係の幅も広がっていきます。

友だちも増えます。

そのような中から、新しい仕事のチャンスが生まれます。

良き親友を得るチャンスも生まれます。

様々ないいことが自分へと引き寄せられてくるのです。

その結果、自分自身が、「私にも、こんな明るい性格があったのか」と驚くことになると思います。

# 第4章 良い心の習慣を持つ

## 「心の習慣」を変えることで、幸運に恵まれた自分に生まれ変わることができる

### ◆楽天的な自分に変わって、引き寄せる力を強める

「私は心配性だから、いつも将来のことをあれこれ心配して思い悩んでしまう」と言う人がいます。

そして、本人は、「自分のそういう性格を変えることができない」と思い込んでいます。

しかし、実際には、そんなことはないと思います。

自分自身の性格は変えられるのです。

「性格」という言い方がよくないのかもしれません。

「性格」という言葉を使うと、どうしても、「それは持って生まれた先天的なものだから、変えることができない」と考えてしまいがちです。

ですから、「性格」というよりも、**「心の習慣」**と考えるほうが良いと思います。

「心配性」ということを「自分の性格」と考えるのではなく、むしろ「心の習慣」と思うのです。

**「習慣」であれば、自分で変えようと思えば、いくらでも変えることができます。**

心配性の人は、将来のことを考える時、マイナス面ばかりを見つけ出してきて悲観的な考えを持ってしまうことが、心の習慣になってしまっているのです。

従って、そんな「心の習慣」を変えればいいのです。

もしマイナス面が見つかったとしても、「あまり心配することはない」「どうにかなるんじゃないか」「問題が起こった時は、その時考えればいい」と考えるようにするのです。

そういう意識を持つよう心がけていくことで、「将来のことを楽天的に考える」ということが「心の習慣」になってきます。

「心配性の自分」から「楽天的な自分」へと少しずつ変わっていくのです。

そして、それがきっかけとなって心がプラスになるので、いいことを引き寄せる力が強まっていくのです。

# 「相手から嫌われている」と思うのではなく、自分から相手を好きになる

## ◆自分から相手を好きになれば、人見知りの性格を変えられる

オーストリアの精神科医であり、また心理学者だったアルフレッド・アドラーは、人間の性格のことを**「ライフスタイル」**と呼びました。

この場合、「スタイル」という言葉には、「その人特有の心の習慣」という意味があります。

つまり、「ライフスタイル」とは、「その人の人生における、その人特有の心の習慣」であり、それがその人の「性格」と呼ばれるものだということです。

従って、その**「考え方や行動の習慣」を変えることで、自分自身の性格を変えることができる**、とアドラーは説いたのです。

そうすることによって、それまで自分の性格に劣等感を持っていた人は、その劣等

感から解き放たれるのです。そして、クヨクヨ思い悩むことなく、前向きな気持ちで生きていけるようになります。心がマイナスからプラスの状態へ切り替わり、結果的にいいことを引き寄せるようになるのです。

たとえば、「相手からどう思われているかが気になって、初対面の相手に対して人見知りしてしまう」という人がいます。

こういうタイプの人は、初対面の人と向かい合った時、「この人は私に反感を持っているのではないか。私の言動を不愉快に思っているのではないか」と考えてしまうことが、いわば「心の習慣」になっている場合があります。

従って、その心の習慣を変えるよう心がければよいのです。

初対面の人と相対する時は、自分から意識して、「私は、この人に好感を持てる。この人とはきっとうまくいくに違いない。相手も、きっと自分に好感を持っていてくれるに違いない」と考えるようにします。

そうやって、ネガティブな心の習慣を、ポジティブな心の習慣に変えていくことによって、だんだんと「人見知りな性格」を変えていくことができます。

そうなれば、人との出会いの中で、いいことがもたらされるようになります。

## 「才能がなくても、やる気はある」と考えるだけでも、夢の実現を引き寄せられる

### ◆「ないもの」ではなく、「あるもの」へ意識を向ける

夢を叶えたいのに、「ないもの」ばかりに意識がいってしまう人がいます。

その人は、自分ならではのステキな夢はあるのです。

もちろん、良い夢を持つことは大切なことです。いいことは「良い夢」に引き寄せられていくという性質があるからです。しかし、悪い心の習慣を持っていると、せっかくのいいことが離れていってしまいます。

「ないもの」ばかりに意識が向くというのは、決して良い心の習慣ではありません。

それは、悪い心の習慣と言えます。

たとえば、あるビジネスマンが、「ゆくゆくは作家になりたい」という夢を抱いているとします。

しかし、一方で、「私には作家としての才能がない」「私には作家としての実績がない」「私には出版関係者への人脈がない」ということが気になり始めます。

そして、結局は行動しないで、夢を実現することをあきらめてしまいます。

このように、せっかく良い夢を持っていても、「ないもの」ばかりに意識が向かってしまう人は、「夢の実現」を自分のもとへ引き寄せることができません。

**夢の実現を引き寄せるためには、「あるもの」を強く意識していくことが大切なのです。**

「作家としての才能はないかもしれないが、私には人には負けないやる気がある」

「作家としての実績がないが、ビジネスマンとしての経験がある。その経験を執筆活動に生かせるはずだ」

「出版関係者への人脈はないが、私には、私を応援してくれる良き友人がたくさんいる」

このように「あるもの」を意識することで、気持ちが前向きになります。やる気も出てきます。

それが、様々ないいことを自分のもとへ引き寄せてくるのです。

## 自分から求めなければチャンスは引き寄せられない。チャンスから逃げていてはいけない

### ◆「できない理由」より「できる理由」に着目する

できるか、できないかわからないようなことがある時、「できない理由」ばかり探してしまう人がいます。

たとえば、会社で新しいプロジェクトが始まります。

上司から「このプロジェクトに参加しないか」と打診されるのですが、新しい事業ですから成功するかどうかはわかりません。

そのような時、「今は経済状況が悪いから、たぶん、うまくいかないだろう。私はプロジェクトに参加することはできない」

「大手企業もこの事業に乗り出してくるという話だ。うちのような中小企業がこの事業に参加しても、大手に敵《かな》わない。やっぱり、私はプロジェクトに参加することは

できない」

といったように「できない理由」ばかり探して、結局は否定的な結論を出してしまいます。

これも「悪い心の習慣」の一つだと言えます。

会社の中に、この「できない理由」ばかり探してしまうタイプの人と、「できない理由」があったとしても、もし「できる理由」があれば、積極的に「できる理由」にかけてチャレンジしていくタイプの人がいたとすれば、この両者は五年後には大きな差が出てくると思います。

「できない理由」ばかり探してしまうマイナス思考タイプは、いいことを引き寄せられません。

これといった活躍ができず、会社の中でうずもれてしまいます。

一方で、「できる理由」にかけてチャレンジしていくプラス思考タイプは、成功のチャンスを引き寄せて、会社の中で脚光を浴びる存在になっているでしょう。

**チャンスは、自分からそれへ手を差し伸べなければ、引き寄せることはできません。**

チャンスから逃げているのでは、チャンスを引き寄せることはできないのです。

## 「何か面白いことをやってやる」という意欲に、いいことは引き寄せられてくる

### ◆意欲がある人は、「できる理由」を探す

「できない理由」を探し、結局「できない」という結論を出すことは、本人にとっては、ある意味、安全なことです。

「できない」と言っておけば、失敗する危険はありません。

問題を乗り越えていくために、苦労を背負い込むこともありません。

もしうまくいかなかった時、自分が責任を問われることもないでしょう。

しかし、「できない理由」ばかりを探してしまうマイナス思考タイプの人は、いいことを引き寄せられません。

自分を伸ばし、注目され、成功を手にするチャンスを得ることができないのです。

そして、大勢の人たちの中にうずもれていってしまいがちです。

後になって、そんな情けない自分自身に、自己嫌悪を感じるようになる人もいます。

心がどんどんマイナスの状態になっていくからです。

そのために悪いことを引き寄せてしまうことにもなります。

まずは、**「何か面白いことをやってやろう。面白いことをやって、注目を浴びてやろう」**という意欲を持つことです。

そういうプラスの意欲を持つことで、何か新しいことにチャレンジする時、「できない理由」よりも「できる理由」に着目する心の習慣を持てるようになります。

そして、その「できる理由」にかけて積極的に行動していけます。

そういう「やってやる」という意欲によって心がプラスになり、色々ないいことが引き寄せられてきます。

その結果、「面白いことを実現する」ことができます。

「できない理由」を探して何もしないでいるよりも、「できる理由」を見つけ出して、プラス思考で生きていくことが大切です。

## 「世間をアッと驚かせるようなことをしたい」、そんなポリシーがいいことを引き寄せる

### ◆自分なりのポリシーを作って生きていく

自動車メーカーのホンダの創業者である本田宗一郎は、**「面白いから、やる」**と言いました。

人生でも仕事でも、まず最初にポリシー（方針）を持っておくことが大切です。

本田宗一郎の場合、それは「面白いことをやる」ということでした。

「こういうものを開発したら、面白いことになるんじゃないか」

「こういう生き方をすれば、面白い人生を実現できるんじゃないか」

そういう意識を持って仕事をしたのです。

そういう前向きな意識を持つ人は、何か新しいことにチャレンジする時、「できない理由」ばかりを探してしまうことはありません。

「できる理由」を見つけて、それにかけて行動していくことができるのです。

従って、まず最初に、そのようなポリシー（方針）を掲げることが大切になってきます。

「私は、世間をアッと驚かせるようなことをしたい」

「今まで誰も思いつかなかったような、画期的なことを成し遂げたい」

「日本中、いや世界中の人たちに幸せと喜びを与えることをしたい」

このような**プラス思考のポリシー（方針）を掲げておくことで、より積極的に生きていけるようになります。**

さらに、より行動的に仕事をしていくことができるようになります。

自分から考え、みずから動き、能動的に生きていけるようになります。

また、生きること、働くことが楽しくなっていきます。

生きがい、働きがいを持てるようになります。

それが、様々ないいことを引き寄せる力になるのです。

そのようなポリシーがない人は、なかなかいいことを引き寄せられません。

自分なりのポリシーを作ってみるのが良いと思います。

# 苦しい状況の中でも自分を信じる、自分を信じる人が希望を引き寄せる

## ◆自分を信じれば、進むべき道が見えてくる

「自分を信じる」ということも、良い心の習慣です。

特に、苦しい状況に陥《おちい》った時に、自分を信じることができるかどうかは、その後の展開に大きな影響を及ぼします。

逆境の時に自分を信じることができる人は、その苦境を力強く乗り越えていくことができます。

つまり、希望ある未来を、自分のもとへ引き寄せることができるのです。

「こんな苦境が何だ。これまでも何度も、私は苦しい状況を切り抜けてきた。今度も、私なら、この苦境を切り抜けることができるはずだ」

「私なら、だいじょうぶ。こんなことで終わってしまう私ではない。私には、この

苦境を乗り越える自信がある」

どのような状況になっても、このように自分を信じる心の習慣を持っている人は、希望ある未来を引き寄せることができるのです。

ドイツの文豪であるゲーテ（18～19世紀）は、**「自分自身を信じてみるだけでいい。きっと、生きる道が見えてくる」**と述べました。

しかし、そこで自分を信じることができない人は、苦難に打ち負かされてしまうことが多いのです。

自分を信じることができない人は、暗闇の中にいるようなものです。

どこをどう行けば、困難な状況から抜け出せるのはまったく見当がつきません。

そのために絶望的な気持ちになってしまいます。

そこで、自分を信じてこそ、光が射してきます。

困難な状況から抜け出すための道が見えてきます。

後は、その道をまっすぐ歩いていけばいいのです。

いいことは、その道の向こうからやってきます。

# 幸運は、「私は運がいい」と思っている人のもとへ引き寄せられていく

## ◆あらゆる経験を、「私は運がいい」と思って受け入れる

「私には運がない」と言う人がいます。

「私には能力があると思っている。やる気もある。いいアイデアだって持っている。なのに、自分の能力を生かせる仕事に恵まれない。私には運がない」と言うのです。

「私には能力はある」と自信を持って言えるのですが、その能力に見合っただけの仕事に恵まれないのは、「運がないからだ」というわけです。

確かに、こういう人は自分に自信を持っています。

しかし、その自信は完全なものではありません。

本当の意味で自分に自信がある人は、どのような理由があったにせよ、「私は運がない」とは言いません。

「私は幸運に恵まれた人間だ」と信じ続けます。

もし、希望の仕事に就けなかったとしても、「この仕事を通して、私はさらに新たな能力を自分の身につけることができる。その結果、私は幅広い能力を身につけることができる。まさに鬼に金棒ではないか。今後、希望の仕事に就けた時に、今やっている経験は大いに役立つだろう。そういう意味では、私は幸運に恵まれている」と考えることができるのです。

自分が体験するあらゆる経験が、自分自身にとっては幸運なのです。

この世の中に、「運がない人」などいません。

その人は単に、「私には運がない」と自分で思い込んでいるだけなのです。

逆に**「運がいい人」とは、「私は運がいい人間だ」と信じている人なのです。**

そう信じることによって、本当に、自分のもとへ幸運が引き寄せられてきます。

## 「私は運がない」という人は、何をやってもうまくいかない

### ◆お金がなくても、学歴が弱くても、「私は運がいい」と信じる

松下電器（現パナソニック）の創業者である松下幸之助（19～20世紀）に、次のようなエピソードがあります。

松下幸之助は、当時、新入社員の採用試験の際には、面接の最後に、学生に次のように質問していたといいます。

**「あなたは自分を運がいい人間だと思いますか？　それとも、運が悪い人間だと思いますか？」**と。

そして、「私は運が悪い人間だと思います」と答えた人間は、入社試験が優秀でも、どんなに優秀な大学にいる学生でも、採用しなかったといいます。

「自分を『運が悪い』と思っているような人間は、いいことを引き寄せることがで

きない。

いい仕事のチャンスを引き寄せることができない。

いい人脈を引き寄せることができない。

いい成果を引き寄せることができない。

結局、そのような人間は、ビジネスマンとして会社に大きく貢献することができない。

そういう考えから、松下幸之助は、「私は運が悪い」と考えているような学生を採用することがなかったようです。

その松下幸之助自身が、「私は運がいい」と信じて生きてきた人でした。

彼は、生まれた家が貧乏で、尋常《じんじょう》小学校を中退しています。そこで、十代から働かなければならなかったのです。しかも体も病弱でした。

それにも関わらず、彼は「私は運がいい」と信じ続けました。

そういうポジティブな心の習慣が、様々ないいことを引き寄せ、実業家として成功する一つの要因になったと思います。

自分の運を信じる人が、実際に幸運を引き寄せることができるのでしょう。

# 運がいい人は好奇心が旺盛である。だから「いいこと」を見逃すことがない

## ◆内向きになっている心を、外へ向けて生きていく

心理学の実験に興味深いものがあります。

ある喫茶店の前に紙幣を落としておきます。

その喫茶店の中には、ある重要な人物がいます。

プラス思考の人たちと、マイナス思考の人たちが、その喫茶店へ入っていきます。

その結果、「私は運がいい」と考えているプラス思考の人たちは、喫茶店の前に紙幣が落ちていることに気づいた人が多くいました。

また、店内に自分の仕事に関係する重要な人物がいることに気づき、その人に積極的に話しかけていく人が多かったのです。

一方、「私は運がない」と考えているマイナス思考の人たちは、喫茶店の前に紙幣

が落ちていたことも、また店内に重要な人物がいることも気づかない人が多かったのです。

この心理実験は何を意味しているのでしょうか？

それは、「私は運がない」と考えているマイナス思考の人たちは、視野が狭くなっているということです。

なぜ、視野が狭くなっているのかと言えば、心が内向きになっているからです。

心が外へ向かっていないのです。

好奇心を旺盛にして周辺を見回していないのです。

その結果、目の前にせっかく「いいこと」があったとして、それを見過ごしてしまうのです。

「私は運がいい」と考えるプラス思考の人たちは、心がいつも外へ向かっているのです。

**「何かいいことはないか。チャンスになることはないか」**と、好奇心が旺盛になり、周辺を見回しています。

ですから、チャンスを見逃すことなく、引き寄せることができます。

# 内向きになっている心を外へ向ける。だからチャンスを見逃すことがない

## ◆好奇心を旺盛にして、いいチャンスを見逃さない人になる

「私は運がない」と思っている人が、そんな自分を「運がいい人」に作り変えるのは、ある意味、簡単なことです。

内向きになっている心を、外へ向かうように心がければいいだけです。

「私は損ばかりしている」

「なぜ私は恵まれないのか」

「私は何をやっても、うまくいかない」

と、そんなふうに自分のことを嘆《なげ》いてばかりいると、心がどんどん内向きになっていきます。

そのために、せっかく目の前に「いいこと」があったとしても、それに気づかず見

逃してしまうのです。

従って、いったん自分のことは忘れて、好奇心を持って「何か面白いことはないだろうか。いい人生を実現するためのヒントとなるようなことはないだろうか」と周辺を見回しながら暮らしていくようにします。

心を外向きにしながら生きていく習慣を持つと、この世の中にはたくさんのチャンスがあることに気づきます。

それに気づいたら、そのチャンスを自分のもとへ引き寄せるために行動を起こせばいいのです。

そうすれば、「私は運がいい人間だ」と思えてくるようになるでしょう。

ディズニーの創業者であるアメリカの実業家、そしてアニメ作家だったウォルト・ディズニー（20世紀）は、**「好奇心があれば、いつだって新たな道に導かれる」**と述べました。

好奇心旺盛に心を外へ向けて生きていけば、様々ないいチャンスを自分のもとに引き寄せることができます。そして、新たな、素晴らしい人生に向かって一歩を踏み出すことができるのです。

# 第5章
# 人のためになることをする

## 「人のために尽くす」ということが、幸福になるための種を植えることになる

### ◆人のためになる行為が、自分のための幸福になって返ってくる

「人のために尽くしたい」という思いが強く、また日頃からその思いを行動に移している人のもとに、いいことは引き寄せられていきます。

**「情けは人のためならず、巡り巡って自分のもとへ」**ということわざがあります。

人のために親切な行為をしたとします。

それももちろん「その人のため」を思ってのことなのですが、それは巡り巡って自分のもとへ「いいこと」となって返ってくる、という意味です。

「人のため」にすることが、最後には「自分のため」になるのです。

人の立場になってものを考えたり、人のために尽くしたり、人のために役立つようにすれば、最終的には、そのような行為はすべて「自分のため」になります。

仏教の創始者であるブッダの言葉には、次のようなものがあります。

**「穀物《こくもつ》を得ようと思ったら、田畑を耕《たがや》して種をまくことである。大きな富を得ようと思うのなら、まさにお布施をすることである」**

この言葉にある「大きな富を得る」というのは、必ずしもお金持ちになるということを意味しているのではありません。

「いいことを引き寄せて、幸福に暮らしていく」ということを意味しています。

また、「お布施をする」というのも、お寺などにお金を支払うということを意味しているのではありません。

仏教で言う「布施」とは、もっと広い意味で、「人に喜びを与えること」ということを表しているのです。

つまり、ブッダは「穀物を得るためには田畑を耕して種をまかなければならないのと同じように、いいことを引き寄せて幸福に暮らしていくためには、人に喜びを与えることをする必要がある」と指摘しているのです。

ブッダもまた「人のためにいいことをすれば、自分にいいことが巡ってくる」と強調しているのです。

## 他人の利益を優先して考える人には、天がたくさんのいいことをもたらしてくれる

### ◆人のために「自分の時間」や「自分の心」を使っていく

アメリカの建築家であり、また思想家でもあったバックミンスター・フラー（1920世紀）は、**「あなたが他人の利益を一番に考えて、そのために自分の時間や心を捧《ささ》げているなら、安心してよい。肝心の時には必ず天があなたに味方してくれるはずだからである」**と述べました。

人の利益のため、人の喜びのために、自分の時間を使うことが、自分自身にいいことを引き寄せる大切なコツの一つになります。

人のために自分の心を使ってあれこれ考えることが、いいことを引き寄せる力を強くするのです。

「他人のために時間を使うなんて、時間がもったいない」と思う人がいるかもしれ

ません。

「他人のために、自分の心を悩ますなんてバカらしい」と考える人もいるかもしれません。

しかし、そのように「自分のことが最優先の人」は、いいことを引き寄せることはできないのです。

むしろ、周りの人たちから、「あの人は自分のことしか考えない強欲な人だ」とか、「あの人とつき合っていると、こちらが損をさせられるだけだ」といった悪い印象を持たれてしまいます。

そのために、みずから悪いことを引き寄せる結果にもなりかねないのです。

そういう意味では、人のために自分の時間と心を使っていく生き方を選ぶほうが賢明です。

そういう人は、周りの人たちから、「あの人は立派な人だ」と、いい印象を持たれるようになります。

そして、天の神様も、そんな人の味方になってくれて、たくさんのいいことを与えようとするのです。

# 人に思いやりのある行為をすれば、必ず「恩返し」がある

## ◆自分が困っている時であっても、人のために貢献する

『笠地蔵《かさじぞう》』という昔話があります。

ある雪国に、ひどく貧しい老夫婦が住んでいました。年末のことでしたが、その老夫婦には、新年を迎えるための餅《もち》を買うお金もありませんでした。

そこで大晦日《おおみそか》に、お爺《じい》さんが、お婆《ばあ》さんと一緒に作った笠《かさ》（雨や雪の時に頭にかぶるもの）を売りに町へ出かけました。

しかし、笠は一つも売れませんでした。

帰り道は吹雪《ふぶき》になりました。

途中、お爺さんは、道端に立つ七体の地蔵を見つけました。

見れば、地蔵はみな頭に雪をかぶっていました。かわいそうに思ったお爺さんは、

地蔵に売り物の笠をかぶせてやりました。

しかし、笠は六個しかありませんでした。

お爺さんは、最後の一体の地蔵には、自分がかぶっていた手拭《てぬぐ》いをかぶせてあげました。

新年の朝、外で物音がするのでお爺さんとお婆さんが外へ出てみると、そこには、米俵《こめだわら》や餅、野菜や魚などご馳走《ちそう》がたくさん積まれていました。

遠くを見ると、笠をかぶった地蔵五体と、手拭いをかぶった地蔵一体が歩き去っていくのが見えました。

この地蔵たちからの恩返しのおかげで、お爺さんとお婆さんは良い新年を迎えることができました。

この話では「地蔵」が登場しますが、これは**「人のためにいいことをすると、自分自身が幸福を得られる」**という例《たと》えなのです

このような話は古今東西にはたくさんあります。それこそ「人に尽くせば、幸せを引き寄せる力が強まる」という古今東西の共通した法則である証しなのです。

# いつか自分が助けてもらうために、今日困っている人がいたら助けてあげる

## ◆「一日一善」を心がけながら日々の生活を送る

「一日一善《いちにちいちぜん》」という言葉があります。

「一日、一回はいいことをしよう」という意味です。

身近に困っている人がいたら、助けてあげる。

何かの情報をほしがっている人がいたら、その情報を提供してあげる。

そのように、自分にできる範囲で、人のために尽くしてあげるのです。

そのような「人のためになること」を一日一度はすることを心がけながら、日々の生活を送っていくようにするのです。

**なぜ「一日一善」を心がけることが大切かと言えば、それが自分自身のためになるからです。**

将来、自分自身に、いいことがあるからです。

たとえば、自分自身が困っている時に、援助の手を差し伸べてきてくれる人が現れます。

また、自分自身がいい情報をほしいと思っている時に、その情報を提供してくれる人が出てきます。

人は一人では生きていけません。

身の回りにいる人たちと支え合って生きています。

もちろん、自分も誰かに支えられながら生きています。

しかし、身の周りに困っている人や、情報をほしがっている人がいるにもかかわらず、「そんなこと、自分で解決してくれ」と冷たい態度を取る人は、自分を支えてくれる人がいなくなってしまうのです。

ですから、自分のことしか考えない人は、何か困った時があった時に簡単に心が折れてしまいます。ダウンしたまま立ち直れなくなってしまうかもしれません。

そうならないためにも、日頃から「一日一善」を心がけて、人のためになることをしていくことが大切です。

# たとえ他人であっても自分の肉親や兄弟姉妹と思って、やさしくしてあげる

## ◆困っている人を「他人事」として見過ごさない

浄土真宗の開祖である親鸞《しんらん》（12〜13世紀）は、**「この世で生きている人たちは、すべて、私の父であり、私の母であり、私の兄弟姉妹である」**（意訳）と述べました。

この言葉は、「他人であっても、自分の家族のように大切に思って、親身になってその相手とつき合っていくことが大切だ」という意味です。

自分よりもずっと年上の男性は、自分の父です。

自分よりもずっと年上の女性は、自分の母です。

自分と年齢の近い男女は、自分の兄であり弟であり、また姉であり妹なのです。

そのようにすべての人たちを「自分の家族」と思ってつき合っていくことで、身近に困っている人がいた時、その人を見捨ててしまうわけにはいかなくなります。

たとえば、町中で道に迷って困っている年上の男性がいたとします。

その男性を「自分の父」と思えば、何もせずに見過ごすわけにいかなくなります。

声をかけて、親切に道を教えてあげることになります。

また、年上の女性から何か頼み事をされた時、その女性を「自分の母」と思えば、むげに「私にはできません」と断ることなどできません。

「私がお役に立てば」と、喜んで引き受けることになるはずです。

また、会社の同僚が仕事で何か悩んでいる時、その同僚を「自分の兄弟姉妹」だと思えば、見て見ぬふりはできなくなります。

「どうしたの」と声をかけ、自分に何かできることがあれば手伝ってあげることになります。

このように、**たとえ他人であっても自分の肉親であり兄弟姉妹だと思うことで、誰に対してもやさしい気持ちになれます。**

「この人のために、何かしてあげたい」という気持ちになれます。

それが自分の心をプラスにし、自分にいいことを引き寄せることにつながります。

# 人のため世の中のために尽くせば、必ず「いいこと」がある

## ◆商売繁盛のためにも、社会貢献に努力する

**「積善《せきぜん》の家に必ず余慶《よけい》あり」**という言葉があります。

古代中国の思想書である『易経《えききょう》』（紀元前3世紀頃に成立）に出てくる言葉です。

「積善」とは、「人や世の中のために良いことをする」という意味です。

「余慶あり」とは、「いいことがある」ということです。

つまり、「人や世の中のために良いことをしている家（あるいは人）には、必ずいいことがある」という意味になります。

この言葉を人生のモットーにしていた人物が、江戸時代にいました。

近江商人の塚本喜左衛門《きざえもん》です。

塚本喜左衛門は呉服問屋を営んでいましたが、『易経』にある「積善」を実践する

ために、お客さんの利益を最優先に仕事をしたのはもちろん、生まれ故郷の村の発展のために尽くしたり、また、正月には生活に困っている家の戸口に黙ってお金や米を置いておくなどの善行をしたといいます。

その結果、確かに「余慶」、つまりいいことがたくさんありました。塚本喜左衛門が営む呉服問屋にはいいお客さんがたくさん集まり、とても繁盛したのです。

現在では、企業が社会貢献のために様々な良いことをする場合があります。また、個人も、ボランティアなどに参加して、恵まれない人のために活動することもあります。そのような「積善」の行為は、もちろん、とても良いことだと思います。

**人のため、世の中のために良いことをする人には、必ず、いいことがあるでしょう。つまり、「余慶」に恵まれるのです。**

それればかりではありません。人のために良いことをすると、自分自身の心が清らかなものになります。

それ自体、いいことです。

また、その清らかな心に引き寄せられて、仕事や生活の上での具体的ないいことも引き寄せられてくるのです。

# お客さんのために損をすることができる人が、自分の得を引き寄せてくることができる

## ◆自分の利益しか考えない人は、お客さんから見放されていく

どのような商売であっても共通した目的があります。

物を作って売る商売であっても、サービスを提供する商売であっても、共通した目的があります。

それは、「お客さんを作る」ということです。

お客さんがいて、そのお客さんから報酬を受け取ることによって、あらゆる商売は成り立っているのです。

お客さんがいない商売などありません。

お客さんがいない商売はあり得ませんが、しかし、お客さんの利益をまったく考えずに商売をしている人はいます。

自分の利益のことしか頭にない人です。

このような人からはお客さんが離れていきます。

お客さんにとっては、このような人とつき合っていても、何もいいことがないからです。

従って、利己主義な人は、商売がうまくいきません。

言い換えれば、**お客さんのためを思い、お客さんのために苦労し、お客さんに利益を与えることができる商売人になることが大切です。**

そういう人のもとには、たくさんのお客さんが集まってきます。

それと一緒に、ビジネスチャンスや繁栄が引き寄せられてくるのです。

お客さんに利益を与えることが、自分自身の利益へとつながっていくのです。

**「損して得取れ」**ということわざがあります。

お客さんのために自分の時間を使い、お客さんの利益のために自分の心を使うことは、ある意味では「損なこと」になるのかもしれません。

しかし、それがやがて「自分の得」を引き寄せてくるのです。

# お金がなくなると周りから人が去っていく人。お金がなくなった時に助けてもらえる人。

## ◆自分の欲のためだけにお金儲けをしようと思わない

お金持ちには二通りのタイプの人がいます。

一つには、「自分がお金儲けをできれば、他の人たちはどうでもいい」という考え方で、お金持ちになったタイプの人です。

もう一つには、人に喜びを与える仕事を一生懸命にして、その結果としてお金持ちになった、というタイプの人です。

いずれのお金持ちのもとにも、たくさんの人が集まってきます。

しかし、前者のタイプのように、自分の欲だけでお金持ちになった人は、もし何かしらの不都合なことがあって、お金を失うようなことがあった時は、それと一緒に人も去っていきます。

その際に、助けてくれようとする人などいません。

みんな冷たい態度で、その人を見放していきます。

**「金の切れ目が、縁《えん》の切れ目」**という言葉があります。

お金があるうちには、たくさんの人が集まってきてチヤホヤしてくれるのですが、お金がなくなると、みな手のひらを返したように冷たい態度で去っていきます。

まさに、そのような状態になってしまうのです。

しかし、人に喜びを与える仕事を一生懸命にした結果、お金持ちになった人は違います。

もし、不幸にもお金がなくなってしまうようなことがあったとしても、その人の周りから人が去っていくことはありません。

むしろ、援助の手を差し伸べてくれます。

困っているところを、「助けてあげよう」と申し出てくれる人がたくさん現れます。

それだけ人望がある証しです。

人に喜びを与えるためにがんばっている人は、窮地に陥った時に、いいことがたくさんあるのです。

## 「儲」という字には「色々な能力を持った人たちの助けがあってこそ儲けられる」という意味がある

### ◆「人のため、世の中のため」を思って仕事をする

「お金儲け」の「**儲**」という字には、面白い意味があります。

「儲」は、人という意味を表す「人」《にん》べんに「諸」と書きます。

「諸」は訓読みで「もろ」、あるいは「もろもろ」と読みますが、これには「たくさん。色々」という意味があります。

そういう意味で、「お金儲け」という言葉を見てみると、そこには、「**お金儲けは、色々な能力を持った、たくさんの人たちの助けがあって、初めて可能になる**」という意味もあるように思います。

つまり、お金儲けは一人ではできないということです。

多くの人の助けが必要になるのです。

では、多くの人たちの助けを得られる人間になるために大切なことは何かといえば、自分自身がすばらしい人間性を持つことだと思います。

「自分の利益のことしか頭にない」「自分が良ければ、後の人はどうだっていい」といった考えを持つ人は、多くの人の助けを得ることができません。

ですから、お金儲けはできません。たまたま大金を手にできることがあったとしても、そのお金をすぐに失ってしまうと思います。

**「人のために尽くしたい。世の中のために役立ちたい」という、すばらしい人間性を持っていてこそ、色々な能力を持った、たくさんの人たちの助けを得ることができるのです。**

そして、そういう人は、幸せなお金持ちになっていくでしょう。

実業家の松下幸之助も、本田宗一郎もお金持ちでしたが、彼らに共通していたのは「人のため、世の中のため」という意識がとても強かったことだと思います。

そういうすばらしい人間性があったからこそ、彼らの周りには、色々な能力を持った協力者たちが集まってきたのです。

そして、その人たちが、たくさんのいいことをもたらしてくれたのです。

## 「人の幸福のために尽くす」という志を持って生きる人に、いいことが起こる

### ◆自分勝手な欲を満たすためだけの志は持たない

アメリカの教育者であり、また、現在の北海道大学の初代学長だった人物にウィリアム・スミス・クラーク（19世紀）がいます。

このクラークが残した有名な言葉があります。

それは、**「青年よ、大志を抱け」**というものです。

志を持って生きていくことで、人は人間的に成長していきます。

また、魂が磨《みが》かれて、立派な人間になっていくでしょう。

そして、志を持って生きている人の周りには、いい協力者が集まってくると思います。その結果、いい援助を得られることもあります。

つまり、様々ないいことに恵まれるのです。

では、そんな、いいことを引き寄せる力を持つ「志」とはどのようなものなのか、もう少し詳しく考えてみたいと思います。

実は、クラークの「青年よ、大志を抱け」という言葉には続きがあります。

それは、**「金銭に対しての志であってはならない。自己の利益に対しての志であってはならない。自分の名声を上げるためだけの志であってはならない」**（意訳）というものです。

もう少しわかりやすく言うと、次のようなことになると思います。

・志とは、自分がお金を儲けることではなく、人のため、世の中のために貢献することである。

・志とは、自分の利益を追求することではなく、人に幸福を与えるために自分は何をすべきかを考えることである。

・志とは、自分が名声を得ることを考えることではなく、あくまで謙虚に人のために尽くすことである。

このような志を持つ人に、いいことは引き寄せられます。

自分勝手な志のために生きる人に、いいことが引き寄せられることはありません。

# 人の幸福を願えば、自分自身の人生に幸福を引き寄せる

## ◆人の不幸を願えば、自分自身が悪いことを引き寄せる

人の幸福を祈ることで、自分自身も幸福を引き寄せることができます。

しかし、妬《ねた》みの感情から、人の不幸を願ったりすると、自分自身に不幸な出来事が起こることになります。

たとえば、自分自身には恋人がいないのに、親しい友人にステキな恋人ができたとします。

このようなケースで、その友人への妬みの感情から、

「破局してしまえばいいのに」

と、友人の不幸を願うようなことを思い浮かべます。

そんなことをすれば、自分自身の心が暗くドロドロとしたものになってしまいます。

その結果、その友人ばかりでなく、周りの人たちすべてから嫌われてしまうような悪い出来事が起こることにもなりかねないのです。

そうならないためには、

「友人にステキな恋人ができたことは喜ばしいことだ。恋人と、いつまでも幸せであってほしい」

と、相手の幸福を願うことが大切です。

相手の幸福を願えば、自分の心は明るくなります。

自分の心がプラスの状態になっていくのです。

その結果、自分自身にもステキな恋人ができるといった、いいことがもたらされるのです。

スペインの哲学者であるバルタサル・グラシアン（17世紀）は、**「妬みによって幸福になる人間はどこにもいない」**と述べました。

自分自身の人生に幸福を引き寄せるのは、妬みの感情ではなく、相手の幸福を願う気持ちなのです。

人の幸福を願う気持ちが、自分自身に幸福を引き寄せる力を高めます。

# 日頃お世話になっている人たちのために、恩返しのつもりでいいことをする

## ◆人のために恩返しをする人には「神の助け」がある

仏教説話には次のようなものがあります。

ある森に一羽のオウムが暮らしていました。

そのオウムは、その森から豊富な餌《えさ》や清らかな水や、たくさんの恩恵を受けながら元気に暮らしていました。

また、その森には同じオウムばかりではなく、他の鳥や、他にもキツネやタヌキや、たくさんの生き物の仲間たちも暮らしていました。

そんな仲間たちがいるおかげで、そのオウムは毎日楽しく暮らしていました。

しかし、ある時、その森が火事になってしまいました。

そのオウムは、日頃恩恵を受けている森を守るため、またお世話になっている仲間

たちを救うため、池で自分の羽を濡《ぬ》らして火事の上空まで飛んでいき、一生懸命羽ばたいて水の滴《しずく》を落として火を消そうとしました。

それを見ていた梵天《ぼんてん》（仏教の守護神の一人）は、「そんなわずかな水では火事を消せない。無駄だからやめなさい」と忠告しました。

しかし、オウムは、「恩返しのために、私はできることをしなければなりません」と、梵天の忠告に従おうとはしません。

その献身的な心がけに感動した梵天は、オウムと一緒になって消火を行い、森の火事を消し止めました。

この話は、次のような意味を表していると思います。

**人は、日頃、この世の中や、あるいは身の周りの人たちから様々な恩恵を受けて生きています。ですから、日頃から、恩返しのために世の中のため、あるいは身の周りの人たちに尽くしていく必要があります。**

そのように心がけて、世の中のため、人のためにいいことをたくさん行っている人は、「天の助け」を得られます。

つまり、いいことを引き寄せる力が強まってくるのです。

# 人にいいことを与える人間になる。そうすれば誰かが幸運を運んできてくれる

## ◆いいことを待っているのではなく、自分から与える

自分の周りの人たちに、喜びを与える人間になることが大切です。

世の中のためになる、いいことをしたいと考えて生きていくことも大切です。

それが結局、自分自身にいいことを引き寄せることにつながるのです。

**「類は友を呼ぶ」**という言葉があります。

「同じような人間性、似通った考え方をする人たちは、自然に引き寄せ合っていく」

という意味を表した言葉です。

素晴らしい人間性を持つ人の周りには、素晴らしい人間性を持った人が集まってきます。

つまり、自分自身が「人に喜びを与えて、世のために貢献したい」という素晴らし

い人間性を持つことによって、そんな自分と同じように「人のためになりたい」という強い意欲を持った人たちが自分の周りに集まってきます。

そんな人たちとお互いにいいことを与えあいながら、お互いにいい人生を築き上げていくことができるのです。

そういう意味では、ただ漠然《ばくぜん》と、「何かいいことはないかな。誰が私に幸運を運んで来てくれないかなあ」と願っているだけでは、引き寄せる力は強まってはいきません。

まずは自分自身から率先《そっせん》して、「こうしてあげれば、あの人が喜んでくれるかもしれない」「これはあの人に役立ちそうだ。早速《さっそく》教えてあげよう」といったように、誰かに喜びを与える人間になることが大事です。

自分自身が、人に貢献するという意識を強めることです。

そうすれば、いいことが自分のもとへ引き寄せられてきます。

色々な人たちが自分のもとへ幸運を運んできてくれます。

**結論的に言うと、いいことを引き寄せる人間になれるかどうかは、自分次第なのです。**

# 第6章
# プラスの言葉を口にする

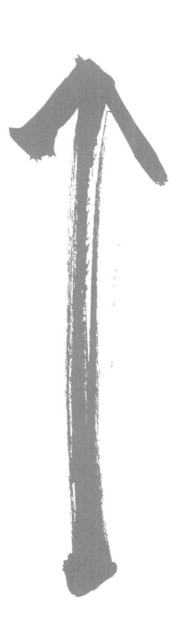

# プラスの言葉をたくさん使って「言霊《ことだま》の幸《さいわ》う人」になる

## ◆マイナスの力のある言葉は口にしないようにする

日本人には、昔から、**「言霊《ことだま》信仰」**があります。

「言霊信仰」とは、「言葉には不思議な力が宿っている」という信仰です。

また、日本という国は、昔、「言霊の幸《さいわ》う国」とも呼ばれていました。

これは「言葉に宿る力によって、たくさんの幸福に恵まれた国」という意味です。

言葉に宿る力は、いいことを引き寄せてくるようです。

たとえば、神道の結婚式では、神社の神主《かんぬし》が祝詞《のりと》をあげます。

「祝詞」とは、二人の結婚を祝福する言葉です。

また、祝詞には、その祝福の言葉に宿る力によって結婚する両人や、両人の家族に多くのいいことをもたらす、という意味があります。

従って、祝詞に限らず、日常で使う言葉は、「プラスの力のある言葉を口にする」ということが大切です。

もし、マイナスの力のある言葉を口にしてしまったら、むしろ反対に悪いことを引き寄せる結果になってしまうのです。

従って、**普段の日常生活の中でも、プラスの言葉を使うように心がけていくことが大切です。**

・肯定的な言葉
・感謝する言葉
・ほめる言葉
・祝福する言葉
・笑顔になれる言葉

このようなものがプラスの力を持つ言葉です。

このようなプラスの言葉を使うように心がけることで心がプラスになり、いいことが引き寄せられ、「言霊の幸《さいわ》う人」になることができます。

## グチが口に出てしまいそうになった時は、「それもまた良し」と言ってみる

### ◆グチを言うから、ますます気持ちが落ち込んでいく

思わず口からグチが出てしまいそうになることがあります。

しかし、「グチ」は禁物です。

グチには、マイナスの力があるからです。

そして、そのマイナスの力が、悪いことを引き寄せてしまうことになりがちです。

「私の上司は、どうしてあんなにガンコなんだろう」

「こんな面倒な仕事、やってられない」

「どうして、私の人生は思い通りにならないんだろう」

気持ちが落ち込んでいるために、つい口からこんなグチが出てしまうのでしょうが、

グチを言ったとたん、ますます気持ちが落ち込んでいってしまいます。

いっそう心が暗くなってしまうのです。

そして、上司から恨まれたり、もっと面倒な仕事を押しつけられたり、もっと人生が思い通りにならなくなったり、様々な悪いことが引き寄せられてきてしまうことになるのです。

ですから、グチは口にしないほうが良いのです。

もしグチを言ってしまいそうになったら、次のように言えばいいのです。

**「それもまた良し」**という言葉です。

「私の上司はガンコだけれど、それもまた良し」

「仕事は面倒だけれど、それもまた良し」

「人生は思い通りにならないが、それもまた良し」

「それもまた良し」という肯定的な言葉には、プラスの力があります。

「それもまた良し」と口にすることで、気持ちが楽になります。心が少し明るくなります。

そのことで心がマイナスからプラスになり、いいことも引き寄せられてくるのです。

# 自分で自分を見下す言葉ではなく、人に感謝する言葉を使う

## ◆自分を見下す言葉を使うと、悪いセルフイメージから抜け出せなくなる

自分を、劣った人間のように言う人がいます。

「私なんて、何をやってもダメな人間ですから〜」

「私は、いつも周りの人たちに迷惑ばかりかけていて〜」

といった具合です。

しかし、このように自分で自分を見下すような言葉は良くありません。

自分を見下す言葉を口にすると、マイナスの力が働きます。

それが、悪いことを引き寄せる原因になってしまうのです。

心理学に**「セルフイメージ」**という言葉があります。

「自分自身が自分に対して持っているイメージ」のことです。

「私はダメな人間」という言葉を口にすると、「ダメ人間の私」というセルフイメージが定着してしまいます。

そして、「ダメ人間の私」というイメージから抜け出せなくなってしまうのです。

「私は迷惑ばかりかけている」という言葉も同様です。

「迷惑ばかりかけている私」というセルフイメージが自分の中で定着し、そこから抜け出せなくなってしまいます。

というよりも、自分自身で、そんなマイナスのセルフイメージから抜け出す意欲を失っていきます。

従って、自分を見下すような言葉は口にしないほうが賢明です。

その代わりに、**感謝する言葉を口にするのがいいでしょう。**

「いつも、たくさんの人に助けてもらっています。ありがたいと思います」といった言葉です。

感謝する言葉は心をプラスにするので、いいことを引き寄せます。

感謝すると、「助けてもらっているばかりではなく、今度は私が人を助けることができる人間になろう」という前向きな意欲がわいてくるのです。

# 自慢話をすればいいことが離れていく。いいことは謙虚な人に引き寄せられる

## ◆いいことがあっても謙虚な気持ちでいる

何かいいことがあると、人はそれをつい誰かに自慢《じまん》したくなります。

しかし、下手に自慢すると、せっかくのいいことを逃がしてしまう原因にもなりかねません。

「自慢」という言葉は、仏教の「慢《まん》」という言葉から生まれました。

「慢」には、「自分と他人とを比較して、自分に他人よりも勝《まさ》っているものを見つけては、いい気分にひたる」という意味があります。

確かに、自慢話をすれば、いい気分にひたれるかもしれません。

いい気分になって、「私の人生は、もっともっといいことに恵まれるに違いない」という気持ちにもなってくるかもしれません。

しかし、その「いい気分」は一時のものなのです。

自慢話をされた相手は、まるで自分が見下されたように感じて、不愉快な気持ちにさせられます。

そのために、仕返しとばかりに、陰でその人の悪口を言う人も出てくるでしょう。

その人の足を引っ張るようなまねをしてくる人もいるでしょう。

ですから、結局は、自慢する人も散々嫌な思いをさせられるのです。

心が乱れ、思い悩むことにもなります。そうなれば、いいことを引き寄せることなどできなくなります。むしろ、その「嫌な思い」で、悪いことばかり起こるようになるのです。

そういう意味では、下手に自慢話などすれば、いいことを自分の人生から引き離してしまうことになります。自慢話の言葉には、マイナスの力によって悪いことを引き寄せる力があるのです。

ですから、仏教も、「慢」という気持ちを持たないことが大切だ、と説きます。

つまり**「自慢話はしない」**ということです。

自慢話はせず、謙虚な言葉を口にすることが大切です。

## 「悪いことがありませんように」という願い事は、かえって逆効果になる場合もある

### ◆願い事は、ポジティブな言葉でするのが良い

何か願い事をする時は、ネガティブな言葉を使わないように注意することが大切です。

願い事は、ポジティブな言葉でするのが良いのです。

それが、いいことを引き寄せるコツになります。

たとえば、

「悪いことがありませんように」

という言い方では、幸運を引き寄せる力は強まりません。

「いいことがありますように」

という言い方をしてこそ、幸運を引き寄せる力が強まっていきます。

「仕事で失敗しないで済みますように」

という言い方ではチャンスを引き寄せる力は強くなることはないのです。

「仕事が成功しますように」

という言い方をしてこそチャンスを引き寄せることができます。

「悪いことがありませんように」だとか、「仕事で失敗しないで済みますように」といった言い方をする人は、もしかしたら心のどこかに、「悪いことが起こりそうだ」「仕事で失敗しそうだ」という不安感があるのかもしれません。

しかし、人生では、不安に思っていると、まさにその不安に思っていることが起こってしまう、ということがよくあります。

不安の感情が、悪いことを引き寄せてしまうのです。

従って、その不安感が言葉で出てしまうような願い事の仕方をするのは賢明ではありません。

**「いいことがある」「成功する」というポジティブな言葉を使うことで、心が明るくなります。前向きな気持ちになります。**

心がプラスになれば、様々ないいことが引き寄せられてくるのです。

# 人にマイナス情報を与えると、その相手が悪いことを引き寄せる

## ◆その人のためを思って、プラスの言葉をかけてあげる

次のような話を聞いたことがあります。

ある母親の話です。

娘が就職の面接試験へ出かけていく当日の朝、その母親は娘に、

「あなたはそそっかしい性格だから、面接で失敗しないように注意しなければダメよ」という言葉をかけたといいます。

しかし、母親の不安は的中してしまいました。

娘は、本当に、面接でそそっかしい失敗をしてしまったのです。

面接室に入る時にドアをノックするのを忘れたり、言い間違いを繰り返したり、「今日は、ありがとうございました」という挨拶を言い忘れて面接室を出ていってしまっ

たり、といった失敗を繰り返してしまったのです。

それが原因だったのかはわかりませんが、彼女はその会社に採用されませんでした。

その原因の一つは、母親の言葉にあったのかもしれません。

人にマイナスの言葉をかけることは、その相手にマイナスの影響を与えてしまうことになります。

母親が娘に言った「あなたはそそっかしい性格」「失敗しないように」という言葉には、マイナスの意味があります。

そのために、娘はまるで暗示にかかったように、そそっかしい失敗を繰り返してしまったのかもしれません。

もし娘にいいことを引き寄せてもらいたいと思うのなら、母親は、プラスの意味を持つ言葉を使ったほうが良かったと思います。

「あなたなら、だいじょうぶ。きっとうまくいく」といった言い方です。

**相手の欠点を指摘するような言葉ではなく、むしろ肯定する言葉を使います。そして、「失敗しない」ではなく、「うまくいく」という言葉を用います。**

そうすれば、娘の面接試験はうまくいっていたかもしれません。

# いいことがあった相手と一緒になって喜んであげるのがいい

## ◆人に皮肉めいたことを言うと、自分自身に悪いことがある

誰かから「今日、こんないいことがあったの」と話しかけられた時は、自分も一緒になって喜んであげることが大切です。

その相手の幸福を祝福してあげる言葉をかけてあげることが大切です。

それが自分自身の人生に、いいことを引き寄せるコツにもなるからです。

しかし、身近な人にいいことがあったことを素直に喜べない人もいます。

そのために、たとえば、

「今日仕事で取引先の担当者から、『よくやってくれている』とほめてもらった」

と話してくる会社の同僚に対して、

「いつも文句を言われているばかりなのに、珍しいね」

と皮肉めいた言葉を返してしまいます。

そのようなことを言っても、その人の人生にいいことなど何一つ起こりません。取引先からの評判のいいその同僚に対して嫉妬心が募《つの》り、自分の心が苦しめられるばかりです。

仕事面において、その同僚と大きな差をつけられたように感じて、本人自身が情けなくなってくるばかりです。

そうならないためには、むしろ、

「それは良かったね。あなたは普段から取引先のために、とてもがんばっているからね。私もうれしい」

と、同僚と一緒になって喜ぶほうがいいのです。

そんな**喜びを分かち合う言葉を口にすると、「私も負けずに、がんばらないと」という意欲が生まれてきます。**

**そんなプラスの意味を持つ言葉によって生まれた前向きな気持ちが心をプラスにし、いいことを引き寄せてくるのです。**

今度は、きっと自分が取引先からほめてもらえる番になるでしょう。

## プラスの言葉を言い、プラスの言葉をかけ合い、そして感謝する言葉を述べる

### ◆「面白い」と言うと、仕事が本当に面白く感じられてくる

それほど豪勢な食事ではなくても、「おいしい」という言葉を口にしながら食べると、ほんとうにおいしく感じられてくるものです。

また、友人か家族など、身近な人と「これ、おいしいね」「本当に、おいしい」と、楽しく語らいながら食べると、なおさらおいしく感じられるようになります。

さらに、その食事を作ってくれた人に、「おいしいものを、いつもありがとう」という感謝の言葉を述べれば、もっともっとおいしく感じられるでしょう。

そうすると、心の中にどんどんプラスのエネルギーがたまっていきます。

前向きに生きる意欲が高まってきます。

それが、いいことをたくさん引き寄せてくるのです。

同じことは、仕事でも言えます。

それほど重要な仕事でなくても、「やりがいのある、面白い仕事を任されている」といった言葉を使うことで、本当にその仕事に面白みを感じられるようになります。

また、やりがいが増してくるのです。

また、同僚たちと、「いい仕事だね。この仕事を通して、面白い経験をたくさんさせてもらっているね」という前向きな言葉をかけ合うことで、その仕事の面白み、やりがいがさらに大きくなっていきます。

さらに、その仕事を与えてくれた上司や取引先に、「いい仕事を与えてもらって、ありがとうございます」と、感謝の言葉を述べます。

そうすれば、もっともっと担当している仕事の面白みや、やりがいがふくらんでいくと思います。

そうなれば、今後の仕事で様々ないいことがもたらされます。

**何をするにしても、プラスの言葉を口にし、身近な人とプラスの言葉をかけ合い、そして感謝する言葉を述べるということが、いいことを引き寄せるコツになります。**

## 「叶」という文字には「プラス思考の言葉をたくさん使うことの大切さ」が説かれている

### ◆プラス思考の希望に満ちた言葉で、口と心を満たす

「夢が叶《かな》う」の「叶」という字について考えてみたいと思います。

「叶」には、「思いが実現する」という意味があります。

と同時に、これは学説ではありませんが、「叶」という文字には、「どうすれば、いいことをたくさん引き寄せて、思いを実現することができるのか」というコツが秘められているようにも思います。

「叶」という字は、「口」に「十」と書きます。

「十」は数字の「じゅう」ですが、これは「プラス」とも読めます。

つまり、「叶」という字には、「プラスのことを、口にする」という意味が込められているように考えられます。

「叶」という文字には、プラス思考の、希望に満ちた言葉を口にすることで、いいことを引き寄せることができ、そして思いを実現することができる、という意味があるようです。

また、「十《じゅう》」には、「たくさん」という意味もあります。

つまり、希望に満ちた言葉をたくさん口にすることで、いいことを引き寄せる力がさらに大きくなる、ということを示していると考えられます。

朝起きてから夜眠るまで、プラス思考の希望に満ちた言葉をたくさん、数多く口にし、さらに、プラスの言葉を自分自身にも語りかけます。

また、身の周りの人たちにも、希望に満ちた言葉で話しかけます。

そのように、**「プラス思考の希望に満ちた言葉」で、心も満たすことで、いいことを引き寄せる力がどんどん強くなっていくのです。**

そして、思いを叶える可能性もふくらんでいきます。

「叶」という字は、「プラス思考の言葉をたくさん口にすることの大切さ」について教えてくれているように思うのです。

## 夜寝る前に楽しいことを思い浮かべて、心の中でプラスの言葉を言うようにする

### ◆明日いいことを引き寄せられるように、寝る前にプラスの言葉を使う

夜、眠る前に、自己暗示の言葉を使えば、その人の潜在意識に強い影響を与えます。

つまり、**眠る前に、前向きな言葉を使うことができた人は、潜在意識にプラスの影響が伝わって、翌日にはきっといいことが起きるのです。**

しかし、後ろ向きな言葉を使った人は、潜在意識にマイナスの影響が伝わって、翌日は何か悪いことを引き寄せてしまうことになりかねません。

たとえば、

「明日も、また、面倒な仕事がある。嫌だなあ」

「明日も会社で、あの人に顔を見なければならないのか。私はあの人とウマが合わないんだ」

といった言葉です。

このような後ろ向きな言葉は、悪いことを引き寄せる大きな原因になってしまうのです。

**夜寝る前には、楽しいこと、うれしいことを思い浮かべて、前向きな言葉を言ってみることが大切になってきます。**

もし、仕事のことを考えると、どうしても気持ちがネガティブになってしまうというのであれば、たとえば、

「明日のランチは、あのお店で食べよう。とてもおいしいお店だ。今から楽しみでしょうがない」といったような言葉を使うようにするのです。

また、職場にウマの合わない人もいるかもしれませんが、一方で気が合う人もいるはずです。その気が合う人のことを思い浮かべて、

「明日、あの人に会える。うれしい」と、自分自身に言ってみます。

そのような工夫をして、心の中で前向きな言葉を自分に言いきかせるようにするのです。

そうすれば、翌日、幸せな一日になるでしょう。

# 第7章 前向きな面を見つける

## 生活環境が大きく変わるとしても、いいことを受け取ることを拒《こば》まない

### ◆いいことを受け入れれば、もっといいことがある

望んでいたことが起きたのに、その望んでいたことを受け取ることを拒んでしまう人がいます。

というのも、いいことを受け入れるのは、ケースによっては、これまでの自分の生活を一変させることにもつながるからです。

たとえば、ある女性が、つき合っている男性から、「結婚してほしい」とプロポーズされたとします。

好きな男性から求婚されたのですから、もちろん彼女にとってはうれしい出来事です。

しかし、いくら好きな男性だとはいえ、結婚して一緒に生活することになれば、そ

れまでの自分の生活は一変することになります。

新居へ引っ越しをしなければならなくなるでしょうし、生活パターンも大きく変わります。

キャリアウーマンである場合、相手の男性の意向次第では、今やっている仕事をやめなければならないことにもなるでしょう。

人間には、どのような理由であれ、生活環境を変えるということに抵抗を感じてしまう心理傾向があります。

しかし、もし「うれしい」という気持ちがあるのであれば、その「いいこと」を素直に受け入れるほうがいいと思います。

せっかくのいいことを拒んでしまうと、そのためにむしろ自分から不幸なことを引き寄せてしまうことになる場合もあるからです。

好きな相手と結婚することによって生活環境が変わるにしても、その中で自分らしく生きていく方法を、相手とよく話し合うことで探していけばいいのです。

**前向きな気持ちで生活環境の変化を受け入れることで心がプラスになり、これからの生活の中で「もっといいこと」をたくさん引き寄せることができる**と思います。

## チャンスを受け取ることを拒《こば》むと、後悔することになりやすい

### ◆失敗することを必要以上に心配しない

自分が望んでいたことが起きたというのに、それを受け取ることを拒んでしまうと、その後で後悔の感情に苦しめられることになります。

ある男性は、会社の重役から、「ある新規プロジェクトの仕事に加わるつもりはないか」という打診を受けました。

彼はまだ二十代半ばという若さなのですが、その重役は彼の仕事の能力を見込んで特別に打診してきたのです。

彼にとっては、それはチャンスでした。

自分の能力をさらに飛躍させるためのいい機会になりますし、出世の足がかりにもなります。

しかし、彼は、その打診を拒んでしまいました。

その理由の一つには、彼にはまだ成功する自信がなかったからです。

もう一つには、「うまくいかなかったら、どうしよう」という不安感があったからです。

それから一年経ちました。

その新規プロジェクトは大きな成果を上げて、社内で脚光を浴びる存在になっていました。

彼は今になって、「あの時、僕も、やっぱりこのプロジェクトに参加していればよかった」と後悔しています。

そして、その後悔の感情から、今の仕事へのやる気を失っています。

そのために、つまらないミスを繰り返したり、上司から叱られたり、悪いことばかりに見舞われています。

**チャンスを受け取ることを拒んで後悔するくらいなら、やはり、チャンスを素直に受け入れるほうがいい**と思います。

「必ずうまくいく」と確信するのです。

「うまくいかなかったら〜」ということを必要以上に心配することはありません。

# 自分のもとから去っていこうとする「いいこと」に追いすがらない

## ◆人生では「上手にあきらめること」も大切

人生では、時に、「いいこと」を手放さなければならない時もあります。

たとえば、就職した会社で、希望した職種に就くことができたとしましょう。

仕事にやりがいを感じて、前向きな気持ちで働くこともできていました。

その職場での人間関係もうまくいっていました。

その人にとっては、まさに、いい職場だったのです。

しかし、会社の人事で、他の部署への異動を命じられることもあります。

その時、もちろん、「今の部署に残してほしい」と訴えることもできるでしょう。

しかし、会社の命令であれば、最終的には、それに従わざるを得なくなるケースも多いと思います。

その場合には、上手にあきらめることも大切になってきます。

そうでないと、未練《みれん》の感情が残ります。

そのために、新しい部署での仕事に上手になじんでいけなくなることも出てくるでしょう。

こういう場合、自分のもとから過ぎ去っていこうとする「いいこと」に追いすがらないということが大切なのです。

あきらめなければならないことはスッキリとあきらめます。

そして、これからの仕事に向けて前向きな気持ちで挑《いど》んでいきます。

それでこそ、新しい部署でいいことを引き寄せることができます。

以前の部署にいつまでも未練の感情を残していたら、新しい部署で悪い出来事を引き寄せる結果になるかもしれません。

それを**上手にあきらめてこそ心の状態がプラスになって、新しいいいことを引き寄せられます。**

新しくやって来る、いいことを拒まず受け入れていくことが、より良い人生へつながっていきます。

# 希望を失ったらいいことはやって来ない、いいことは希望を持つ人に引き寄せられる

## ◆希望を失いそうになった時は、解決策は必ずあると信じる

どのような困難に遭遇《そうぐう》しても、希望を失わないことが大切です。

希望を持つことで、心が前向きになっていきます。

絶望してしまったら、もはや、いいことが引き寄せられなくなってしまうのです。

『ドン・キホーテ』の作者であるスペインの作家セルバンテス（16～17世紀）は、「**どんな困難な状況にあっても、解決策は必ずある。救いのない運命というものはない**」と述べました。

困難な状況では、なかなかいい解決策が見つかりません。

いくら考えても、名案が思い浮かびません。

色々と試してみるのですが、困難な状況を打開することができません。

このような状況が長く続けば、誰であっても「もう希望などない」という気持ちになってきても当然だと思います。

しかし、そういう追い詰められた状況にあっても、なおも希望を持ち続けることができる人に、いいことがやってきます。

大切なのは、「希望は必ずある」と信じることです。

**「この状況から救われる道が必ずある」と信じ続けることです。**

そのように信じていれば、どこかで思いがけず、いいアイデアが浮かぶことがあります。

身近な人のアドバイスがヒントになって、「これだ」という名案が見つかることもあります。

信頼している人から、救いの手が差し伸べられることもあるでしょう。

希望さえ失わずにいれば、そのようないいことが引き寄せられてくるのです。

もし希望を失ってしまいそうになった時は、あまり深刻に考え込むのではなく、『解決策は必ずある』と信じることがいいと思います。

# 辛い状況にある時、その人の引き寄せる力は強まっている

## ◆希望を失わずに、もう一踏ん張りしてみる

「辛い」という字と、「幸せ」という字は、とても似ています。

「辛《しん》」という字に、「一」という棒線を一つ加えるだけで、「幸《さち》」という字になるのです。

これは、「今、たとえ辛い状況にあっても、希望を失ってはいけない」ということを教えてくれているように思います。

つまり、あと一踏ん張りするだけで、「辛」を「幸」に変えることができ、辛い状況を抜け出すことができると解釈できます。

もう一歩で、幸《さち》の多い人生へと入っていくことができるでしょう。

あと一歩前に踏み出せば、悪いことばかり起こる生活から脱出できるかもしれません。

そして、いいことがたくさん引き寄せられてくる生活へと進んでいくことが可能になるのです。

ですから、**逆境にあっても、そこで「もうダメだ」と思うのではなく、「一」という棒線を一つ加えるくらいの、ほんのちょっとした努力をしてみる**ことです。

そうすれば、これまでの状況から一変して、明るい未来が開けてくるのです。

ですから、どんなに辛い状況であっても、希望を持って生きていくことが大切になってきます。

ドイツの文豪であるゲーテ（18～19世紀）は、**「人が、もうほとんど希望を失いかけている時に限って、その人の少し先の未来にいいことが準備されている」**（意訳）と述べました。

つまり、希望を失うほどの辛い状況にあっても、もう少し努力すれば、すぐ先に幸運が待っている、ということです。

さらに言えば、辛い状況にある時ほど、いいことを引き寄せる力が強まっているとも言えるのです。

希望を失わずに、あと一歩前に踏み出すことが大切です。

# 不幸な出来事があっても嘆《なげ》かない、むしろ不幸な出来事に感謝する

## ◆嘆《なげ》いてばかりいても、人生は好転しない。

不幸なことがあると、人はクヨクヨ思い悩みます。

落ち込んで、自分の将来に悲観的な気持ちになります。

しかし、そのために心がマイナスの状態になり、さらなる不幸を引き寄せてしまう、ということもあります。

不幸が不幸を引き寄せるのです。

「二度あることは、三度ある」という格言もあります。

これは、「不幸な出来事は続いて起こることが多い」ということを表しています。

そうならないために大切なことは、**「不幸な出来事に感謝する」**ということにあります。

不幸なことが起こった時、思い悩むのではなく、それに感謝するのです。

そうすることで、不幸なことがあっても、それを一度限りのものとして断ち切って、そこから人生を上向きに持っていくことができます。

たとえば、何か災難に見舞われたとします。そんな時、「災難にあったおかげで、人生について勉強になったことがたくさんあった。この経験から得た教訓は、今後の人生に役立つだろう。そういう意味では、たいへん貴重な、ありがたい経験だった」というように、感謝の気持ちを持つのです。

**感謝すると、気持ちが落ち着きます。**

**心がプラスの状態になります。**

**そうすることで、不幸な出来事から反転して、いいことを引き寄せる力が強まっていくのです。**

不幸な出来事があった時、それに感謝するというのは、そう簡単にできることではないかもしれません。しかし、時間が経ってからでも、努力して感謝する意識を持つほうが将来的には良いと思います。

嘆《なげ》いてばかりいても、人生は好転しないからです。

# どんな災いに見舞われても、希望を失わずにいれば必ずいいことがある

## ◆「パンドラの箱」から、希望を持つことの大切さを学ぶ

古代ギリシャ神話に「パンドラの箱」という話があります。

詳細は省略しますが、簡単に言えば、次のようなエピソードです。

古代のギリシャの神であるゼウスは、パンドラという美しい娘を人間たちが暮らす世界へ送り込みました。

その際、ゼウスは、パンドラに一つの箱も持たせていました。

ただし、ゼウスはパンドラに、「この箱の蓋《ふた》は絶対に開けてはいけない」と命じておきました。

人間界に降りていったパンドラは、ゼウスから授《さず》けられた箱が気になってしょうがありませんでした。

「開けてはいけない」と言われると、いっそう箱の中身を見たい気持ちになります。

そして、ついに誘惑に負けてその箱を開けてしまいました。

実は、ゼウスも、「箱を開けてはいけない」と言っておけば、パンドラはかえっていっそう「どうしても中身を見てみたい」という気持ちにかられて、箱を開けてしまうことになるだろうとわかっていたのです。

その箱の中からは、病気、悪意、妬《ねた》み、憎しみ、偽善、保身、悲しみ、飢え、暴力といった様々な災いが飛び出してきました。

それは、ゼウスが人間を罰するために箱に仕掛けておいたものだったのです。

しかし、最後の最後に箱から出てきたのは「希望」でした。

これが「パンドラの箱」という話です。

この話で大切な点は、**「様々な災いの最後に、希望が出てきた」**というところにあります。

これは、「どんな災いに見舞われようとも、希望を持って生きていけば将来必ずいいことがある」という意味を表しているのです。

これは、希望を捨てずに生きていくことの大切さを説く話なのです。

# 雨が降ってもいいことがある。晴れの日でもいいことがある

## ◆物事の良い意味を探して、笑って生きていく

仏教に、次のような話があります。

あるお寺の前に、いつも泣いてばかりいるお婆《ばあ》さんが住んでいました。晴れの日であっても、雨の日であっても、お婆さんは一人でシクシクと泣いてばかりいました。

ある日、お寺の僧侶が心配して、「お婆さんは何が悲しくて、そう泣いてばかりいるのですか」と語りかけました。

お婆さんは、「私には二人の息子がいます。一人は雪駄《せった》（昔の履物《はきもの》の一種）を商《あきな》っています。もう一人の息子は傘《かさ》屋を営んでいます。雨が降ると、雨に弱い雪駄は売れません。雪駄を商う息子のことを思うと、かわいそうで涙が出ます。晴れの日は傘が

売れませんから、傘を売る息子のことを思うと、かわいそうで泣けてきます」と話しました。

その話を聞いた僧侶は、「それは心の持ち方が悪い。雨が降ったら、傘が売れる。傘屋を営む息子のことを思って、お婆さんも喜んであげればいい。晴れたら、雪駄が売れる。雪駄を商う息子のことを思って、お婆さんも喜んであげればいい。そうすれば、雨が降っても、晴れても、喜ばしい気持ちでいられる」と言いました。

その僧侶の言う通り心がけることによって、お婆さんは泣いて暮らすことがなくなりました。

そして、幸せに満ちた生活を送れるようになりました。

この話は、**「心の持ち方を少し変えるだけで、自分の人生は悲しいものにもなるし、幸福感に満ちたものにもなる」**ということを示しています。

そして、**「物事の良い意味を見つけて心の持ち方を変え、幸福に満ちた人生を送って行くことが大切だ」**ということを教えているのです。

それがまた、いいことを引き寄せていく力を強めて、充実した人生を送っていくためのコツになります。

# 他人任せで待っているより、自分から働きかけていくほうが、引き寄せる力が大きくなる

## ◆「期待する」のではなく「希望する」という意識を持つ

「希望する」ということと、「期待する」ということは、一見とても似ている心の働きのように思えます。

どちらにも「思っていることが現実化することを望む」という意味があります。

しかし、この両者の心の働きには微妙な違いがあるのです。

**「希望する」という心の働きには、いいことを引き寄せる力があります。**

しかし、「期待する」という心の働きには、いいことを引き寄せるということにあたって、それほどの力はありません。

「期待」には、「待つ」という文字があります。

そこからわかるように、「期待」には、受け身の意味があるのです。

「あの人が私のために努力してくれて、私の夢を叶えてくれることを期待する」といった意味です。

「世の中の状況が一変して、私の夢が叶う状況が整うことを期待する」といったように、いわば受け身の姿勢があるのです。

「期待」には、自分の夢を叶えるために、自分から積極的に働きかけていくという意味はありません。

言い換えれば、誰かが自分のために努力してくれなかったり、あるいは世の中の状況が変わらなければ、自分の夢が叶うこともないのです。

このような受け身の気持ちでは、いいことを引き寄せる力も弱まります。

一方で、「希望」という言葉には、もっと積極的な意味があります。

自分の夢を実現するために、みずから行動を起こし、自分から働きかけていこうという積極的な意志があるのです。ですから、「希望する」という心の働きは心をプラスにするので、いいことを引き寄せる力が大きくなるのです。

大切なことは、**いいことがやって来るのを、他人任せで待っていてはいけない**、ということです。

# 第8章 心が元気になることをする

# 明るい挨拶が自分の心を元気にする。元気な心にいいことが引き寄せられてくる

## ◆暗い気持ちは悪いことを引き寄せてしまう

人の「心」は引力を持っています。

地球が引力を持っているのと同じように、人の心も引力を持っているのです。

そして、もし心の状態がプラスであるならば、たくさんのいいことが引き寄せられてきます。

しかし、もし心がマイナスの状態であれば、悪いことばかりが引き寄せられてきます。

ここで大切なことは、心をプラスの状態にするか、マイナスの状態にするかは、実は、自分次第で決められる、ということです。

人はよく「悪いことがあったから、気持ちが暗くなった」と言います。

しかし、これは必ずしも正しいことではないのです。

むしろ、「暗い気持ちでいるから、悪いことが引き寄せられてきてしまった。実際に悪いことがあって、ますます気持ちが暗くなった」という経緯をたどっていくケースのほうが多いのです。

最初に「暗い気持ち」があって、それが悪いことを引き寄せてきてしまうのです。

そういう意味では、暗い気持ちで、朝を迎えないことです。

暗い気持ちで会社に行かないことです。

その日一日、悪いことばかりが起こるようになるでしょう。

明るい気持ちで朝を迎え、明るい気持ちで会社へ行くことが大切です。

では、どうすれば気持ちを明るいプラスの状態にすることができるのかと言えば、その方法の一つに**「セルフ・トーキング」**があります。

朝起きたら、自分自身に、「今日は、いいことがありそうだ」といったような、心を明るくする言葉を言いかけてみるのです。

**「セルフ・トーキング」を習慣にすることが、自分自身の心をプラスにしてくれます。**

そして、そのプラスの心に、いいことが引き寄せられてきます。

## 「明るく、元気に、一生懸命」で、いいことを引き寄せることができる

### ◆暗い感じでは仕事で活躍することもできない

落語家の初代林家三平《さんぺい》（20世紀）は、**「明るく、元気に、一生懸命。これが芸の奥義《おうぎ》だ」**と述べました。

「芸」とは、この場合、三平の本業である「落語」のことを指しているのでしょう。

「奥義」とは、「もっとも大切なこと」という意味です。

つまり、「明るく、元気に、一生懸命にやることが、落語ではもっとも大切なことだ」という意味です。

もちろん話術のテクニックも大切なのでしょう。

しかし、それ以上に「明るく、元気に、一生懸命」が大切になってくる、ということです。

この「明るく、元気に、一生懸命」を心がけることで、お客さんの好感を引き寄せることができます。

人気を引き寄せることができます。

ひいては、落語家としての成功も引き寄せることができる、ということです。

これは、落語家に限ったことではないと思います。

ビジネスマンであっても、同じではないかと思います。

もちろん仕事の能力をアップすることも大切だと思いますが、「明るく、元気に、一生懸命」を心がけていくことも、心をプラスにする意味で非常に重要です。

それが、ビジネスマンにとっての様々ないいことを引き寄せるコツになるのです。

言い換えれば、いくら能力がある人でも、「いかにも暗い感じで、いつも元気がなく、何事もやる気がなさそうな態度を見せる」という人は、いいことを引き寄せることができません。

結局が、いくら能力があっても、仕事で活躍できないまま終わってしまうことになりがちです。

そうならないために「明るく、元気に、一生懸命」を心がけることが大切です。

## 毎日元気を出して生きることを実践していくうちに、その元気はますます強くなっていく

### ◆いいことは「元気」に引き寄せられる

思想家の三宅雪嶺《みやけせつれい》（19〜20世紀）は、**「たとえば、鍛冶屋《かじや》が腕を振って腕が太くなるように、元気を出し続けると、元気は増してくるものである」**と述べました。

「鍛冶屋」とは、金属を加工して刃物などの金属製品を作る仕事です。

今の時代は機械を使って加工することが多いのですが、昔は手作業でした。

手で金槌《かなづち》を振って金属に打ちつけて製品を作ります。

重い金槌を毎日振り続けるのですから、自然に腕の筋肉が発達して、腕が太くなっていきます。

それと同じように、三宅雪嶺は、「元気を出し続けると、元気は増していく」と言っているのです。

元気が増すと、心がいっそうプラスの状態になっていきます。
そして、いいことを引き寄せる力もどんどん強くなっていきます。
それが「幸福な人生」へとつながっていきます。
そのためには、次のようなことを毎日心がけるとよいでしょう。
・いつも体を元気に動かすトレーニングをする。
・毎日、楽しい気持ちを心がける。
・好奇心を失わず、興味を持ったものを元気にやってみる。
このようなことを、いつも心がけながら暮らしていくのです。
仕事の場においても、私生活でも、このようなことを心がけます。
そうすることによって心も体も、ますます元気になっていきます。
自分にパワーがみなぎっていることが実感できるようになります。
それに伴って、いいことを引き寄せる力も強くなっていきます。

# 五感を心地よく刺激することで、心と体に元気がみなぎってくる

## ◆朝元気が出ることをすると、引き寄せる力が強まる

元気を養《やしな》う方法に、**「五感を心地よく刺激する」**というものがあります。

五感とは、「視覚」「聴覚」「嗅《きゅう》覚」「味覚」「触覚」の五つです。

たとえば、朝の時間を活用して、この五感を心地よく刺激することで、その日一日を元気に過ごすことができます。

すると、その日一日、いいことを引き寄せられるのです。

五感を刺激する方法としては、たとえば、次のようなことがあります。

「視覚」……朝起きたら、空や、木々の様子、元気に咲く花などを見て、心地よく視覚を刺激する。

「聴覚」……朝出かける前や出勤途中に、元気が出るような音楽を聴いて、心地よ

く聴覚を刺激する。

「嗅覚《きゅう》」……朝食の香り、コーヒーやお茶の香りなどを存分に楽しんで、心地よく嗅覚を刺激する。

「味覚」……慌てて口の中に食べ物を放り込むのではなく、朝食を味わいながら食べる。そうして心地よく味覚を刺激する。

「触覚」……公園や庭の木の葉に触る。眠気覚《ねむけざ》ましに、体をマッサージする。そのようにして心地よく触覚を刺激する。

朝の時間を活用し、このようにして五感を心地よく刺激することで、精神的にも肉体的にも元気が出てきます。

気持ちよく、元気に朝の時間を過ごすことができると、「今日は何だか、いいことがありそうだなあ」という予感がしてくるものです。

また、その予感は不思議に的中し、実際にいいことがあるものです。

**五感を心地よく刺激することによって、みなぎってくる元気が、いいことを引き寄せてくるのです。**

# 勉強をしたり趣味を楽しむ時間を持って、自分の心を元気にしていく

## 「朝活」で、有意義で豊かな時間を作る

「朝活《あさかつ》」という言葉をよく聞きます。

「朝、会社に出勤する前の時間を、勉強や趣味などの活動に当てること」をいいます。平成20年（２００８年）頃から使われ始めた言葉だといわれていますが、最近、この朝活の習慣を持つ人が年々増えてきているそうです。

社会人になってからも、勉強や趣味の時間を持つことは、その人の心にプラスの効果をもたらします。

勉強をすることで、自分が賢くなって自信が持てます。それは本人にとっては、とてもうれしいことになるでしょう。

さらに意欲的に自分を成長させていこう、という気持ちにもなります。

趣味を楽しむことでも、人間性が豊かになっていく実感が持てます。精神的な充実感を持てるのです。

そのような**心にプラスの作用をもたらす勉強や趣味を朝に行うことで、その日一日を元気に暮らすことができるのです。**

それが、また、その日一日、いいことを引き寄せる力を強めることにもつながります。

そういう意味では、朝活はとてもいいことだと思います。

いつもより少し早めに起床して、出社するまでの時間を勉強や趣味に当てるのも良いと思います。

また、現在は、朝活を支援するサークルや団体もたくさんあるようです。

自分が「これを勉強したい」「こんな趣味を楽しみたい」と思っていることに合ったサークルや団体を探し出して、それに参加してみるのも一つの方法でしょう。

一人で朝活を行うよりも、仲間がいるほうが、より楽しい有意義な時間を過ごすことができます。

それがいっそう心を元気にし、心をプラスにする力がわきだしてきます。

## 「やるべきこと」をはっきり意識することで、「がんばろう」という意欲も高まっていく

### ◆漠然とした気持ちで会社に行かないようにする

ある人は、朝、手帳を見て「今日やるべきこと」を確認する習慣があります。

これには、間違いがないように予定を確認しておく、という意味もあります。

その日作成しなければならない書類があることを忘れていたり、会う約束をしていた相手をうっかりすっぽかしてしまったらたいへんです。

ですから、朝、しっかり今日やるべきことを確認しておくのです。

一方で、こういう習慣には、「心を元気にする」という効果があることも忘れてはならないと思います。

**「やるべきこと」が具体的にはっきりと意識することで、「よし、今日もがんばろう」という意欲が生まれてくるのです。**

目標が明確になることによって、心が元気になり、やる気が出てくるのです。

良くないのは、朝、「今日やるべきこと」を確認しないまま、漠然《ばくぜん》とした気持ちで会社へ行ってしまうことです。

自分自身で「今日やるべきこと」をしっかり確認せず、漠然とした気持ちで会社に行ってしまうと、会社に到着してもなかなかやる気が出ません。

「何となく働きたくないなあ。仕事が面倒だなあ」とネガティブな感情ばかり生じてきます。

実際に、上司から「ぼんやりするな」と叱られ、大事な要件を忘れてしまって他の人たちに迷惑をかける、という事態にもなりかねないのです。

朝に「今日やるべきこと」を確認し、「がんばろう」という意欲を高め、心を元気にして会社に行くことで、心がプラスになる力も高まります。

自分でも満足がいくいい仕事をすることができ、上司や取引先からの評価も高まり、社内での信頼感が高まります。

その他にもいいことをたくさん引き寄せることができるでしょう。

# 体を動かすと心が元気になる、心が元気になるといいことがある

## ◆気持ちよく体を動かし汗をかく習慣を持つ

心を元気にする上で、「適度な運動をする」ということがとても効果的です。

「楽しく体を動かして、気持ちのいい汗をかくと、爽快《そうかい》な気分になる」という経験を持つ人も多いと思います。

運動は、心にプラスの影響をもたらすのです。

そのことは、科学的にも証明されています。

まず、運動をすると、脳内でβ《ベータ》エンドルフィン、ドーパミン、セロトニンというホルモンの分泌が盛んになります。

βエンドルフィンには、人の幸福感を高める作用があります。運動すると「私は幸せだ」という気持ちになってくるのです。

ドーパミンには、ワクワクする気持ち、昂揚感《こうようかん》を高める作用があります。「私の未来が楽しみだ」という気持ちが高まるのです。

セロトニンには、精神的な安定感をもたらす効果があります。「心配しなくても、だいじょうぶ。どうにかなる」と、楽天的に物事を考えることができるようになるのです。

さらに、運動をすると、交感神経の働きが良くなります。それには、物事をポジティブに考える効果があります。

従って、**何か心配事があったり、思い悩むようなことがあった時は、ジッとしてウジウジ考え込んでいるよりも、スポーツなどで体を動かすことを考えるほうが良い**と思います。

そうすれば、心が元気になります。

そして、心配事、悩み事を吹き飛ばせるようになります。

「運動は苦手だ」と言う人もいるかもしれません。

しかし、たとえばダンスやヨガやウォーキングなどの軽い運動であっても、心を元気にする効果は十分に期待できます。

# いいことがあった時は素直な気持ちで自分をほめると、またいいことを引き寄せる

## ◆反省もいいが、必要以上に自分を責めない

心を元気にする方法の一つに、「自分をほめる」ということがあります。

「あなたは、すごい」「あなたは立派だ」と自分で自分をほめていくうちに、心が元気になっていきます。

そして、その心の元気に、いいことが引き寄せられていくのです。

しかし、自分をほめることが苦手なタイプの人がいます。

心理学で言う「自罰傾向《じばつけいこう》」が強いタイプの人です。

「自罰傾向」とは、「自分の悪いところばかりに着目して、必要以上に反省的な意識を持ってしまう心理傾向」を指す言葉です。

この自罰傾向が強い人は、自分をほめることをあまりしません。

むしろ、「私はダメだ」「私は愚かだ」と自分を責めるような言葉ばかり、自分に対して浴びせかけてしまうことが多いのです。

そのために前向きな気持ちになれず、落ち込んでばかりいます。

しかし、そのためにいっそう悪いことばかりを引き寄せてしまう、ということにもなりかねないのです。

たとえば、仕事で成果を出したとします。会社から要求されている水準には十分に達しています。上司も「よくやった」と、ほめてくれています。

このようなケースであっても、自罰傾向の強い人は、「私はもっとがんばれたはずだ。私はダメな人間だ」と、自分を責めるようなことを考えてしまいます。

そのために思い悩み、結局は仕事への意欲をなくして、会社での立場も悪くなっていく、ということになりがちです。

「自分をほめる」には、ある意味、素直な気持ちが大切です。

**いい成果が出たら、素直にそれを喜びます。**

**上司にほめられたら、そんな自分を自分自身でも素直にほめてあげます。**

**そうすれば、心が元気になります。**

## 思うような成果が出なかった時でも、全力を尽くした自分の努力をほめる

### ◆上司から叱られても、自分は自分をほめるようにする

次のようなケースがあったとします。

・会社から求められる成果を達成できなかった

・新しいことにチャレンジしたが、あえなく失敗した

・「チャレンジしたい」という意欲はあったが、結局チャレンジしないままでいる

ここに掲げたことは、いずれにしても、「自分をほめる」というケースには当たらないようにも思えます。

しかし、このようなケースであっても、「自分をほめる」ということはできるのです。

言い換えれば、いいことを引き寄せる力が強い人は、このようなケースであっても、自分をほめることを知っています。

まずは、「会社から求められる成果を達成できなかった」というケースです。

もちろん上司からは叱られます。

社内での評価も低下します。

自分自身も反省しなければならないでしょう。

その上で、「でも、私はやれるだけのことはやった。全力を尽くした。これって、すごいことじゃないか」と、自分をほめるのです。

そうすれば、「今度はがんばろう。次にチャンスがめぐってきたら、今度こそは良い成果を出そう」というやる気がわいてきます。

成果を出せずに落ち込んでいた心にも、再び元気がよみがえってくるのです。

そして、やがていいことも引き寄せられてきます。

名誉挽回《めいよばんかい》のチャンスがめぐってきて、その時こそ抜群の成果を出すことができるのです。

そして、上司や社内での評価も高まります。

**思うような成果が出ない場合であっても、自分が全力を尽くした努力をほめることはできるのです。**

# たとえ失敗しても、その自分のチャレンジ精神と行動力をほめてあげる

## ◆その失敗を次に生かすために、失敗した自分をほめる

「新しいことにチャレンジしたが、あえなく失敗した」というケースであっても、そんな自分をほめることができます。

何事でも失敗をした時は、周囲から受ける評価が下がります。

叱られたり、バカにされたりします。

自分自身としても落ち込むでしょう。

特に、心理学で言う「自罰傾向《じばつけいこう》」が強い人は、失敗したことを重く受け止めすぎて、いっそう落ち込むことになります。

しかし、このようなケースであっても、落ち込んだ気持ちから回復し、再び元気を取り戻すためには、「自分をほめる」ということが大切になってきます。

失敗したことは反省し、失敗の原因も分析しなければならないでしょうが、一方で、**「新しいことにチャレンジした」ということ自体は、ほめられるべきことなのです。**

そんな自分のチャレンジ精神をほめるのです。

「失敗を怖れず、勇気を持って、果敢《かかん》に新しいことにチャレンジした。そんな勇気ある自分と、自分の行動力については、大いにほめていいいことだ」と、自分自身をほめるのです。

そうすることで、心に元気が戻ってきます。

そして、「今回の失敗にめげることなく、チャレンジ精神を持ち続けて、また新しいことに挑《いど》んでいこう」という前向きな気持ちが生まれてきます。

そういうポジティブな心に、いいことが引き寄せられてきます。

失敗を反省し分析したことが生かされて、同じような失敗をせずに済むようになります。

失敗から得た知識や経験を生かして、次のチャンスに成功を呼び込むことができるようになります。

**失敗しても、そんな自分をほめてあげることは可能なのです。**

## 自分をほめることで一歩を踏み出せる。一歩前へ踏み出せばネガティブな思いを吹っ切れる

### ◆自分を責めれば、ますます行動力を失うことになる

「『チャレンジしたい』という意欲はあったが、結局チャレンジしないままでいる」というケースがあります。

「これがいい」というアイデアを思いつき、それにチャレンジしてみたいという意欲があるのですが、結局は、誰にも相談できず、何も行動へ移さないままでいます。

このようなケースでは、人はつい、そんな自分に対して「私は決断力や行動力のないダメな人間だ」「私は勇気がない気弱な人間だ」というネガティブな思いを抱いてしまうことになります。

しかし、そこで必要以上に自分を責めるようなことをすれば、それこそ本当に「決断力がない自分」「行動力がない自分」「勇気がない自分」「気弱な自分」のままで終

わってしまうことになります。

このようなケースでも自分をほめることは可能ですし、また、自分をほめるという意識を忘れないことが大切です。

たとえば**「アイデアを思いついた自分」**を、ほめます。

**「チャレンジしたいという意欲を持った自分」**を、ほめるのです。

「こんな画期的なアイデアは、なかなか思いつくものではない。私の発想力はすごい」と、自分をほめます。

「そのアイデアを実現したい。それにチャレンジしたい、という意欲が私にはある。私は意欲的な人間だ。その意味では、私には、まだまだ望みがある」と、自分をほめるのです。

そうすることで、心が元気になっていきます。

そして、実際に、そのアイデアを実現するために向かって一歩を踏み出せるのです。

最初の一歩を踏み出せば、「私は決断力や行動力のないダメな人間だ」といった思いも吹っ切れます。

その結果、いいことも引き寄せられてきます。

# 第9章
# 毎日を気持ちよく生きていく

## 後悔の感情にとらわれている限り、いいことは引き寄せられない

### ◆嫌な出来事は上手に忘れるように心がける

「嫌なことは、上手に忘れていく」ということも、いいことを引き寄せる大切なコツの一つになります。

過去への後悔や未練《みれん》といった感情をいつまでも引きずってしまう人がいます。

「あの時、どうして、あんなことをしてしまったのだろう。あんなことなどしなければよかった」と思い悩んでばかりいる人です。

しかし、そのために心にマイナスのエネルギーがどんどんたまってしまいます。

当然、いいことを引き寄せる力も弱まってきます。

いい人との出会い、いい仕事との出会い、新しく生きがいになるものなどを引き寄せる力が弱まっていくのです。

そのために、自分の将来に希望を持てなくなります。

たとえば、過去に仕事で失敗した経験があるとします。

そのことを忘れられずに、「今私が、こんな情けない人生を送っているのは、あの時の仕事の失敗が原因だ」と考えます。

そして、失敗した仕事への後悔や未練のために、自分の未来に希望を持てないのです。

このような状況から抜け出すためには、後悔や未練の感情を断ち切ることが大切になってきます。

過去にしてしまったことを、いつまでも悔やんでいてもしょうがありません。

**新しい夢を持つよう努力したり、気持ちを切り替えるために趣味に熱中したり、旅行などしたりして、嫌な過去のことは忘れてしまうほうが良いのです。**

上手に忘れ去ることができた時、気持ちが前向きになっていきます。

失いかけていた希望を取り戻すことができます。

そうなれば心がプラスになり、いいことを引き寄せる力も強まります。

やがて、新しい幸せがもたらされることになるでしょう。

## 嫌なことを忘れることで笑顔が戻ってくる。その笑顔にいいことが引き寄せられてくる

### ◆悲しみの感情から心を解き放つために、上手に忘れる

イギリスの詩人であるクリスティナ・ロセッティ（19世紀）は、**「覚えていて悲しんでいるよりも、忘れてほほ笑《え》んでいるほうがいい」**と述べました。

人には、「覚えておくほうがいいもの」と「忘れてしまうほうがいいもの」があるように思います。

これからの人生や仕事に役立つような知識や経験は、もちろん「覚えておくほうがいいもの」と言えます。

そのような知識や経験をすぐに忘れてしまうような人は、同じような失敗を何度も繰り返すことになります。

一方で、**人生には、「忘れてしまうほうがいいもの」もあります。**

嫌な思い出や、失敗の経験や、後悔や未練などです。

そのようなマイナスの出来事を忘れられないという人は、いつも悲しい思いをして生きていかなければならなくなります。

悲しい思いをいつまでも引きずっていれば、今後の人生において、いいことを引き寄せる力も弱まってしまうのです。

そういう意味では、心を悲しみでしばってしまうようなマイナスの出来事を、できるだけ早く忘れてしまうほうがいいのです。

忘れることで、心が悲しみから解き放たれます。

前向きな気持ちが生まれます。

その前向きな気持ちに、いいことが引き寄せられてくるのです。

そうすれば、ほほ笑んで生きていけるようになります。

笑顔にあふれた人生を送ることができるようになるのです。

そういう意味のことを、クリスティナ・ロセッティは述べています。

自分自身が、今後の人生を笑顔で過ごしたいと思うのであれば、マイナスの出来事は忘れていくほうが賢明です。

## ストレスが心からパワーを奪う。楽しいことをして心のパワーを取り戻す

### ◆心が元気な人には、いいことがたくさんある

心にパワーがなくなるにつれて、いいことを引き寄せる力も衰えていきます。

では、精神的なパワーを奪うものは何かと言えば、その大きな原因の一つにストレスがあります。

仕事が忙しかったり、人間関係のことで悩んだりしてストレスがたまっていくと、それに伴って元気がなくなっていきます。

「仕事をがんばろう」という意欲が薄れてきます。

当然、「楽しい人生を実現したい」という思いが弱まってきます。

それに伴って、いいことを引き寄せる力が弱まります。

むしろ、反対に、悪いことが起こる場合もあります。

よく「悪いことが重なる」と言いますが、ストレスで心身共にクタクタになっている時に限って、新たな仕事上のトラブルに見舞われたり、人間関係がますますおかしくなっていく、といったことが続け様に起こるのです。

そういう悪循環にはまらないためには、日頃からストレス解消を心がけていくことが大切です。

生きていれば、ストレスは避けて通れません。

仕事でイライラさせられることも当然あるでしょう。

人間関係がギクシャクしてしまうこともあります。

しかし、**日頃からストレス解消に努めておけば、ストレスを必要以上にため込まないで済みます。**

従って、何かストレスを感じた時は、早めに帰宅してゆっくり休養したり、あるいは気の置けない友人と会って楽しい時間を過ごすのがいいと思います。

また、ストレス解消になるような趣味を楽しんだり、好きなダンスやスポーツをすることも有効な方法になります。

心がプラスになれば、いいことを引き寄せる力も強まります。

# プレッシャーを感じた時は、夢が叶えられるかどうかを「天の意志」に任せてしまうほうがいい

## ◆やるべきことはやって、結果がどうなるかは天に任せる

「私には夢がある。どうしても叶えたい夢がある」という思いが強すぎると、自分の心へのプレッシャーになってしまうことがあります。

特に、その夢が簡単に成し遂げることができない壮大《そうだい》なものである場合、そのプレッシャーも大きくなります。

しかも、その夢を身の周りの人たちに公言している場合、「もし夢を叶えられなかったら、みんなに対して恥ずかしい」という思いから、なおさらプレッシャーが大きくなってしまうでしょう。

しかし、そのプレッシャーから心に苦しみが生じて、それが悪いことを引き寄せる、ということもあるのです。

そのために、かえって夢の実現から遠ざかってしまうのです。

従って、もしプレッシャーで心が苦しいと感じた時は、「どうしても夢を叶えたい」という思いをいったん捨ててしまって、夢を叶えられるかどうかは「天の意志に任せてしまう」という方法もあります。

禅の言葉に、**「天真《てんしん》に任《まか》す」**というものがあります。

「自分の運命を、天に任せてしまう」という意味です。

そうすることで、余計なプレッシャーから解き放たれて、心が安らぎます。

もちろん努力を放棄《ほうき》してしまうということではありません。

**夢の実現のためにやるべきことは、たんたんと進めていきます。**

**その上で、結果がどうなるかは、天の意思に任せてしまうのです。**

そのほうが、今やるべきことに集中できます。

そうすればプレッシャーなどのマイナスの思いに、心を乱されることはありません。

天は、自分のしていることをよく見ています。集中して、一生懸命にがんばっている人を決して見捨てはしません。

天はきっと、その人に、いいことをもたらしてくれます。

# 夢を叶えるために、自分を応援してくれる仲間を持つのがいい

## ◆いい仲間が、くじけそうになる心の支えになってくれる

「こんなことをしてみたい」という夢を持った時は、「仲間を作る」ということが大切です。

仲間がいると、もし自分の心がくじけそうになった時、仲間がやさしく励ましてくれます。

応援の言葉をかけてくれます。

そんな仲間の存在が、自分の心の支えになってくれます。

さらに、身近にそんないい仲間がいてくれることを、うれしく感じます。

**マイナスに傾いていた心が、仲間のおかげで、プラスの状態に戻っていくのです。**

それが、いいことを引き寄せる力になってくれます。

たとえば、スポーツクラブに通う時、仲間がいたほうが長続きする、という話を聞いたことがあります。

友人と誘い合ってスポーツクラブに通います。

あるいは、スポーツクラブで知り合った人たちと仲良くなります。

そのようにして、おしゃべりをしながら一緒に楽しく体を動かして汗を流す相手がいるほうが、途中で挫折することなく運動を続けていくことができます。

もし、スポーツクラブへ行くのが面倒になった時、仲間たちが「一緒に、がんばりましょうよ」といった応援の声をかけてくれるかもしれません。

そんな仲間の声に励まされて、くじけそうになった心を立て直すことができるかもしれません。

また、「作家になりたい」「英語を話せるようになりたい」「ある専門分野の資格を取って、その分野で活躍する人間になりたい」といった夢を叶える場合も同じです。

一緒に勉強し活動する仲間を作ることによって、夢へ向かってがんばっていくプラスの力が強くなります。

その力が、夢の実現を引き寄せてくれるのです。

## なんとなく元気が出ない時は、心にプラスのエネルギーが満ちている人に会いに行く

### ◆明るく元気な人に会って、自分の心も明るく元気にしてもらう

アメリカの小説家であるマーク・トウェイン（19～20世紀）は、**「真の大人物に会うと、素晴らしいことに、自分まで大人物になれそうな気持ちになる」**と述べました。

すごい才能を持ち、また優れた人間性を持ち、一生懸命になって努力して活躍しているような「真の大人物」に会うと、自分もそのような大きな人物になれそうな気がしてきます。

その大人物が放っているプラスのエネルギーが、自分の精神面にも良い影響をもたらしてくれるのです。

そして自分自身にも、生きるエネルギーがわいてきます。

「私も、あの人のように、大きな理想を持ち、大きなことを成し遂げたい」という

意欲が生まれるのです。

言い換えれば、**素晴らしい人物に会う機会を作るということも、自分のもとにいいことを引き寄せるコツの一つになる**のです。

とにかく、心がプラスの状態にある人と会うことです。

今脚光を浴びて、充実した人生を送っている人です。

陽気な性格で、いつも明るく愉快《ゆかい》な人です。

前向きな考えを持ち、希望を持って生きている人です。

自分の大きな夢を楽しく語ってくれる人です。

このような人たちは、心にプラスのエネルギーを持っています。

自分自身が「最近、あまり元気が出ないなあ。やる気にならないなあ」という心境の時には、このような人に会うと良いと思います。

「私も、あの人のようになれるのでは」と思えるようになります。

相手が持つプラスのエネルギーの影響を受けて、自分の心もプラスの方向に向いてくるのです。

# 美しい自然に接し、自然から心をプラスにするエネルギーをもらう

## ◆部屋の中に花を飾って、心を和《なご》ませる

人の心にプラスの影響をもたらすものに「美しい自然」があります。

郊外の自然が美しい土地へ行くと、気持ちが安らぎ、また明るい気持ちになった、という経験は誰にでもあると思います。

そういう意味では、時々美しい自然に接する機会を作って、心をリフレッシュするといいと思います。

すると心がプラスになるので、いいことを引き寄せる力を強くします。

次のような心理学の実験がありました。

ある家族には、庭に樹木があり、またたくさんの花が咲いている家で、一定期間暮らしてもらいました。

また、別のある家族には、庭には樹木も花もない、コンクリートの壁に取り囲まれた家に一定期間住んでもらいました。

その結果、自然のあふれた家で暮らした家族は、コンクリートの壁に取り囲まれた家に住んだ家族に比べて、次のような心理効果が強く現れたというのです。

**・機嫌よく日々を過ごした。集中力が増した。**

**・気持ちが前向きになった。心が落ち着き安定した。**

これは、自然が人間の精神に良いプラスの影響を与えることを示しています。

マンションやアパートに住み、庭がないので自然に接する機会が少ないという人もいるかもしれません。

そんな人は、ベランダで植物を育ててもよいのです。また、部屋に花を飾るのでもよいのです。

それだけでも心には良い影響がもたらされます。

また、テレビなどの映像で、美しい自然を見るだけでも、精神的にとてもいい影響があるといわれています。

## 気持ちがマンネリになってきた時は、初心の頃を思い出して心をリセットする

### ◆時々、会社に入社したばかりの頃を思い出してみる

**「初心《しょしん》、忘るべからず」**と言います。

「物事を始めた当初に持っていた、新鮮で、やる気に満ちた気持ちをいつまでも忘れないことが大切だ」という意味です。

仕事を始めた時に限らず、何事もそうですが、長年続けていくうちに、気持ちがマンネリになってきます。

毎日同じことを繰り返しているうちに、当初の新鮮な気持ちを失っていって、うんざりした気持ちになってきます。

やる気も失われて、心がマイナスの状態になってくるのです。

それが原因で、悪いことを引き寄せてしまうことにもなります。

取り返しのつかない失敗をしたり、周りの人たちの信用を失うことにもなるのです。

そうならないために、時に「初心」を思い出すことが大切になってきます。

たとえば、会社に入社したばかりの頃、自分はどういう気持ちだったかを思い出すのです。

希望に燃えて、「自分らしい仕事をして大きな成果を上げ、そして人のため世の中のために役立つ人間になりたい」という純粋な気持ちを持っていたと思います。

また、毎日新鮮な気持ちで仕事に取り組んでいたと思います。

何事に対しても興味津々《きょうみしんしん》だったと思います。

新しいことに挑戦することに、何の怖れも持っていなかったと思います。

むしろ新しいことに挑戦することに、大きな喜びを感じていたと思います。

そんな**「初心」を思い出すことによって、マンネリになっていた心をリセットすることができます。**

マイナスの状態になっていた心に、プラスのエネルギーを吹き込むことができるのです。

それが心をプラスにすることになり、いいことを引き寄せるコツになります。

## 「何をするのも面倒くさい」という気持ちは、心に刺激になることをして打破していく

### ◆新しいことに挑戦して、新しい人と知り合う

「会社に行くのが面倒くさい。人づき合いも面倒くさい。食事をするのも、お風呂に入るのも面倒くさい」と言う人がいます。

「とにかく、何もかもが面倒くさい」と言うのです。

人は精神的に刺激がなくなるにつれて、このような「何もかもが面倒くさい」という心境になっていくことが多いようです。

毎日決まりきった仕事をして、同じ人とばかり会っている……という生活を送っていると、だんだんとマンネリになって、精神的な刺激がなくなっていきます。

それに伴って「面倒くさい」という気持ちも強まっていくのです。

「面倒くさい」という感情は、言うまでもなく、その人の人生にマイナスの影響を

もたらします。

悪いことを引き寄せる力が強まってしまうこともあります。

そんな「何もかもが面倒くさい」という心境を打破するためには、精神的に刺激になることをすることが大切です。

そのためには、**何か新しいことを始める**のがいいと思います。

たとえば、新しい趣味にチャレンジして、その趣味を通して新しい人と知り合う、といったことが考えられます。

**今まで経験のなかったことを楽しんだり、初めての人と話したりすることが、精神的にいい刺激になってくれるのです。**

そうすることで、仕事などにも新鮮な気持ちで取り組めるようになります。

何事に対しても気持ちが前向きになっていくのです。

今まで行ったことのない場所へ旅行したり、入ったことのないレストランで食事してみる、ということでもいいでしょう。

日常生活の中で「新しいことをしてみる」ということが良い刺激になって、心がプラスの状態になります。

# とにかく最初の一歩を踏み出してみる。その先に様々ないいことが待っている

## ◆一歩踏み出すことで、心がマイナスからプラスに切り替わる

「新しいことにチャレンジしていく」という習慣を持つことが、色々な意味で心に刺激を与えることにつながります。

それが気持ちを明るく楽しいものにして、いいことを引き寄せる力が強まっていくのです。

残念ながら、「新しいことを始めること自体が面倒くさい」と言う人もいます。

しかし、**面倒くさいのは、最初の一歩なのです。**

最初の一歩さえ踏み出してしまえば、あとは面倒くさいという気持ちはなくなります。

最初の一歩を踏み出して、そのまま進んでいくに従って、新しいことにチャレンジ

していくことの楽しさや喜びがだんだん心に満ちてきます。

その楽しさや喜びが、心から「面倒くさい」という感情を追い払っていくのです。

ジッと立ち止まったまま何もしないでいるのでは、「面倒くさい」という気持ちが変わりません。

むしろ、「面倒くさい」という気持ちがますます強くなっていきます。

しかし、「よし、やってみるか」と最初の一歩を踏み出せば、心の状況は大きく変わります。

マイナスの状態がプラスに切り替わるのです。

そのことが、いいことを引き寄せてくれます。

新しいことを始めることで、思いがけない人と出会うチャンスが生まれます。

視野が広がって、知識も増えます。

新しい生きがいが生まれます。

新しいビジネスチャンスを得られることもあります。

**最初の一歩を踏み出した先で、様々ないいことが待っているのです。**

**植西　聰**（うえにし・あきら）
東京都出身。著述家。
学習院大学卒業後、資生堂に勤務。
独自の『成心学』理論を確立し、人々を明るく元気づける著述を開始。
一九九五年（平成七年）、「産業カウンセラー」（労働大臣認定資格）を取得。

**〈主な著書〉**
・折れない心をつくるたった1つの習慣（青春出版社）
・平常心のコツ（自由国民社）
・「いいこと」がいっぱい起こる！ブッダの言葉（三笠書房・王様文庫）
・話し方を変えると「いいこと」がいっぱい起こる（三笠書房・王様文庫）
・ヘタな人生論よりイソップ物語（河出書房新社）
・カチンときたときのとっさの対処術（ＫＫベストセラーズ・ワニ文庫）
・運がよくなる１００の法則（集英社・be文庫）

**〈近著〉**
・思うだけ！開運術（清流出版）
・プラスの選択で人生は変わる（海竜社）
・真面目が損にならない心の習慣（青春出版社）
・がんばらない生き方（講談社）

# 引《ひ》き寄《よ》せのコツ
## 運がよくなる96のきっかけ

二〇一七年（平成二十九年）四月二十二日　初版第一刷発行

著者　植西聰
発行者　伊藤滋
発行所　株式会社自由国民社
東京都豊島区高田三―一〇―一一
〒一七一―〇〇三三　http://www.jiyu.co.jp/
振替〇〇一〇〇―六―一八九〇〇九
電話〇三―六二三三―〇七八一（代表）
造本　ＪＫ
印刷所　新灯印刷株式会社
製本所　新風製本株式会社

# 遠き海原

## 世界都市「江戸」誕生の物語

吉田誠男

HANDKERCHIEF BOOKS

**吉田誠男　Nobuo Yoshida**

昭和23年8月15日　株式会社伊場仙13代目社長吉田源太郎の次男として、東京都中央区日本橋小舟町に生まれる。昭和46年に早稲田大学卒業後、ミノルタカメラ株式会社（現・コニカミノルタホールディングス）に就職。昭和52年、株式会社伊場仙に入社。同56年、同社代表取締役に就任。現在、日本橋の街づくりにかかわる。趣味は登山、歌舞伎・能の観賞など。

http://www.ibasen.co.jp

# 目次

# プロローグ　幻影

吉村雅生は昨夜、アムステルダムに到着したばかりだった。美術の鑑定の仕事を主とする雅生の会社は東京の日本橋にあり、海外の美術館から浮世絵の鑑定と修復を依頼されることが多い。その日の午前中は、市内にあるゴッホ美術館に所蔵されている二百枚ほどの浮世絵に目を通していた。

ルネサンス・アムステルダムホテルのロビーで、雅生は東京から来る秘書の佳奈邑美夜子《かなむらみやこ》と待ち合わせることになっていた。時計の針は午後三時半を指している。美夜子の乗った成田からの直行便はすでにスキポール空港に到着しており、間もなくこのロビーに姿を現す時間だ。ホテルの回転式のドアに目を向けていると、大柄なアメリカ人観光客を押しのけてこちらに向かって足早に近づいてくる、黒い髪の日本人女性の姿が眼に入った。

「佳奈邑君、ここだよ」

いくぶん大きな声で、雅生は叫ぶ。

「社長！　いま着きました！　お元気でしたか？」

息せき切って駆け寄って来た美夜子は、雅生を懐かしい眼差しで見上げた。

「この通り元気だ、君も疲れただろう！　なにせ一四時間のフライトだからね」

疲れをおくびにも出さずにそう返事をしたが、その懐かしさは遠く一万二〇〇〇キロにも及ぶ長いフライトだけが原因ではない気もする。

「大丈夫ですよ、ほとんど寝ていましたから」

佳奈邑美夜子は美大を出た後、雅生の会社に美術品リストの整理や海外の美術館との連絡など雑用係として採用されたが、三年前にその才能を見込まれ、雅生の秘書になった。雅生は今年五〇歳、美夜子は三〇歳でお互いに独身である。雅生は今まで幾度となく縁談が持ち上がってはいたが、性格自体が晩稲《おくて》なのだろうか？　好きな仕事に打ち込むあまり、家庭には縁がないままこの歳になってしまっていた。

「一息ついたら、運河をクルーズしてみないか？　君、アムステルダムは初めてだろう」

「ええ、テレビの旅行番組によく出てきますから一度は行ってみたいと思っていました」

「私はこれで三度目だが、この街は何か昔住んでいたような懐かしさを覚える街だね、理由はわからぬが」

「きっと前世はここの住人だったのではないですか？」

「ははは、デジャブというやつかね」

「社長、仕事の話をして良いですか？」

「うん、構わないけれど、君もここに来てまで仕事が頭から離れない人間というわけだ」

いくぶん腹立たしい思いで美夜子に視線を落とした。

「すみません、でもゴッホ美術館の浮世絵の状態が気がかりだったものですから」

「うん、保永堂版の広重にちょっと劣化があったけれど、多分修復ができるだろう。伊場仙版は良好な状態だったね。江戸百景も無事だ」

「よかった！　修復が軽ければこちらの仕事も楽ですものね」

四月の太陽はすでに運河の西の空に沈もうとしていた。アムステル運河の西向きの建物は暮れなずむ陽の光を浴び、オレンジ色に輝いていた。

行き交う大小の舟の中、二人を乗せた船はゆっくりと川面を進み、エルミタージュ美術館別館を左手に見ながら、やがてケルク通りに架かるマヘレの跳ね橋にかかろうとしていた。すでに陽はとっぷりと沈み、橋はオレンジ色の幻想的な照明に包まれている。旅の疲れか、舟の単調でリズミカルなエンジン音も手伝って、雅生は舟中で眠りに落ちた。

# 第一章　漂流者たち

―　神は大地を造られた、しかしこの国土は我々が造った　―

一

舟の櫓のリズミカルな音を聴きながら、その男はしばしのまどろみから覚めた。これからどのような運命が待ち構えているのか？　この国のことだから、最悪の場合は首をはねられることも覚悟しなくてはならない。

不安と焦燥の中で漂着から四日目の朝を迎えた。他の船員たちはどうなってしまったのか？　国王からの期待を一身に背負い、ロッテルダムから華々しく船出して一年、その囚われたオランダ人は失望と放心した眼つきで眼下の豊後水道を眺めていた。

突然、四～五人の刀を差した男たちが眼前に現れた。最悪の事態がやって来たようだ。そのうちの一人の通詞がポルトガル語で居丈高に叫んだ。

「お前をこれからすぐに船とともに大坂へ移送する。荷物をまとめて船出の準備をしておくように。仲間も一緒だ。ここに着替えを用意したからその汚れた服を脱いでおけ」

そう言うと、大きな布に包まれた塊を目の前に投げつけて出ていった。

「オオザカ？」

頭の中は恐怖でいっぱいだった。着替えの服を用意してくれたわけだから、命は当分永らえるのだろうか？　そのオランダ人は慣れぬ日本の着物をどうやら身にまとい、武士たちと港に向かった。

「おい、ホランド野郎！　無事だったか？」

振り向くと仲間のイギリス人で、ウィルと呼ばれている男が上機嫌で後ろを歩いていた。悲惨をきわめた今回の航海をともにした一人だ。

「しかし、おまえ！　なんという着物の着方をしているんだ。オレを見ろ！　いっぱしのサムライだろが！　刀はないが」

これからの運命を知らずに、このイギリス人は何という陽気さなのか？

「ウィル、これから俺たちはどうなるんだ？　処刑か？　それとも監獄に入れられるのかい？」

「まあ、そう悲観するなってことよ！　海路四日でオオザカというところに連れていかれ、そこでどうやら日本のタイロウとやらに会うようだ。そこで包み隠さず、オレは例の件を説明しようかと思っている。相手にもよるが……まあ、これから何日かは俺もお前も首がつながっているということよ！」

そのタイロウが我々の目指すジェネラルの関係者だったらどんなに幸運なことか！　逆にポルトガルに通じている人間だったら帰国はおろか、そこで一巻の終わりだろう。オランダ人は、この国の政権の背後に隠然と存在しているスペイン・ポルトガルのカソリック勢力の強大さにたじろぐ思いであった。

港に近づくと、愛船デ・リーフデの全容が目に飛び込んできた。漂着した時と比べ、船首の傷は綺麗に修復され、ひびの入ったマストも取り替えられていた。

十七世紀の日本の造船技術の高さに、そのオランダ人は驚きを覚えた。船尾に行くと日本人船大工が奇異の目で見ながらも、恭しく挨拶してくれた。大丈夫だ。何とかなる！　気持ちを切り替え、彼は愛船に乗り込んだ。デッキでは懐かしい船員たちが出迎えてくれた。幾人かの船員が航海の途中命を落とし、船長のクワッケルナックも負傷したらしいが、あとの船員の多くが無事だった。

出港の準備が整う頃、操舵室で一悶着があった。ウィルと日本人との間で大喧嘩が始まっていた。操舵はすべて日本人がやるということにウィルは腹を立てていたのだ。

「おまえらにできっこないだろ！　この船の操舵は難しいんだ！　こんな大きな船はおまえ

らの国にはないだろうに！」

ウィルのあまりの剣幕に一人の武士が刀に手を掛けたのを、オランダ人は見逃さなかった。

「やめるんだ、ウィル！　俺たちは囚われの身なんだぞ！　我々の使命を忘れてはいかん」

ウィルを後ろから羽交い絞めにした。仲間の船員たちも双方の中に割って入り、この事態はなんとか収拾した。

ウィルの心配は杞憂だった。船は流れの速い豊後水道うまく切り抜け、瀬戸内海に入った。凪状態の内海をデ・リーフデはすべるように東へ向かった。

大小の美しい緑の島々をすり抜けるような航路を見ると、ウィルは昔ヴェネチアからの帰路、航海したアドリア海を思い出す。ここでも島々の間のところどころに漁船が浮かび、魚を採っている漁師たちの姿が見えた。時々荷物をたくさん積んだ中型の船がすれ違う。その船員たちは驚きの目を持って、こちらの船に見入っていた。

そのオランダ人にとって、どうやら聞いている以上にこの国は穏やかで、豊かな国のように見えた。陽は西の山々に隠れ、あたりは静寂な闇に包まれていった。デッキには大きな紙のランタンにろうそくの灯が入り、一帯は幻想的な雰囲気に包まれた。

瀬戸内の平穏な海原とは裏腹に、やがてこの世界に大波が押し寄せようとしていることを、そしてこの極東の島国にもその大波が遠慮なく襲ってくるだろうことを彼は知っていた。

六世紀前、ローマの時代が終わり、混乱の中で様々な国が興ったが、やがてスペインがヨーロッパの、そして世界の覇権を獲得した。軍事、経済、生産の分野で圧倒的な地位を獲得し、ついに超大国へと上り詰めたのは、今から百年も前のことだ。当時誰もがスペインの絶対的優位を疑うものはいなかった。

しかし、彼が生まれた頃からスペインの優位にも軋みが出はじめていた。ユダヤ人を追放したことでスペインは物造りを放棄し、金融立国を目指すようになった。銀というヨーロッパの決済通貨を世界からかき集めては周辺国の生産物を買いあさり、その結果、膨大な銀が放出されていった。それによって周辺国をひれ伏せさせようというのがスペインのやり方だったが、購買量の大きさに支払うべき銀の量が追いつかず、もはや財政が破たん状態にあることを周辺国は熟知していた。

そうした渦中の一五八八年、今この船に乗っているウィルも参戦したアルマダの海でイングランドとの戦争が起こった。そこでまさかあの無敵と言われたスペインの戦艦が次々と撃沈され、ついに敗北するなどとは……誰もが想像していないことだった。世に言うところの、スペイン無敵艦隊の歴史的な大敗である。

ひょっとするとスペインに支配された祖国の独立は近いのかもしれない。そのオランダ人の心にも大きな希望の灯がともった。これからヨーロッパ、そして世界はどうなるのか？この混乱の中で次のヨーロッパを支配できる国はどこなのか？　不安の中にも、この長い船旅の目的を達成できたら、母国ネーデルランドが新たな覇権国としてヨーロッパ、そして世界をも制覇できることを彼は知っていた。自らに課された日本への重要な責務をもう一度心の中で確認し、気持ちを奮い立たせようとした。

二

瀬戸内の暗い海を眺めながら、オランダ人の脳裏に一年前の光景が鮮烈に浮かび上がった。

スペインとの戦争の真っただ中、オラニエ公ウィレム一世の後を襲い、ネーデルランド連邦共和国の首領となったオラニエ公マウリッツ伯爵の執事から予期せぬ書面を受け取ったのは、ロッテルダム港の荷捌き事務所だった。

「明後日の昼、デルフトの王宮へ出頭すべし」

簡単な文章だったが、自分のような貿易家が王宮へ呼ばれること自体尋常ではない。差し迫った問題が起こっているに違いなかった。貿易のことで何か大きな問題が起こったのか？　それとも新しい航路の確保をめぐって他国と戦闘が起ころうとしているのか？　彼は疑心暗鬼の中で五〇キロの道のりを馬車で疾走し、王宮へと急いだ。

昼前にようやく王宮に到着し、衛兵に執事からの書面を見せ、会見の請願を行った。衛兵詰め所でしばらく待たされた後、当の執事が現れ、自分について来るよう促した。彼の背丈の倍もある大きな木の扉が開かれると、その向こうには地中海ブルーの絨毯が敷き詰められた長い廊下が目に入った。外はどんより曇った天気だったが、その廊下はまるで晴天の陽を浴びているように眩しく見えた。

五〇メートルにもわたる廊下が終わり、もう一つの木の扉が開けられると驚くほど大きな広間が眼前に広がった。その真ん中には大きなマホガニーのテーブルを挟んで正装をした五人の高官らしき男たちが座っていた。執事は貿易家に向かってこの五人を紹介していった。交易大臣、戦術大臣……あとの二人はどのような役職だったか？　緊張のあまり今では記憶にも残っていない。そして最後の男の紹介が執事から行われた。

「オラニエ公マウリッツ伯爵閣下です」

彼は自分の耳を疑った。心臓が高鳴り、のどが一瞬のうちに乾くことを知ったのはその時が初めてだった。オラニエ公マウリッツ伯爵とは、いったいどんな人物なのか？　彼はスペイン領であったネーデルランドの各州を数々の戦いで奪還し、領土を拡大させ、今のオランダの礎を創った人物であり、当時の事実上の国王と言っても過言ではない。彼の心臓が高鳴ったのも無理がなかった。

気が動転しているのを察した伯爵は、

「ロッテルダムからの旅路、ご苦労だった。その空いた席に座りなさい」

椅子を引いている自分の手がまだ震えている。執事がその会議の開会を宣言した。

「それでは我がネーデルランドにとって重要な会議を始めます。伯爵の御前でのこの会議の内容は、他言ならぬようにお願いしたい」

国王はゆっくりとした口調で会議の目的を説明した

「本日の会議はわが祖国ネーデルランド連邦共和国がいち早くスペインとの独立戦争に勝利し、ヨーロッパの覇権を獲得するために何をなすべきか、具体的に論議するものである。それでは交易大臣、説明を」

銀色のやや派手なコートを羽織った男は仰々しく話を始めた。

「スペイン王国はいま銀の枯渇という危機に瀕しており、財政も逼迫しているはずである。頼みの綱の無敵艦隊も撃破され、軍事的にも衰えを見せている。わがネーデルランドはいち早く覇権に必要な膨大な銀の確保が急務だ。スペインを追い落とすほどの銀の確保、軍備の強化、そして海外との交易による莫大な利益、それこそが我が国の最重要課題である」

伯爵を含め、この高官たちはいったい何のために自分のような一貿易家を呼んで、国家の戦略を声高に訴えているのか？　まるでわからなかった。

その大臣の説明はまだ続く。

「イギリスと協力して極東からスペイン・ポルトガルを駆逐し、その地域の交易権を手中に納め、新たな覇権を手に入れることが、我々の最終目的である」

話が続いたが、この連中の言っていることはいまだ理解できない。この国に、銀などが大量に採れる鉱脈などはまったくと言っていいほどなかった。

連中は銀をどこで手に入れようとしているのだろうか？　まさかスペインの植民地から強奪することなど考えにも及ばないはずだ。そもそも、極東からスペイン・ポルトガルを駆逐するために、なぜ自分が呼ばれたのか？　銀、銀、銀、高官の口から絶えずその言葉が発せられる中、彼はようやく重い口を開けた。

「伯爵閣下、畏れ多いことではありますが、我々はいかようにして膨大な銀を手中に収めたらよろしいのでしょうか？」

「よくぞ聞いてくれた。わしの口から述べるのでよく聞いておけ。我々は極東の端にある島国ニッポンから銀を輸入する。その国には膨大な銀の埋蔵があるからだ」

「ニッポン⁉」

ポルトガルから入手した極東地図からはシナの東に小さな島国があることは知っていたが、その国の名を聞いたのは今日が初めてだった。目の前には最近創られた日本の地図が置かれていた。ポルトガル語で「イワミ」「サド」と表記された場所にペンで印がつけられていた。

「それでは私からお主に詳しい説明をいたすことにしよう」

今まで沈黙を続けていた戦術大臣が初めて口を開いた。

「ニッポンはサムライと呼ばれる騎士団が諸国を収め、配下の臣民は教育程度も高い。戦意は極東随一だ。その国を植民地にしようなどと考えることは命が幾つあっても足りるものではない。しかし、現在ジェネラル・ヒデヨシ・トヨトミとジェネラル・イエヤス・トクガワがニッポンにおける覇権を争っている。これから私が言うことを注意して聞いておけ！我々はイエヤス・トクガワに取り入るのだ」

「……ト、トクガワ？　トクガワ？」

「そうだ。ニッポンの著名な銀山イワミ、サドは現在トヨトミの支配下にある。そのトヨトミは彼の上司であったノブナガ・オダの影響を受け、我々の敵国スペイン・ポルトガルに通じている。我々がスペインとの独立戦争に勝つため、そして、ヨーロッパの覇権を奪取するため、その銀山をトクガワの支配下に置くように、トクガワに加担し、覇権争いでトクガワが勝利するよう仕向けるのだ。もう一度申すぞ、自分の母親の名前は忘れても良いが、イエヤス・トクガワの名前は絶対に忘れてはならぬ」

ここまで聞いて、ようやくその男はこの会議の意味を少し理解することができた。

「わかったであろうな。お主は船隊を組んでニッポンへ向かうのだ。到着したら是が非でもイエヤス・トクガワに近づき、彼がニッポンにおける覇権戦争に勝利を収めることに全面的に協力をする。いいな、船には多数の武器を積み込み、それをイエヤス・トクガワに供与するのだ。銀獲得のためならどのような交換条件でも引き受けよ。万が一トヨトミがニッポンの覇権を取ろうものなら、スペインはニッポンの銀を独り占めするに違いない。そうなったら我が国は独立戦争に敗れ、木端微塵になるということを肝に銘じるのだぞ」

男は思わず息を呑んだ。さらに話は続いた。

「それでは詳細な戦術を伝えよう！　航路はスペイン・ポルトガルの勢力のいるインド洋を避け、西周りの太平洋を採れ。出発する船隊は五隻、そのうち三隻はスペイン・ポルトガルを欺くためカリブ海へ進ませる。そのあと船団はスペイン沖を通過したら急遽南下させマゼラン海峡を通過し、太平洋から一路ニッポンへ向かわせるのだ。お前はそのうちの一隻に乗り込み、死に物狂いでニッポンへ向かえ。もう一度申すが、われわれの目的はジェネラル・イエヤス・トクガワだ。まもなくニッポンでの覇権をめぐって戦争が始まる。ロッテルダムからニッポンまで八ヶ月はかかる。早急に出帆の準備をするように」

その時すでにオランダ側には、盤石であった豊臣勢の総大将、太閤豊臣秀吉の命は長くはなく、大老徳川家康の力が刻一刻と強くなっているとの知らせがもたらされていた。戦艦を日本へ派遣させるのは今しかなかった。

デルフトからの帰路、ロッテルダムへ向かう道の両側には一面の緑の牧草地が広がり、コスモスが咲き競う湿地帯には渡り鳥が小魚をついばんでいる。小川の両脇には風車がゆっくりと回り、農夫たちが牧草の刈り取りに忙しく動いていた。男はこの景色を生涯二度と見ることはできないことを確信した。祖国との別れが呆気なく訪れようとしていた。

## 三

二ヶ月ほど経った頃、そのデルフトから一万キロあまり離れた大坂城西の丸の一室で、大老の一人徳川家康は、側近五人と膝詰めで重要な会議を始めようとしていた。

秀吉の死後も豊臣の勢力は依然として力を持ち、五奉行の筆頭格だった石田三成を中心に、毛利、上杉らが共謀し、その勢力を盤石なものにしようと画策していた。一方、家康は江戸を中心都市とする統一国家の計画立案を始めていたが、これを実現するにはまずは豊臣恩顧の勢力を打倒することが必要だった。

実力者であった家康とて、盤石だったわけではない。勢力の均衡を破るためには何らかの秘策がいる。会議では、側近の一人、大久保忠隣《ただちか》が昨夜インドのゴアから重要な情報がもたらされたことを家康に進言しようとしていた。

「家康様、阿蘭陀《オランダ》船が母国を出帆し日本へ向かっている、との情報でございます。太平洋を回ってきますので、あと半年の時間を要するものと推察されます」

「そうか。忠隣、そなたはこの阿蘭陀船の目的はなんだと思うか？」

「欧羅巴《ヨーロッパ》では今、西班牙《スペイン》・葡萄牙《ポルトガル》の旧教勢力と阿蘭陀、英吉利《イギリス》の新教勢力が血で血を洗う凄惨な戦いを行っている最中でございます。そこには欧羅巴の覇権がかかっておりますが、西班牙の衰退もあり状況は一層複雑になっておるとのこと。いずれの国も日本との国交によって打開を図り、その地位を盤石なものとし……」

「馬鹿を言え、日本と交易しても奴らに得るものなど何がある？　それに忠隣、亡き太閤殿下は西班牙・葡萄牙の旧教と結んでいたのであろう？　そこに阿蘭陀の船がやって来るなど、豊臣勢にみすみす捕まり、命を落としに来るようなものではないか」

忠隣は家康の言葉に畏まりつつも、何やら不敵な笑みを浮かべた。

「だからこそ、にございます。阿蘭陀船はきっと何か大事な思いを持って、日本へ向かって来るものと存じます。やがて阿蘭陀船が日本へ漂着したら即刻船員たちを召し捕え、江戸へ回漕させるのが得策と存じます」

「阿蘭陀はこのわしに会いにくるということか？」

「左様、他には考えられません。三成たちに捕えられぬよう先立って万全の体制を諸国に通知すべきと存じます」

「あいわかった。その通りにせい」

家康の命を受けた忠隣は、沿岸諸国に外国船が漂着したら即、大老徳川家康へ通知する旨の定め書きを発布した。この定め書きが日本の歴史はおろか、世界の歴史を大きく変えるものになろうとは、当時誰もが想像していないことだった。

時に慶長四年の秋、グレゴリオ暦一五九九年十月のこと。オランダ船リーフデ号が豊後の臼杵《うすき》に漂着する半年前、そして関ヶ原の戦いの一年前の出来事だった。


慶長五年（一六〇〇年）三月中旬、五大老の一人であった前田利家亡き後に家督を継いだ利長が、大老の首座、家康のもとへ駆け込んできた。

「家康殿、豊後よりの急な知らせが入りました。何やら臼杵へ外国船が漂着とのこと。増田（長盛）様へご報告仕りましたが、大老の間で処置との仰せにあられます」

増田長盛は五奉行の一人で、佐和山城に退去していた石田三成に後事を託され、政務に当たっていた。家康は、「ついに到着したか」との思いを抱きながらも顔には出さず、おもむろに口を開いた。

「利長殿は加賀へお帰りになっていたと存ずるが、なにゆえ大坂にお出でなのじゃ。で、外国船？　どこの国の船と仰せか？」

「阿蘭陀国、それに英吉利国の人間が乗船との知らせでございます」

「ほお。で、前田殿はいかようにこの件をお考えなのか？」

「それが、大坂城にはこの知らせを聞いた葡萄牙のイエズス会の連中がいち早く参って、難破船乗組員を即刻処刑すべきとの上申があったと聞いております」

そのようなことを絶対させてはならぬとの思いを胸にしまい、家康は冷静さを演じた。

「前田殿、そのような早急な処置を取られると、事が面倒になりますぞ。他の阿蘭陀船がやって来て報復などされたら、秀吉様亡きあとの秀頼様の天下統一がいかになるか？　とりあえず、ここ大坂へ船員を移送するよう、増田殿に進言を願いたい」

よくぞまあ、このような思ってもいない方便を言えたものか？　家康は心の中で自ら感心した。

秀吉没後、時はあまり経っておらず、家康と豊臣の勢力は緊張状態にあったものの、家康と大老仲間だった前田利家は昨年死去、さらに石田三成は自らの地位の強化に腐心しており、誰もがオランダ船の問題などに注意を払わなかった。

家康とオランダにとって、これが誠に幸運なことであった。

# 四

二人の外国人は瀬戸内の平穏な航海の末、大坂城西の丸にて徳川家康との謁見に臨もうとしていた。二人が通る長い畳敷きの廊下の天井には金箔をふんだんに使った花の絵が描かれ、脇のふすまにも虎や龍などの精密な絵画が描かれている。

初めて見る東洋の城の美しさに二人は圧倒された。大広間に入ると装飾は通ってきた廊下の比ではなかった。両面には金色の屛風が置かれ、その上にも精密な美しい街の絵が描かれている。天井は漆と金箔を使った装飾がなされ、以前彼らが垣間見たヴァチカンの大聖堂を思い出させた。

大広間には絹製のマットが二つ並べられており、そこに二人は座るように指示された。正面には一段高くなった畳があり、そこにも一つ紫色の絹製のマットが置かれてあった。

二人が座るとすぐに通詞が現れ、謁見の説明を行った。通詞はポルトガル語を使った。

「両名の者、まず内府様が現れたら軽く会釈し、要件を単刀直入に述べよ。その後自らの国、出身地、職業、そして姓名を述べること。すべて私が通訳を行う。その後内府様が自らの名前を述べる。よろしいか」

二人が頷く間もなく、筆頭大老であった徳川家康が従者二人を連れて現れ、正面の床の間にある紫色のマットに着座した。挨拶の後、先ずオランダ人から自分の紹介をするよう合図があった。

「本日表敬の目的で謁見を致しますのはネーデルランド、デルフトの生まれ、航海士であります、ヤン・ヨーステン・ファン・ローデンスタインにございます」

家康は頷くと閉じた扇子の要を左に座るイギリス人に向けて発言を促したが、当人は広間の見事な装飾に気を取られていた。

「はっ、申し訳ございません。当方は同じく表敬の目的で参内いたしましたイングランドはジリンガムの生まれ、航海士で造船技師、ウイリアム・アダムスと申します」

その後家康の従者から通詞を通じ、家康の名乗りが行われた。

「正面にお座りの方こそ、日本国大老、徳川家康様にあられます」

その瞬間、ヤン・ヨーステンは自分の耳を疑った。この一年イエヤス・トクガワと絶えず脳裏に刻んできたための聞き違えか、はたまたイエヤス・トクガワとトクガワ・イエヤスとはまったくの別人か、心臓が高鳴るのを感じた。

「長い航海、大儀であった」

そう言うと家康は直ぐに大広間から去って行った。家康の後の労いの言葉は両者の耳には入らなかった。謁見はあっという間に終わったが、二人にはとてつもなく長い時間に感じられた。従者も去った後、ヤン・ヨーステンは通詞に確認した
「ジェネラル・イエヤス・トクガワ様とは今のお方にあられますか？」

「その通りだが、しかしお主はなぜそのようなお名前を前から存じておるのか？」

「いや、日本ではオランダと異なり、姓名の順が違うのかと確認したまでのこと、他意はございません」

「それでは二人に申すが、今後の予定が定まるまで、城内にて休息を取るようにとの仰せだ」

通詞が去った後、ヤン・ヨーステンとウイリアム・アダムスはお互い目を見つめあったまま、しばらく言葉が出なかった。

マウリッツ公から日本ではイエヤス・トクガワに接触するようにと命令を受けたが、異国でいったいどのような方法で目的の人物に近づいたらいいのか？　接触するまでひょっとしたら生命を落とす可能性もある困難な仕事と覚悟をしていた二人にとって、日本で会った初めての要人がイエヤス・トクガワ本人であったことは神の演出以外考えられないという思い

だった。しかし、この会見は神の演出などによる偶然の出来事ではなかった。

時をさかのぼる八年前の文禄元年（一五九二年）、場所はインドにあるポルトガルの植民地ゴア、そこで当時の国際情勢に明るく、かつ現地で諜報活動を行っていたオランダ人リンスホーテンと日本からの密使遠州伊場村の在、利兵衛が密かに会見を持った。

利兵衛は永禄三年（一五六〇年）、家康と同郷の岡崎に生まれ、父親は矢作川沿いの上和田に土地を持つ豪農であったが、元亀元年（一五七〇年）、家康が岡崎城を出、引馬城（後の浜松城）に移ると、二十歳の歳に後を追うように三河へ移り、城下の浜松荘伊場村で居を構えた。

利兵衛は岡崎では度重なる矢作川の氾濫に手を焼いていたが、その時の治水技術を家康に見込まれ、浜松では伊場村の前面、遠州灘に広がる湿地の干拓事業と運河の掘削を任されていた。そのような経緯もあり、利兵衛は家康本人からも側近からも幾度となく治水技術、商売や交易などの相談を受けることが多かった。

その家康から駿府城へ参内するよう書面が来たのは一五九〇年の夏の暑い日、家康が関東移府を命ぜられる直前の出来事だった。その前年、利兵衛には念願の長男が生まれていた。三十八と脂の乗った年齢であり、家康とは肝胆相照らす仲となっていた彼に、その後の運命を大きく変える、思いもよらぬ話が切り出された。

関東移封を前に家康は、新しい自分の時代の到来を見据えて、関東の領地に画期的な街づくりを始めようとしていた。

彼が目をつけていたのは、幾つもの入り江からなる江戸と呼ばれる湊《みなと》だった。そこに長きにわたる徳川の繁栄と活気のある街を創ろうと、老朽した江戸城大手門から眼下に広がる、キラキラ輝く海面を見ながら家康は思った。

そのような折、天正遣欧少年使節が帰国したという知らせが入った。駿府城で謁見した家康は、少年たちから話を聞くこととなった。地中海に浮かぶヴェネチアという街の地図を見、その街が干拓によってできたことを聞いたのも、その時が初めてだった。

驚くことに、ヴェネチアの地は四〇〇年以上の長きにわたり、水利を利用した通商によって繁栄を続けてきたという。家康の眼は輝いた。自らが思い描いていた「江戸湊」の構想と一緒ではないか！　ただ、詳しく聞こうにも少年たちでは埒があかぬ。

そこで家康は一人の男を城に呼んだ。彼こそが、伊場屋利兵衛。村のまとめ役として信頼が厚く、毎年のようにある矢作川の氾濫では先頭に立ち、復旧に務めていた。その手腕、人望を熟知していた家康は、彼に「江戸湊」の町づくりをやらせようと決めていたが、城に呼ばれた当の利兵衛は、なぜに自分が呼ばれたかわからない。

やってきた家康は、すぐに人払いを言いつけ、利兵衛の前に見たことのない機械仕掛けの品物を出した。それは、西欧の機械仕掛けのオルゴールと呼ばれるものだった。真ん中に真鍮で出来た小さな鳥が乗っている。

家康は言った。「その脇のものを回してみい」。利兵衛が言われるままに回してみると、突然、鳥が歌い出した。嘴を広げて、のどの鳴らす。利兵衛は眼を大きく見開き、輝かせた。いったいどういう絡繰りなのか？　家康は静かに続けた。

「それは伴天連《バテレン》から献上された音楽小箱じゃ。これをつくった伴天連どもは、矢作川の氾濫に苦しまされているわしらとは違い、水を利用し、富すら得られる暮らしを送っているらしい」

利兵衛は、道具いじりも大好きで、村の土木普請となれば知恵を求められる人物である。自分の手の中にあるこの小箱がどんなにすごい技術で作れられたものなのか、説明はできないが、技術者にしかわからない機微を肌で感じていた。

「どうじゃ、利兵衛……」

家康はそんな利兵衛の返事を待たずに続けた。

「わしにお前の人生を預けてくれぬか？」。

小箱を見ていた利兵衛は驚いて顔をあげた。それまでとは違った真剣なまなざしの家康の顔がそこにあった。

「天竺の臥亜《ゴア》に出向いてくれぬか？」

「……臥亜でございますか？　臥亜と申しますと、今は葡萄牙の領地と聞き及んでおりますが、葡萄牙は旧教の本拠地、家康様のお考えでは旧教の者たちとの接触はご法度と存じますが……」

「いやいや、葡萄牙人と接触するのではないわ。そこに一人の阿蘭陀人がおる。名はリンスホーテン、その者と重要な話をしてもらいたい。福爾摩沙《フォルモサ》（台湾）へ行けば、そこから臥亜へ行く葡萄牙船が出ている。道中、イエズス会などの人間にわからぬように行動をしてもらいたい。豊臣を蹴落とし、江戸を中心とする国家を統一するわしとおまえの思いと同じく、西班牙を蹴落とし、欧羅巴の制覇を目論む阿蘭陀との思いは一緒なのだ。頼むぞ、利兵衛、これは我が国も阿蘭陀も双方とも重要な仕事なのじゃ」

当時オランダはスペインの植民地の一つ、国王はあくまでスペインのフェリペ二世で、国としての体はなしてはいなかった。一方、家康も豊臣政権の一大老職であり、国を代表する人間ではなかった。しかし、双方とも次の覇権奪取を強く望んでいることに共通の目的があり、お互いが協調すれば大きな成果を得られるはずであった。

利兵衛ら一行がゴアへ到着したのは、文禄元年（一五九二年）春のことだった。

港には多くのポルトガル船が停泊していた。港を見下ろす高台には荘厳な教会や修道院が立てられ、まるで聞き及んでいるヨーロッパの街並を彷彿とさせるようだった。船が接岸するとどこからともなくオランダ人らしき三人ほどの集団が足早に近づき、一行を問いただした。よく見るとそのなかには日本人が一人混じっている。

「徳川の使者か？」

どうやら通詞のようだ。こちらに向かって尋ねてきた。

「そうじゃ、ようやく着いたわ」と、利兵衛。

「日本人は目立つので、すぐにそこに止まっている馬車にお乗りくだされ」

男がそう切り出すと、三人は馬車に詰め込まれた。

「無礼をお許しくだされ、葡萄牙人に見つかると事が面倒になる」

すぐに馬車は全員を乗せて急発進した。港の景色もあっという間に視野から消え、農地の中を疾走すること一刻あまり、白い大きな城のような建物の前に到着した。一人が玄関に掛っている鈴を鳴らすと大きな扉が開かれ、中にいた執事らしき者が一行を招き入れた。執事の話ではインドのスルタンの別荘とのことだった。

外の熱気とは裏腹に、建物のなかはひんやりとした空気に満ちていた。広間の中心にある大理石のテーブルに利兵衛ら一行三名が、向こう側には現地に住む日本人一人、オランダ人三人が相対して座った。その日本人がオランダ人の紹介を始めた。

真ん中に座っている者がリンスホーテンだった。

「利兵衛殿、ようこそ海原遥か遠方から来られた。私がポルトガル大司教ヴィンセンテ・ド・フォンセカの秘書ヤン・ホイフェン・ファン・リンスホーテン、ネーデルランドはハルレムの生まれです」

「私が徳川様の使者、利兵衛、三河国岡崎の生まれでござる、ところでリンス……、リンスホーテン殿、葡萄牙の大司教の秘書とはいったいどのような御身分か？　我々は旧教の人間とは話をしないよう家康様から固く言われておる」

「利兵衛殿、ご心配はご無用。ここにいる者たちは皆阿蘭陀人。ここでの会談は葡萄牙人にわからぬよう、わざわざ街から遠く離れた場所で行っております」

ゴアに住んでいるという、その日本人が口を開いた。

「……私の名は美濃秀光、名前の通り美濃出身で十年前よりここに住んでおります。紹介を続けさせていただくが、彼らは葡萄牙人に仕えながらも、祖国独立のため葡萄牙、西班牙から様々な情報を集めております」

「ということは、お主らは忍びの者というわけでござるか?」

「まあ、そう言うことになりますな」

あどけない笑いでリンスホーテンは返事をした。

「それで、そちらのお話とはどのようなものでござるか? リンスホーテン殿」

「それではご説明いたしましょう。我々の祖国ネーデルランドは、今はスペインの一植民地、国王とは言ってもただの植民地の頭領にすぎませぬ。しかし、そのスペイン、ポルトガルの覇権の力はすでに衰えはじめており、新教の国、すなわち私どもネーデルランド、イングランドが次の覇権をと目論んでおります。覇権に必要な軍事力、交易はこれからの努力で何とでもなりましょう。しかし、ただ一つ我々のいかなる努力でも手に入れられないものがございます」

「ほお、西班牙の艦隊を破ったお主たちにも弱点がおありになるのか？」

利兵衛はその時すでに、イギリスの軍艦がスペインの無敵艦隊を撃破したことを家康から聞き及んでいた。

「さすが、トクガワ様は大西洋の事情にも精通しておられるようですな」

「で、貴国が覇権に必要なものとは何でござるか？」

「単刀直入に申し上げましょう！　覇権に必要なもの、それは銀でございます。軍事と交易に必要な銀の世界的な産地、それは中米、そして貴国でございますが、中米はすでにスペインの侵略下にあり、我々の最後の拠り所は貴国でございます。イワミ、サドには世界的に莫大な埋蔵量を誇る銀鉱脈があると聞き及んでいます」

石見、佐渡に眠る銀鉱石の埋蔵量がその時中米に次ぐ世界第二の埋蔵量であること、さらに利兵衛たちは日本の銀山の地名まで彼らが知っていることに驚いた。

「利兵衛殿、我々は貴国の銀を西班牙のごとく横取りしようなどとは考えておりませぬ。ここで条件をご提示させていただきたいがよろしいか？」

「一応お聞きしよう」

「三つの条件がございます。まず一つの条件、貴国の銀を狙うスペイン・ポルトガルの艦船を将来一切日本近海に近づけさせぬよう我々がお守りします。彼らは放っておくと今にトヨトミの政権に取り入り、貴国を蹂躙する恐れがあるからです。もう一つの条件、それは交易権を我が国一国に絞っていただきたいということです。交易に併行してキリスト教の布教などを行うつもりは一切ございません。あくまで交易権のみでござる。そして最後の条件、それは利兵衛殿、トクガワが日本の覇権をトヨトミから奪取できるよう、海防に基づいた国家戦略の教示、戦艦を含めた近代兵器の供与、それにエドの街づくりに必要な土木・治水技術の提供、その他先進技術をすべてご提供するということです」

利兵衛は、リンスホーテンたちが現在の日本の事情を詳細に内偵していることに驚愕を覚えた。いや、それだけではない。彼らの提示する条件は日本にとって不利益なことが何一つない。それほど銀が欲しいということなのであろうか?

「リンスホーテン殿、さすが貴殿は優秀な忍び者であるな、関心いたした。何よりも有難い話じゃ。有難い話のついでにお願いしたいが、造船技術とともに、先ごろ西班牙の艦隊を撃破いたした経験のある航海士を必ず日本へ派遣していただくことはできぬか? それから貴国の先進技術、特に土木技術に長けた人間も加えていただきたいのじゃが……」

「利兵衛殿、誠にお安い御用でございます。」

思い切って切り出すと、彼は笑みを浮かべながら即座に同意する。オランダは銀のためなら何事でも譲歩するのではないかと思えるほどだった。

「いま貴殿が申した者を乗せ戦艦を派遣するよう、すぐに本国へ通知いたします。ご要望の船団が日本へ到着次第、トヨトミとの戦争に着手していただきたい。ポルトガルが背後にいるトヨトミ勢を貴国から駆逐することは貴殿たちの願いだけでなく、我々の願いでもございます」

「貴国の思いはようわかり申した。早速こちらも家康様に伝えさせていただくが、戦艦の派遣にあたっては一つ願いがある。船の到着する場所を、豊前、もしくは豊後の国など九州東部でお願いしたいのだ。間違っても西の平戸に漂着されぬよう気をつけてもらいたい。葡萄牙に捕まってしまったら元も子もない」

「それはもとより承知のことです」

「葡萄牙の手前、あくまでも難破し、漂着したとの演技が肝要でござる。そこから大坂への回漕は容易なこと。大坂城にて家康様との謁見を行ったあと、間髪を入れず江戸に向かっていただく。そこは豊臣の勢力が及ばぬ安全な地帯でもある。よろしいか？」

当時の肥前平戸はポルトガル船が多く出入りし、領主松浦鎮信《しげのぶ》もキリシタンに寛容なこと、さらに島民の半数が切支丹の信者になっていることなど、異教徒であるオランダ船にとっては大変危険な場所であった。カトリックの影響を色濃く受けた九州で比較的安全なのは、豊後、豊前あたりに限られていたのだ。

日本の歴史上、偶然に起こったと思われたリーフデ号の難破事件は、このように事の起きる八年前に詳細な計画に基づいて行われていた。それは、当時徳川の配下にある一握りの者以外、誰もが知らない事実だった。

わずか十日間の滞在だったが、利兵衛たち一行が臥亜から再び日本へ向けて出港する時、現地にいたその日本人が家康宛の手紙を一通托してきた。利兵衛は、交渉を終えた安堵感も手伝って、この日本人の素性にようやく関心が向いた。

「ところで秀光殿は、なぜこの臥亜に住まっておるのか?」

「なかなか日本には帰れない事情がありましてな……」

「ほーう、またどうして日本に帰れぬのじゃ?」

「まあ、さるお方を殺めましてのう」

その日本人は落ち着いた表情で淡々と言葉を返してくる。

「それはおやだかではないのう、秀光殿。で、どのような人間を殺めたのか?」

「ハハハ。それはなかなかここでも言えぬこと、日本に戻りましたらお話いたしましょう」

利兵衛はこの男の言葉の端々に武士の片鱗を感じ取っていた。武士であるならば、人を殺め、恨みを買う過去があっても不思議はないが、なぜこのような異国の地まで……。

「ところで、秀光殿はいつ日本へ帰国する予定じゃ？」

「……家康殿の天下奪取の後に帰ろうと思っておる」

利兵衛たち一行は、その男が今回のリーフデ号の派遣をめぐってオランダ人たちと家康の間を取り持つ重要な仕事をしていることに、最後まで気づかなかった。リーフデ号に搭載された武器は、のちの関ヶ原の戦いでも大きな役割を果たすことになるが、それすら偶然の産物ではなく、見えない手引きによるものだったのだ。

## 五

大坂城西の丸の一室で西洋にはない整然とした庭園を眺めていたヤン・ヨーステン、ウィリアム・アダムス両名は、家康の従者が廊下に来たことに気づかなかった。

「それではお二人、いよいよ最終目的地、江戸に行っていただくことに相成った。江戸へは貴殿たちの船で四日ほどの場所である。今回も我々が操舵することにいたすが、ウイリアム・アダムス殿、よろしいな？」

彼は面白くなさそうな顔を浮かべたが、黙って頷いた。

大坂を出帆し、しばらくすると太平洋のうねりが船を大きく揺らし始めた。それから三日が過ぎた頃、左手に均整のとれた大きな山が見えてきた。頂には雪を抱き、全体が紫色に見える。地中海航海の時に、ナポリ港から見えたベスビオス火山に似てなくもないが、シンメントリーの美しさはベスビオスの比ではなかった。

「あれが富士でござる」

江戸に同行する役目を仰せつけられたのが、伊場屋利兵衛である。彼はヤン・ヨーステンの耳元で囁きながら、八年前、インドのゴアで今回の計画を練り上げたことを思い出していた。長い年月がかかったが、ようやく時機が到来したのだ。

「裾野の広い綺麗な山ですな、利兵衛殿」

「そう、あの麓の西側が家康様の生まれた場所であり、私の生まれた場所でもござる」

「人間も常日頃、あのような孤高の山を見上げていると自ずと大志を抱くようになるのでございましょうか？　利兵衛殿」

「その通りじゃ。私はあの峰を見るたびに平和な国家統一を目指す家康様の器の大きさを思い、勇気が湧くのでござる。ところで阿蘭陀国には富士のような峰はあるのか？」

「利兵衛殿、残念ながら祖国は平地が広がった国土、高い山などはおろか国土の多くは水面すれすれでございます。私たちの国民には『この地球は神が造った、しかしオランダはオランダ人が造った』との口伝があります。私たちは臣民のたゆまぬ努力で海を埋め立て、それによって国土を広げているのでございます。ですから私は、自ら造った台地から大西洋の波濤を見た時、利兵衛殿のように困難な仕事への情熱が湧くのでございます。」

「なるほど、山も海も人間に感動させる何かがあるのだろうな。ところでヤン・ヨーステン殿のお生まれは阿蘭陀国のどのようなところでござるか？」

「私はネーデルランドのデルフトという街に代々続く古い家で生まれました。デルフトも古い街で、現在国王の居城もございます。街の産業は、地中海のマジョリカという島から百年ほど前に伝わった陶器の生産や絹織物が中心でございます。街には教会が多くあり、私は今回訪問することが叶わなかったキョウの都と同じような街ではないかと想像しておりますが」

「そうか、貴殿は阿蘭陀国の中心都市の出身であられるのか。わしの出身は岡崎というところでのう、仕事は米を作っている農家なのじゃ。緑の多い田園地帯でとても美しい場所だが、頻繁に矢作川という川が氾濫を起こして農作物を台無しにし、まあ何かと苦労することばかりじゃ。今年一〇歳になる息子にはできたら商人になってもらいたいと思っておる」

「我がネーデルランドの国土も低地が続く平原がほとんどですから、海からの潮の流れで畑が水浸しになることも多いのです。そのため、治水技術は欧州一と自負しております。利兵衛殿にはぜひともわが祖国の治水の技術を教えて進ぜましょう」

「それは望むところ」

「それから、利兵衛殿を信用して申し上げなくてはならないことがあります。我が国王も私も同じ思いですが、世界の覇権を持った国々はエジプト、ローマ、スペインと膨大な国土、ありあまる人口を抱えた国々でした。その国土を維持し、多くの国民を食べさせるには飽くなき領土拡大、それに伴う戦争を絶えず繰り返さなくてなりません」

「そなたの国はどうなのだ？」

「我がネーデルランドはちっぽけな国土ですが、臣民の英知と真摯な物作り、そして通商によって平和裏に欧州の覇権を取りたいのです。そのために世界的な埋蔵量のある貴国の銀をどうしても手中に収めたいのです。わが国は西班牙と異なり、貴国を蹂躙し銀を強奪するつもりはありません。通商によりお互いが利益を共有する、それが我々の今回の使命です」

「話は聞いておるが、それは有難いことじゃ。実は家康様も貴国の国王と同じ考えをお持ちじゃ。わが国はもう二〇〇年近く国内での戦が続き、民は疲弊しておる。家康様自身も敵方に人質になられ、肉親さえ殺されておる。戦乱のない国を作るのが徳川様の夢であられるのだ。貴国のすぐれた治水技術を教えていただき、新しい国家が、都市が誕生すれば家康殿もきっとお喜びだろう。これから船が向かう江戸を日の本一の街にするため、我々には簡単には片付かぬような大変な埋め立て工事が待っておる」

リーフデ号が一万八〇〇〇キロ余の遥かな航海を終え、最後の目的地、江戸湾にその巨大な姿を現したのは慶長五年（一六〇〇年）の初夏のことであった。

浦賀沖に錨を降ろし、迎えの小舟を待つ間、ヤン・ヨーステンとウイリアム・アダムスは長く、困難だった航海を感慨深げに振り返っていた。思えば去年の夏、五隻の艦船でロッテルダムの港を出帆した船団は、スペイン・ポルトガルの植民地を避けるため西回りの航路を選んだが、マゼラン沖に差し掛かる頃、一隻はロッテルダムに引き返し、二隻は宿敵スペイン、ポルトガルの艦船に襲われ、最後の一隻は嵐の太平洋に沈んでいった。

江戸の海は穏やかで、気がつくと、餌を求めに船の近くにはおびただしいカモメの群れが舞っていた。傍には漁を求める数隻の帆かけ舟が長閑に周回しているのが見えた。小舟に乗り移ると、一行は日比谷入り江に上陸し、すぐに江戸城大手門と呼ばれる正門より城内に案内された。城の周りには最近積み上げられた石積みの城郭が張り巡らされていたが、大坂城にあるような巨大な天守閣は建設されていなかった。城内にはいたるところに武装した兵士が駐屯しており、いまだこの国が内戦の最中であることを二人は思い知らされた。

## 六

衛兵詰め所でしばらく待たされると、船で同行した利兵衛が迎えに現れた。

「ご両人、お待たせいたした。これより再び家康公の謁見である。もう二回目であろうから、少しは気を安らかにお持ちくだされ」

なだらかに続く長い砂利道の行く末には木造の大きな門があり、そこにも衛兵が立っていた。

門をくぐるとすぐに城の玄関に行き着いた。大坂城と比べて簡素な創りの城で、きらびやかな装飾はあまり見られなかった。大広間に通されると驚くことに、すでに徳川家康がポルトガル風の椅子に着座していた。向かいには二人が座る椅子が用意されていた。家康はスペインのフェリペ二世が愛用するようなフェラーロと呼ばれる上着を着ていたが、金色の糸で縫いあげられており、徳川家の紋章が袖に刺繍されていた。

「ヤン・ヨーステン、それにウイリアム・アダムスの両人、長い長い航海難儀なことであった。さぞかし疲れたことであろう。しばらくこの江戸で休むがよい」

「有難いお言葉と存じますが、悠長な時間はございません。家康様もご承知の通り、祖国オラニエ公マウリッツ伯爵からの特命がございます。トヨトミ勢との覇権戦争をお早めに遂行されますようお願い申し上げます。そもそも、我がリーフデ号が江戸にあるのをトヨトミ方に知られることは支障が大きいことかと……」

「心配は無用じゃ。リーフデ号は駿河沖で沈没しておるわ」

家康はすでに、大坂の石田三成に味方する西国の諸大名、それに会津の上杉景勝など、徳川に敵対する大名の領地に隠密を急派し、リーフデ号が駿河沖で沈没したとの知らせを流布してあった。イエズス会などポルトガル人たちはリーフデ号には大量の武器が積載され、それが徳川方に渡った場合は豊臣勢にとって大変不利になるとの情報を三成方の大名に警告をしていたが、家康の策略によって声をあげる大名は皆無だった。

「とはいえ、戦での勝利こそ肝要かと」

「両人とも豊臣勢との戦の話が優先ということか。それでは申そう。間もなく戦を始めようかと思っている。両人を含め、我々三河の武士たちと戦術を議論すべきと思うがいかがかな」

むろん両人とも異存はない。家康に三河から付き従ってきた重臣たちが大広間に続々と集まり、そのまま軍議が始まった。

「それでは大久保忠隣、戦の進め方、それに阿蘭陀国の武器の使用について説明を申せ」

大久保忠隣は三河国上和田（現・愛知県岡崎市）に生まれ、若き日の家康を危機に陥れた三河一向一揆の際、わずか十一歳で初陣を飾ったのを皮切りに、以降数々の戦功をあげてきた。家康にとって最も信頼の厚い軍略家である。

「畏まりました。戦術の大まかな内容をご説明申し上げましょう。まず我々の兵は会津の上杉への攻撃を仕掛ける。江戸の北部に位置する会津を攻めたと思わせ、三成を大坂より東へ誘き出す。そこで一挙に兵を反転させ、西国勢を西で向かえ打つ……こうした算段じゃ。両人に聞くが、貴国の大砲や鉄砲はどこで活用するのが得策か？」

それまで寡黙であったウイリアム・アダムスが突然口を開いた。

「大久保殿、日本は山の多い国で、大砲や鉄砲の威力が発揮できる場所は限られております。

トヨトミとの戦争はぜひとも欧州のような広い平原をお選びいただき、そこへ敵を誘き出すことが肝要と存じます。リーフデ号の大砲は十六門、それに小型の大砲三〇門を有してございます。それらをその平原が俯瞰できる場所に配置いたします。戦況がトクガワ様不利になったとしても、その十六門の大砲を一斉に放てば負け戦には絶対になりません。敵方の裏につくイエズス会にはそのような武器はないと存じます」

現実には三成たちもポルトガルから大砲を入手し、戦争に備えていたが、決定的に違っていたのは、西軍に大砲の威力を有効的に使う戦術家がいなかったという点だ。スペインの無敵艦隊と呼ばれた動き回る強敵と大砲を駆使して戦い、海上で艦隊撃破した経験のあるウイリアム・アダムスにとって、関ヶ原という平野で大砲を駆使することは決して困難なものではなかった。

かくして、慶長五年（一六〇〇年）九月十五日、ついに家康率いる東軍と三成率いる西軍が、関ヶ原にて衝突した。

ヤン・ヨーステン、ウイリアム・アダムス両名は関ヶ原東北に位置する桃配山にリーフデ号から外した十六門の大砲を据えつけ、オランダ人砲兵九名とともに布陣し、戦況の成り行きを見守っていた。軍略に詳しいウイリアム・アダムスにとって、朝方の両軍の布陣形態では西軍有利の配置であることはわかっていたが、密かに設置した十六門の大砲と五〇〇丁におよぶ鉄砲の装備を考えればそれはどうとでもなることでもあった。

予想通り戦況が膠着状態になっていたその日の昼ごろ、徳川本陣よりウイリアム・アダムスのもとに使者が足早にやってきた。

「ウイリアム・アダムス殿、小早川秀秋の参戦を促すため、間もなく予定しておりました砲撃を開始していただきたい。こちらからの距離では、鉄砲での射撃は到底届かないことは明白でございます。小早川にも密使を使わせており、動かなければ砲弾を撃ち込み、甚大な被害を加えるとの警告を発しております。本陣より狼煙を上げますので、それを合図に砲撃をお願いしたい」

関ヶ原の戦史では、徳川陣営から小早川の陣営へ鉄砲での射撃によって参戦を促したとの記述があるが、当時の鉄砲の射程は高々三〇〇メートル、誰が見ても二キロ弱の遠方にある小早川陣営へ到底鉄砲の到達する距離でなかった。

それから一刻後、本陣からの狼煙を見たオランダの砲兵達は一斉に十六発の砲弾を松尾山に陣取る小早川秀秋の陣の背後に打ち込んだ。凄まじい砲弾の着弾音に最初に驚いたのは軍馬たちであった。数十頭の馬が一斉に暴れだし、松尾山を駆け下った。それと同時に慌てふためいた小早川の軍勢一万は人馬一体となってまるで土砂崩れのように山を駆け下り、西軍大谷吉継の側面を突くようになだれこんだ。側面から楔を打ち込まれた大谷隊は大混乱に陥り、これにつれて北隣に陣取る戸田重政、宇喜多秀家の陣営さえも総崩れとなった。これを契機に西軍は総崩れとなり、夕方にはこの戦いの決着がついた。

## 七

それから数カ月の後、未だ明けやらぬ薄明の中、ロッテルダムからデルフトへの街道を一人の連絡将校を乗せた馬が疾風の如く駆け抜けていった。そして、デルフトの宮廷の衛兵用兵舎に着くや否や、声高に叫ぶ。

「ロッテルダムの軍連絡将校だ、マウリッツ公への火急の知らせがある！　すぐにご面会を願いたい！」

「公は就寝中であるぞ！　出直せい！」

「何を悠長なことを！　国家の一大事だぞ」

「どのような一大事だか知れぬが、今、公にご起床を願ったらわしの首が飛ぶわ！　即刻、引き上げい」

連絡将校はしばし引き揚げるふりをしながら、すぐに馬を宮廷に向け反転させ、助走一番、正面の馬車止めを一挙に乗り越えた。馬のいななきと門扉での喧噪に、就寝中のマウリッツは眠い目を開き、窓の下を見ると、軍の連絡将校の制服を着た男がさかんに玄関の扉を叩いている姿が眼に入った。

「何事か？」

「閣下！　朗報にございます。すぐにお目通りを！」

「わかった、いま降りるぞ」

執事と数人の衛兵たちも、騒がしさの中で眠い目を擦りながら一階の広間に集まっていた。重い木の扉を開けると、朝露に軍服を濡らせた長身の将校が立っていた。

「閣下素晴らしいお知らせにございます。トクガワ将軍がトヨトミ軍を撃破したとの知らせにございます。我が祖国にとって重要なイワミ、サドの両銀山はトクガワ将軍の支配下に置かれた模様とのことです」

マウリッツは早朝のためか頭にまだ血が巡っていない様子だったが、目を何度か瞬かせている間にようやく事の次第がわかってきた。

「そうか！　でかした、よくぞ知らせてくれた！　さあ中に入って温かい牛乳でも飲んでいけ。おい皆の者、朝食の準備だ！　それから早急に軍の幹部を集めるよう」

マウリッツの今朝の喜びと興奮は、それまでの人生の中でも経験したことがないものだった。これでスペインの圧政から解放される！　オランダにとって、スペインからの独立戦争の遂行に必要な銀、そしてヨーロッパでの覇権の絶対な条件であった銀……。その世界的な埋蔵量を誇る石見、佐渡の両銀山は、関ヶ原まではそれぞれ毛利、上杉と豊臣勢の支配下に置かれていた。それはオランダにとって敵対国スペイン、ポルトガルの支配下に置かれていることと同然だった。それが徳川の支配下に取って代わったのだ。

徳川に銀が渡ったということは、その銀をオランダ一国が独占できるということだ。マウリッツは自らの血が高ぶるのを感じた。関ヶ原での徳川の勝利はヨーロッパでのオランダの勝利でもあった。いま、時代が変わろうとしているのだ。

関ヶ原の戦いから一ヶ月、江戸城本丸大広間ではヤン・ヨーステン、ウイリアム・アダムスへの戦勝慰労会が行われようとしていた。首座には徳川家康と息子の秀忠、相対する場所に両人が着座し、左右の席には三河からの重臣、大久保忠隣、本多正信、榊原康政のほか、福島正則、井伊直政、黒田長政、藤堂高虎など関ヶ原の戦いでの功労者、そして末席には利兵衛ら三河・遠州出身の者たちが座っていた。

「ヤン・ヨーステン、それにウイリアム・アダムス、このたびの戦いでの働き、大儀であった。両人の力、恐れ入ったぞ」

家康は満足げに目を細めた。

「小早川秀秋への砲撃の凄まじいこと、我々も度肝をぬかれたわ！　拙者に大砲が仕掛けられているかと思ったわ」

当日、戦線の近くに陣を取っていた福島正則の言葉に一同は笑い転げた。みな勝者としての誇らしさと同時に、安堵の顔を浮かべている。食膳には江戸湾で獲れた鯛の煮付け、焼いた合鴨、野菜などが並べられ、ポルトガル産のワインも振る舞われた。

「ところで、両人にはこれからも軍事、外交顧問として我々の力になってもらいたいと思っておる。十分活躍できるよう役職を与え、江戸城大手門の近くに屋敷を用意いたす。それからヤン・ヨーステン、そなたには江戸湾の埋立ての指導を願いたい」

「有難くお受けいたします。すべて誠に順調に進んでいること、上様のご加護と存じます」

「お主らが一番気にかけておる銀のことだが、佐渡の銀山は来年より生産を急がせる。西軍に味方した上杉の家臣直江兼続から取り上げ、我々の天領としたから安心いたせ。大久保石見守長安が管理することになっているが、貴国の事情は十分説明してある。石見の銀も毛利を追放し、我が支配下となった。ともに来年より貴国への輸出が可能となる旨、国王閣下に報告をいたせ」

西暦で言うところの一六〇〇年というキリのよい一年は、このように徳川の江戸、そしてマウリッツのオランダにとって、互いが長きにわたり追い求めてきた覇権を十中八九手中に収めることになった記念すべき年になった。

# 第二章　開拓者たち

関ヶ原の戦いから一年、日本では長きにわたった戦乱の時代にようやく終止符が打たれ、いよいよ徳川の時代が始まろうとしていた。

一

家康はここ坂東に、大坂、京都を凌駕する世界的な通商都市を出現させる壮大な計画を持っていた。江戸湾の干拓と埋め立て、さらには河川の整備や運河の掘削などにあたらせるため大量の人材を江戸に移し、いよいよ大工事が始まろうとしていた。

その中心に利兵衛ら家康の出身地三河や遠州の者たちが多数投入された。家康は江戸が完成するまで妨害や謀反などが起こらぬよう、西国の大名・商人たちを一切ここ坂東に入れさせなかった。石積みなどの普請も、当初は関ヶ原の戦いにおいて徳川方についた全国の諸大名に分担させた。とりわけ江戸城の築城は、外様でありながら関ヶ原で身を粉にして戦い、築城の技術においても当時右に出るものもいなかった藤堂高虎が指名された。

ただ、徳川政権には日本のみならず、東アジアとの通商を行う国際的な中心都市のグランドデザインを描けるものはいなかった。軍事的にも強固であり、なおかつ、全国から流入する莫大な量の物資を扱い、それを決済する貨幣経済の拠点となる街づくり、いや、将来全国から集まるであろう何百万の市民の生活の繁栄を保証する街づくり……、当時の日本にそのような規模の計画を立案できる人材は皆無といってよかっただろう。

日本の新しい中心となる江戸城は、すでに工事が進み、いよいよ天守閣の建造が着手されようとしていた。新たな石積みが行われ、二重の掘割に囲まれる世界的な城塞が造られようとしていた。その全容が見えつつあった江戸城二の丸広間において家康は、ヤン・ヨーステン、藤堂高虎を含めた幕閣、それに利兵衛をはじめとする三河・遠州出身の者たちを集め、新たな都市づくりについての諮問が始められた。

ヤン・ヨーステンはこのとき「耶揚子」と命名され、関が原の論功に応えるため、江戸城丸の内に住居を与えられていた。

「耶揚子殿、そなたに都市造りでいろいろ聞きたいことがある。ここ江戸を国際的な通商都市として未来永劫繁栄させるため、何か参考となるものはないか?」

「家康様のご趣旨は、長きにわたって繁栄した国際的な通商都市の模範たるところを示せとの仰せかと存じます。ヨーロッパにおいて、それは二つございます。一つはローマの都、もう一つはヴェネチアでございます。双方とも平和の下で数百年の栄華を誇った都市にございますが、これらの都市造りが江戸の模範になるものかと存じます」

「その名前は存じておるが……、具体的にどのような都市であったのか？」

「まずローマよりお話いたしましょう。ローマはスペイン、ポルトガル、イングランド、それにアフリカの一部まで広がる大帝国でございました。その中心都市がローマの都でございます。この中心都市を繁栄させるための得策をご教示いたしましょう！　一つには街道の整備にございます。帝国内の街道はすべてローマに通じており、広大な領土から人材、物資、それに富が集中する仕組みになっております。江戸の繁栄もローマと同様、江戸を中心に街道を放射状に整備すれば、自ずと日本全国から人材が、富が集中するに違いありません」

ヤン・ヨーステンは、周囲を見渡しながらゆっくり言葉を続けた。

「もう一つは中心都市の民生を安定させるため、何より水の確保が肝要にございます。ローマには水源から水を運ぶ石の水道管が張りめぐらされており、市民がいつでもふんだんに新鮮な水が使えるよう整備されておりました。ここ江戸においても、将来の多くの人々の流入に備え、井戸ではなく、水道の整備を行うべきかと存じます」

水道？　この話をかたわらで聞いていた利兵衛たちはまるで想像もつかず、突拍子しもない発想に思えた。どこから水を引いて、そのような管をどうやって江戸市中に張りめぐらしたらよいか？　とてつもなく難題に思えた。

「家康様、栄華を誇る街にはもう一つ重要なことがございます。それは市民に享楽を与えることにございます。ローマの都には劇場、コロセオと呼ばれる野外の催場、遊郭、それにいたるところに浴場があり、市民はそのような場所で日頃の疲れを癒しておるのでございます」

利兵衛にはいよいよヤン・ヨーステンの説明がわからなくなってきた。言っていることの半分も理解できない。そもそも「市民」という表現も初めて聞いたし、多くの大衆が集う劇場や浴場など、今まで見たことも、聞いたこともない施設だった。いったいどのようなものなのだろうか？　そのような施設を江戸に造ることなどできるのだろうか？

「耶揚子殿、羅馬《ローマ》の都についてようわかった。しかし、この江戸の街は日比谷入り江の埋立てが肝要と聞いている。この工事の見本となるべき都市はあるのだろうか？」

「家康様、それが先ほど申し上げたヴェネチアの街にございます。地中海という大きな湾の中にアドリア海と呼ばれる小さな湾があり、その湾の奥にこの街はございます。ちょうど日比谷入り江と同じように最初は浅瀬でございましたが、そこを埋め立てて島を作りあげました。地中海での貿易の中心となり、四〇〇年にわたって栄華を極めた都市国家にございます。私はヴェネチアこそ江戸の開発の参考になると確信しております」

理解できなかったのは、利兵衛だけではなかっただろう。誰もが呆然とした表情を浮かべている。ヴェネチアが見本になると言っても、実際にどうやって広大な入り江を埋め立てるつもりなのか？　おそらく今まで日本の土木工事にない、かなり大がかりなものになる違いないが、どうにも想像がつかなかった。

家康や大方の幕閣が退席した後、利兵衛はヤン・ヨーステンに詰め寄り、具体的な街づくり、特に日比谷入り江の埋め立てについてどのように考えているか詰問した。

「耶揚子殿、そなたはこの日比谷入り江の埋め立てをどのように進めるつもりなのじゃ？　このような広大な埋め立てには膨大な土砂が必要になると存ずるが」

利兵衛はヤン・ヨーステンの誇大とも思える話に対し、批判がましく問い質した。当時の江戸城の東側、すなわち現在の霞が関、愛宕山を結ぶ線と東京駅、有楽町、新橋駅を結ぶ線の間には日比谷入り江という大きな湾が入り込んでいた。

「利兵衛殿、ご安心くだされ。ヴェネチアでは山を動かし、海に沈めたのでございます」

「山を海に沈める？　この期に及んでご冗談は慎みくだされ。お主は富士の山でもここへ運んで来られるおつもりなのか？」

「利兵衛殿こそご冗談をお慎みくださいますよう。富士ほどの大きな山は必要にありません」

「当たり前じゃ、お主に合わせて、そう申したまでのことよ」

「利兵衛殿、昨日江戸城の北の丸から遠望したところ、城の東北部にやや小高い山を見ることができました。この山を切り崩し、日比谷入り江の埋立てに使うべきかと存じます」

江戸に入府をしてから、利兵衛は暇さえあれば武蔵の台地を見てまわっていた。江戸城を挟んで東部と西部には大きな川が流れており、はるか西には山々が連なっているのが見える。しかし、江戸城に近い東北の向きに神田山という小高い山があることは気づかなかった。

ヤン・ヨーステンは母国オランダの治水・干拓工事を見てきた男だけに、土地を見る目は利兵衛の比ではなかった。やはり今までの日本にはいない土木技術者であった。

「それでいかようにその山を切り崩すおつもりなのじゃ？　耶揚子殿」

「それほど困難なことではございません。ネーデルランドでの治水工事の経験から言えば、二〇〇〇人ほどの人夫を集めれば二年であの山を切り崩し、埋立てもおおむね完了すると存じます」

先進的な考えは、時によっては妄想に聞こえることさえあり得ることを、利兵衛はその時初めて知った。幕閣にヤン・ヨーステンを上回る見識を持った者はいなかったこともあり、その日から日比谷入り江の埋め立て工事に関する詳細な計画が練られることになった。

ヤン・ヨーステンをはじめ、幕閣の中でも土木工事に精通している者、そして利兵衛はじめ、三河・遠州からの治水技術者たちが一同に会し、以後一か月にわたり江戸城北の丸で談義が続いた。そこには、天正少年使節がローマ法王から贈られたと言われているヴェネチアやローマの地図も駿府城から持ち込まれている。

ヤン・ヨーステンは、ローマの地図を示しながら、ゆっくり口を開いた。

「この地図をご覧くださいませ。今後の江戸への物流はその量から考えれば、必ず水運が中心となりましょう。江戸にはヴェネチアと同じように一本の大運河を中心に細かい運河を張りめぐらし、物の流れを円滑にすべきかと存じます。ヴェネチアではヨーロッパ全土からの物と富が地中海を通し、運河網から陸揚げされておりましたが、それと同様、日本全土からの物と富が江戸湾を通り、江戸市中にもたらせられるようにすることこそ肝要です。さらにヴェネチアでは大運河の中心に街の象徴となる橋を架橋し、そこを街の起点と位置づけております。江戸もぜひともそれに倣い、中心橋を架橋することもよろしいかと存じます」

このようにして、いまにいたる日本橋川と日本橋の架橋の基本計画が決まり、そこが日本の経済の中心として定められた。

埋め立て工事はまず神田山の切り崩しと、その土砂の運搬から開始された。埋め立ては大手門前の浅瀬から始まり、日比谷入り江の干拓、と進められることに決まった。ヤン・ヨーステンの指示により、街づくりは軍事とともに通商を優先させる方針だった。この点については、江戸城の建設に従事していた藤堂高虎が異議を唱えたことがある。

「耶揚子殿、日比谷入り江の埋め立てより江戸城築城のほうが軍事的に見て優先されるべきかと存ずるが、なにゆえ日比谷入り江の埋め立てをお急ぎなのじゃ？」

「藤堂殿、江戸城近くまで入り込んでいるこの入り江を埋め立てないと、将来、外国艦船がここへ入り込み、江戸城への砲撃をするとも限りません。大砲の射程を考えれば江戸城から少なくとも一里は艦船が入り込まぬよう海を埋め立てることが必要です。さらに市中の運河も大型艦船が入り込まぬよう、小さな運河網を造ることが肝要と存じます」

藤堂高虎はその答えに二の句が告げなかった。かたわらで聞いていた利兵衛も今後戦いが陸戦ではなく、大型艦船による砲撃が世界の主流になることを悟った。地方の一都市に過ぎなかった江戸は、オランダ流の土木工事によって世界的な商業都市に変貌するとともに、近代兵器に対応した国防都市の様相をも併せ持つことになったのだ。

さらに日比谷入り江の東側に、舌のように突き出た江戸前島《さきしま》（現在の東京都中央区・港区の一部）を商業地として開発し、運河を張りめぐらせる計画も俎上に乗った。それは将来全国から流入する人口の受け皿を造っておかなければならなかったからであった。

しかし、ここにも難題が残っていた。石神井川がこの台地の東端に走っており、大雨の時は氾濫することも考えられた。万が一そのような事態になれば日本一の商業地が水没してしまう。ヤン・ヨーステンは何よりもそれを恐れたが、彼の母国オランダのロッテルダム周辺にも同じような地形があり、商業地を水没から守るため、堤防や潮位を緩衝する運河など様々な治水工事が施されており、この計画には絶対の自信を持っていた。

彼は、この台地には天然の流れを一切入れないよう利兵衛たちに説いた。かくて石神井川は神田山の麓で左に折れ、浅草橋から隅田川へ流れを逃す計画になった。利兵衛がいた遠州伊場村にも海岸部に同様の湿地帯が広がり、その干拓に利兵衛をはじめ三河の治水技術に長けた多くの人間が投入されたが、それは小規模な農業地の確保が主な目的であった。

江戸の埋め立てと治水に関しては、巨大な商業地の創出というはるかに規模が大きいプロジェクトであり、オランダの治水技術に頼る以外になかった。ヤン・ヨーステンをこの仕事に登用した家康の見識に、利兵衛は改めて畏敬の念をおぼえた。

日比谷入り江の埋め立て工事は順調に進められ、併せて江戸城の外堀の掘削が開始された。水は東北から流れる平川の流れを使い、西から流入する溜め池の水と合流させ、汐止め付近で江戸湾へ逃すこととなった。

同時に愛宕山付近を通っていた小田原道路は江戸城防衛のため、外堀に平行して走る道に付け替えられ、名前を東海道として近い将来日本橋に通じさせることとなった。日本におけるローマへの道の模倣の初めてのモデルである。

さらに併せて、藤堂高虎の指揮の下、江戸城築城が急ピッチで進められていた。天然の池であった千鳥が渕を利用し、内堀も掘られ、外堀と内堀の二つの濠に囲まれる巨大な城が出現しつつあった。ともに強固な石垣に囲まれ、当時世界的に見ても難攻不落の築城であった。

この頃、利兵衛はじめ遠州出身の者たちは、すでに十年以上前に掘削を完了していた道三掘りと石神井川河口とがぶつかり合う地域に居を移していた。この地域は河口ゆえ湿地帯であり、その住環境たるや利兵衛の出身地、遠州伊場村に酷似していた。矢作川や伊場村の出水と、それを治めていた経験が生かされる場所でもあった。

石神井川の川跡は運河として残し、下流の三角洲を全国から来る物資の陸揚げ拠点とすることを決めていた。

さらに日本橋を出発し、この運河の北を東西に走らせる道を新たに開いた。家康はこの道沿いを近い将来江戸の商業の拠点とすることを決めていた。この街道は浅草橋を経由し、奥州へつながっていた。後の奥州街道、日光街道である。

## 二

慶長六年（一六〇一年）秋、利兵衛は突然家康から江戸城へ参内するようにとの知らせを受けた。急ぎ参内すると、通された西の丸では家康とともに大久保忠隣、本多正信という幕閣の筆頭も神妙な顔をして座している。

「利兵衛、願い事がある。一度三河へ戻って矢作川の付け替えと干拓、それに塩田の開発をしてもらいたい」

せっかくはるばる江戸に来て、これからいよいよ日本橋地域の埋め立て、干拓に取りかかる矢先に一度故郷へ帰れという家康の命令に、利兵衛は驚きと落胆を憶えた。

「家康様、ご存じのように、これから江戸の開発に本腰を入れることになっております。今さら故郷に帰ることは……」

「利兵衛殿、別に永遠に三河へ帰れとは家康様も言ってはおらぬ。数か月でよいのじゃ。故郷の岡崎で矢作川付け替えの工事を指揮してまた江戸に戻ってくればよい」

側近である本多正信の言葉に、利兵衛はようやく安堵を憶えた。

「しかし本多様、矢作川付け替えなどなぜに行うのでございますか？　今ある矢作川を利用し、河口部にさらに塩田を作ればよろしいかと存じますが」

その時、家康含め三人はしばらく無言で目を合わせていた。やがて、家康は大久保忠隣にその理由を利兵衛に伝えるよう目で合図を送った。

「利兵衛だけには申すが、今の矢作川河口の所有者が吉良家であることは存じておるな」

「もちろんでございます。昔から矢作川河口は吉良様のご用地でございますが、はてそれが……」

「それが困るのじゃ。利兵衛も我々も三河出身、多くの三河者にこれから江戸で大きな事業を始めてもらわねばならぬと思っているが、その故郷に吉良家がのさばっていては今後の徳川家にいろいろと差し障りあろうと思っておる」

吉良家は代々天皇家とつながりがあり、室町時代から足利氏と同じく武家と天皇家の橋渡しを行う重要な役割を与えられていた。家康も吉良家を「高家」と呼び表向きは重要な地位の称号を与えていたが、それは徳川家が天下にその地位を盤石にするため「征夷大将軍」の称号が欲しかったからである。この称号を天皇家に願い出る役目こそが吉良家の重要な仕事であった。徳川幕府はこの吉良家の力をないがしろにはできない反面、大きな勢力になってほしくもなかった。家康と側近たちの本心は、矢作川河口で当時重要な塩の生産など吉良家にやられては将来禍根を残す。そのため新しい矢作川を作り、今の矢作川を「干上がらせる」ことによって暗に吉良家に打撃を与えるのが得策だと考えたのだ。

この工事は慶長一〇年（一六〇五年）に完成した。結局、利兵衛は岡崎でこの工事の意味を地元の者たちに遠まわしに説明する役目に終始し、その前の慶長七年には江戸に戻っていた。この矢作川付け替え工事に端を発する徳川家、吉良家の水面下の確執はそれからも長く続き、ついに百年あまり後の元禄一四年（一七〇一年）三月一四日、江戸城松の廊下で起こった浅野長矩の刃傷沙汰、引き続き起こった翌一五年一二月一四日の浅野家浪士たちの吉良義央邸への討ち入り、江戸を震撼させた大事件につながっていく。

利兵衛が江戸に戻った後の、慶長九年（一六〇五年）一二月一六日の遅い朝のことだった。遠州は伊場村の留守宅で突然家が小刻みに揺れ始め、やがて大きな揺れに変わった。母親の世喜はすぐさま目を覚ました。妹のかなも隣の部屋で飛び起きたようだった。

「これはどこかで大きな地震があったに違いない」

世喜はじっと水平線を見つめていた。その後余震と思われる揺れが数回発生し、近所の者も不安顔で集まりだした。すると、八つ時（午後三時）の頃、利兵衛の一人息子である直吉は、不気味な海鳴りを耳にした。間髪を入れず、突然ドシンと突き上げるような揺れの後、家は大きく横に揺れ始めた。やがて揺れは一層ひどくなり、囲炉裏のやかんが大きく振れだした。直吉も立ってはいられないほどであった。

「地震だ、直吉すぐに外に出なさい！」

母親の声で三人は着の身着のまま表に出る。揺れは激しさを増し、屋根の瓦が目の前に落ち始めた。家はぎしぎしと音を立てている。かなは立ち上がることもできず泣きはじめた。近所の住人たちも恐ろしい揺れに皆外に出ている。長く感じた揺れであったが、家は倒れず無事であった。その時突然母親の世喜が血相を変えて叫んだ。

「二人とも早くあの賀茂神社の高台に向かって走るのじゃ！　さあ、早く！」

直吉も妹のかなも意味が分からなかった。

「さあ、急いで今に何が起こるかわかるから、さあ急ぐのじゃ」

三人は息絶え絶えにようやく賀茂神社に着いた。大勢の人たちも集まりだしてきた。

「母上、いったいなぜ皆ここに？」

「海のほうを見てごらん、まもなく大波が来るから」

半時が経った時だろうか、奇妙にも海水が引き始めたその瞬間、眼下の海の水平線に異変が現れはじめた。水平線が白く泡立ち、同時に大きな海鳴りが聞こえてくる。やがて目の前の海面が盛り上がったと思うと大波となって砂浜を駆けあがり、一時前に住んでいた家のほうへ迫ってきた。

「家が危ない！」

かなが叫んだその瞬間、人の丈の二倍はあろうかと思われる大波は直吉の家を木端のように跳ねあげ、村の中心部に怒涛のごとく突き進んだ。田畑は大濁流にのみ込まれていく。木々は根こそぎなぎ倒され、今まで目の前に広がっていた三河の大地はあっという間に水浸しとなった。半刻を過ぎた頃、今度は水は物凄い勢いで引きはじめる。

この間、ほんの一瞬の出来事だった。集まった者たちは、土砂と倒木以外何もなくなった自分たちの村を呆然と見るだけであった。

徳島沖を震源として始まったとされるこの地震は、次から次へと震源を移動させながらついに駿河湾まで六時間かけて南海、東海沖を震わせ、津波は犬吠埼から九州沿岸に大挙押し寄せた。阿波宍喰《あわししくい》（現徳島県海部郡海陽町宍喰）では二〇メートルの大津波が押し寄せ、死者三八〇〇人を数えたといい、利兵衛の故郷遠州伊場村にも六メートルの津波が押し寄せ、一〇〇戸余の家が流された。村人三〇名が逃げ遅れ、その行方はようと知れない。この地震による犠牲者約一万人のほとんどは津波による溺死者であったという。

マグニチュード八・〇ともいわれた慶長の地震は、利兵衛の息子直吉の人生を大きく変えた出来事でもあった。家と田畑をいっぺんに失った三人は、しばらく岡崎にある利兵衛の義兄の家に身を寄せることになった。

「大変じゃったのう、まあ、命だけ救われただけ、感謝せねばな」

「義兄殿、しばらくお世話になります」

世喜は深々と頭を下げた

「まあ、まあ気を遣わなくてもよい、ここでゆっくりと過ごすが得策じゃ」

「世喜さん、本当じゃ、ここでは気を遣うことはないよ、まもなく利兵衛もすっ飛んで帰ってくると思うが、まあゆっくりと今後のことを話し合っておくれ」

利兵衛の実姉は三人をねぎらった。

「ありがとうございます。大波ですべて失ってもう途方にくれております」

気丈夫な世喜はそう言いながらも、年明けにはすぐにでも伊場へ帰り、もう一度田畑を整え、米作りを続ける固い決心をしていた。

この大地震から十日が過ぎた頃、江戸でこの大災害と津波の被害を知った利兵衛が心配のあまり三河へ飛んで帰ってきた。

変わり果てた伊場村を見て利兵衛は、突然家族の安否が頭をよぎった。よもやと思った瞬間、家があったと思しき土地に「利兵衛殿、皆無事で岡崎の姉上の家におります」との立て札を見つけた。利兵衛は安堵と疲れでその場にへたりこんだ。

「利兵衛、よかったな、皆無事で」

となりの庄六が駆けよってきた。

「やあ、庄六殿も無事でよかった。で、家族はどうじゃった?」

その瞬間、庄六の目が涙で一瞬光った。首をうなだれる。

「大波で家内と娘の行方がわからないのじゃ。もう五日も探したがどこにもおらぬ」

「そ、そうか」

それ以上利兵衛は言葉が続かなかった。

避難先の岡崎で一家の久しぶりの再会であった。

「皆よく無事であったな」

思わず駆け寄り、家族が抱き合った。利兵衛はとめどもなく涙があふれる。

「江戸では阿波から駿河まで大波で多くの人が流されたと聞き、本当に心配であった。江戸でも大きな揺れが来てな、みな度肝を抜かれておった」

「父上、母上が私とかなを賀茂神社まで走るように言ってくれたお陰で無事でございました」

「そうか、よく子供たちを助けてくれたな。世喜も昔大波で父上を亡くしたからな」

世喜の小さい頃、やはり遠州には大波が襲いかかり、海辺にいた父を失った。その時の経験が今回に生かされたのだ。世喜は改めて子供二人に忠告した。

「二人に言っておくが、突然地面から突き上げるような大きな揺れの時は、必ず高い土地に一目散に逃げるのじゃぞ。すぐに大波がやって来るからの」

「世喜、庄六の連れ合いと娘は今でも行方がわからないらしい」

「まあ、それはお気の毒なこと……。娘さんは許嫁がおり、間もなく祝言を挙げることになっておったはず。庄六さんもさぞ気を落としておいででしょう」

利兵衛は改まった口調で直吉に向かって切り出した。

「……どうじゃ直吉、これを契機に江戸へ来んか？　伊場もあのように泥沼になっており、田を耕すまで難儀じゃぞ、世喜やかなもどうじゃ？」

「私とかなは伊場に残ります。昔からの土地を離れることはなかなかできませぬ。必ずもう一度田を耕して見せまする」

逡巡している直吉に世喜は目配せをすると、あとは真っすぐ利兵衛に目を向けた。前からずっと考えていたのか、決意は変わらぬようだ。

「……世喜、無理をするでないぞ」

「いいえ、伊場の人たちの手前、このまま江戸へ行ってしまったら顔向けできませぬ。米ができるようになるまで残りたく存じます」

この大地震から七年も経たない慶長一六年（一六一一年）一〇月二八日、今度は閉伊《へい》地方沖（現在の三陸沖）を震源とするマグニチュード八・〇にも及ぶ巨大地震が発生し、現在の北海道南部から仙台までの広い範囲に一五メートルを超える大津波が押し寄せた。この地震による犠牲者も数千人を数えたという。

この二つの巨大地震は立ちあがったばかりの徳川政権の根幹を揺さぶる天災であったが、政権は怯むことなく復興に取り組み、江戸創設を成し遂げることとなる。

# 第三章　旅立ち

一

慶長一〇年（一六〇五年）の正月、遠江国敷智《ふち》郡浜松庄伊場村（現在の浜松市中区東伊場町）から一人の若者が江戸へ向けて旅立とうとしていた。季節としてはやや暖かい日であった。遠州灘からの海風はいくぶん温かく、間もなくの春の到来を告げていた。

「直吉、これを父上様へ渡してくれ。お前たちの命を救った賀茂神社のお守り札じゃ。二つあるうちの一つはお前様の分じゃ。くれぐれも気をつけて行ってくれ。江戸では父上の手伝い、よろしく頼み申すぞ」

利兵衛の妻、世喜は一五歳になる長男、直吉の江戸への旅立ちに際し、軒先でしばしの別れを告げていた。緊張した面持ちの直吉を見ていると、夫利兵衛の顔が重なり合う。

利兵衛は、家康が江戸から駿府城へ立ち寄る際に同行することが多々あり、その際はここ遠州へも足を伸ばし、ひと時の団欒を家族で過ごすことが多かった。むろん、自らが取り組んでいる江戸の街づくりの様子を話して聞かせることも多く、世喜、直吉、そして妹のかなも聞くたびに大きく変貌する大都市の様子に目を輝かせた。

「いつかは皆を江戸に迎えたいところだが、なにせ江戸はまだ街にはなっておらぬ。紅毛人も工事の手伝いをしてくれるが、女子供が住むようなところではない」

「よろしいですよ、私は遠州で米を作り、海で獲れた魚を料理している生活が一番です。忙しい江戸の生活なぞ、性分には合いませぬ」

「まあ、そう言うでない。今に江戸は日本一の街になるぞ！　日本中からいろいろな物が集まり、それにつれて人もどんどん集まってくるであろう。いや、それどころではないぞ、仲間の紅毛人らは世界一の街にすると息巻いておる。一度お前たちにも見せたいものじゃ。家康様の城は二里四方もある、それはそれは大きなお城じゃ。大きな海も埋め立ててのう、そこにも街を造ろうとしておる。それに驚くでないぞ、江戸は水の道を作って、毎日新鮮な水が飲めるのじゃ。ここ遠州のように井戸が枯れて困るようなことはない」

　こうした話を傍で聞いていた直吉は、いつの日か、父親のいる江戸へ行こうと心に決めていた。読み書きを取得し終え、津波で大きな被害のあった遠州伊場村の復興の目安がついた一五歳の時、母親へ江戸への旅立ちを願い出た。当初は反対していた世喜であったが、直吉の江戸への熱い思いを封じることはできなかった。

「それでは、直吉、体には充分気をつけてな」

「母上、心配はご無用です。遠州で鍛えた体、江戸でも充分通用いたします。着きましたら文でもお送りいたします。母上様、そしてかなも、達者で過ごされますよう」

世喜は、直吉が街道に植えられた松並木に隠れるまで姿を見送っていた。

駿府城を左手に見ながら、直吉は江戸への道を急いだ。

やがて、雲の切れ間から真っ白い雪を抱いた富士の高嶺が見えてきた。直吉にとっては眼前に見える初めての富士の峰であった。これから五〇里あまりの道のりを歩かなくてはならなかったが、高まる江戸への思いはその距離など苦にはならなかった。津波で被害を受けた沿道の海辺の町々も人々の喧騒に包まれていた。

伊場村を出て五日目の夕方、直吉は江戸高輪という場所に着いた。早めに暮れる冬の陽を浴びて大きな湾が紅色に染まっていた。父利兵衛が時々口にする江戸前の大きな海であった。直吉は旅の最期、品川宿で体を休めた。

あくる早朝、直吉は東海道にそっていよいよ江戸に入ろうとしていた。愛宕山を過ぎる頃、空には大量の土煙が北風に煽られ舞い上がっていた。やがて眼前に、赤茶けた大地が目に飛び込んでくる。木々はおろか草も生えていない広大な土地が広がっていた。これが父から聞いていた日比谷入り江の埋め立て地なのだろう。

近づくに従って、多くの人間がはるか遠くから土を運んでは台地周辺に積み上げているのが見えてきた。その台地を突っ切るように道は右手に曲がると、今まで見たこともない長大な石垣が左手に見えてきた。石垣の前には大きな堀が作られており、その大きさたるや故郷の浜松城と比べようもない、巨大な城壁だった。

いよいよ江戸の中心地に直吉は入ろうとしていた。人々の喧騒が故郷遠州とは異なる、大きな街であることを思い知らされた。遠州を出て、六日目の朝、ついに直吉は江戸日本橋を渡ろうとしていた。沢山の人々がその狭い橋を行き来している。直吉にとっては、遠州と違った、何か落ち着かない、怒号と喧騒が渦巻く街であった。さらに異様なのはこの街は故郷遠州に比べ、女の姿はかなり少ないことだった。

日本橋を渡った直吉が、通り本町を右手に折れ、運河沿いを歩いていくと、すぐに以前父から聞いていた下舟町（現日本橋小舟町）という街があった。堀の小橋の脇で人のよさそうな中年の男が川面を見ている。

「お聞きしますが、この街に遠州から来た人が住まっている場所があるはずなのですが、どこか知りませんか？」

「遠州だって？　お若いの！　この一帯はみな三河や遠州出身の者ばかりじゃ」

「名前は利兵衛と申しますが……」

「なんだね、利兵衛さんの家なら、ほらそこの運河沿いの左手から二軒目の家じゃ」

男はフッと何かを感じたのか、親しげな表情で話しかけてきた。

「ところで、あんたは利兵衛さんとはどのような関係で？」

「利兵衛は私の父にあたります」

「やはりそうかい！　おまえが江戸に来たいと言っていた倅か！　どうりで男前だと思ったよ！　さあ、俺についておいで、案内してやろう」

いきなり、その男は立ち上がって、直吉の手を引っ張った。家の前につくと、父、利兵衛の家は直吉が想像していたものとは比べ物にならない大きな屋敷だった。

「おーい、利兵衛さんよ！　息子が来なすったぞ」

しかし、中から出てきたのは中年を過ぎた賄いの女であった。

「利兵衛さんなら、今日は耶揚子殿の家に行っておる、間もなく帰るから外で待っておいで」

面倒くさそうな態度が見え見えだった。

「おいおい、この男が直吉さんだよ！　利兵衛さんの倅の」

すると女は急に愛想を崩し、目を輝かせ、直吉の目の前に立った。

「おまえさんが、直吉さんかい！　いやあ、目鼻立ちのはっきりした男だね！　それにしても随分待っておったよ、利兵衛さんは。若いのによくまあ江戸まで来なすった。疲れただろう！　さあさあ、中にお入りよ！　今暖かい甘酒を作ってあげよう！」

いきなり態度を変えた女は、直吉を後ろから押すように家に引き入れた。土間から屋敷へ上がると中には大きな座敷が三つあり、いずれの座敷も眼下に掘割が見えていた。

「直吉さん、今日はいくぶん暖かい日なんだがね、いつもはこんな日ばかりではないんだよ。昨日は少し雪が舞って、いやあ、寒い一日だった。そうそう私の名前はよね、さっきあんたを案内してきた男は私の亭主で、名前は勘助。私ら利兵衛さんと同じ岡崎の上和田の生れでのう、あんたの親父さんに連れられて、遠州、そしてとうとうここ江戸へ来たわけじゃ」

一方的にしゃべる女の前で、直吉は寡黙を続けざるをえなかった。勘助もよねも、利兵衛の父の使用人であったが、ともに生れは岡崎、その後家康の居城のある遠江へ移った。どちらも三河出身の遠州育ちという、当時としてはどっちつかずの身分であった。

「あのう、父上はヤヨス殿の屋敷と……」

「ああ、耶揚子様ね、その人は紅毛人じゃ」

「紅毛人？」

「ハハハ。三河じゃ紅毛人はいないはな。耶揚子様は日本人じゃなく、阿蘭陀という国からやってきた人なのじゃ。まあ、運河を掘ったり、堤防を築いたりの仕事では右に出るものはいないということらしいでのう。利兵衛さんもしょっちゅうその屋敷に行っては、何やらいろいろなことを相談しているらしい」

よねはそこまで言うと、思い出したように言葉を続けた。

「あっ、そうだ甘酒を火にかけままだ。今持ってくるから待っておいで。そろそろ利兵衛さんが昼食に帰って来るから」


「おーい、直吉が着いたのか！」

しばらくすると聞き慣れた大きな張りのある声が、土間のほうから聞こえてきた。直吉はすぐに土間へ向かった。

「直吉か！　よく来た、よく来た。待っておったぞ！　旅はどうじゃった？」

「ご無沙汰をしておりました。ほんの一刻前に着いたところです。父上もお元気そうでなによりでございます」

「お前も元気そうじゃな。昼飯をとった後、早速、おまえを耶揚子殿に引き合わせてやろう！よく街づくりを知っている男じゃ。何千里の海の彼方から大きな船で江戸までやって来たのじゃ。それは、それはいろいろなことを知っている男だぞ。何しろ家康様のお気に入りでのう、江戸城のなかの大きな屋敷に住んでおる」

「ヤヨス殿というのは……」

「本名はヤン・ヨーステン・ロデーン何とかと言ってな、阿蘭陀という国からやって来た。この頃よく隣の伝馬町に訪ねてくる、なーにが目的だか知らぬがのお」

直吉と父の利兵衛は、よねの作った甘酒と漬物を美味しそうに口にした。

「ところで、世喜やかなは元気でおるか？」

「はい、つつがなくやっております。かなはこの頃染物に興味を持つようになりました」

以前は父に対してぶっきら棒なしゃべり方しかできなかった直吉だったが、さすがに場をわきまえて話をする。一年も会わないうちに、ずいぶん大人になったように感じた。

休む間もなく、旅装束のまま直吉は利兵衛に連れられ、つい先ほど来た道を江戸城のほうへ向かって歩き出した。はるか前方には富士の姿が見える。

「この道は家康様がお住まいの駿府城の方向にあたるので、駿河町と呼んでおる」

まもなく二人は江戸城外堀を渡り、常盤門から江戸城内に入った。常盤門には数名の番人がいたが、利兵衛の姿を見ると軽く会釈をしてくれて、入城を難なく許してくれた。さらに歩いていくと内堀に達した。

「直吉、ここが江戸城の大手門じゃ」

見ると左右に五人ずつの門番が立ち、右手には大きな番小屋が作られ、中には交代の門番たちだろうか？　三〇人ほどがたむろしていた。そのまま堀沿いにしばらく歩くと、やがて高い塀で囲まれた屋敷の前で、利兵衛は止まった。

「ここが耶揚子殿の屋敷だ。関ヶ原の戦の功労者でもあり、また土木や掘割の作り方などよう知っておるから、まあ三河武士並みの待遇じゃ」

門構えや屋敷を取り囲む塀も一〇間（約一八メートル）以上あり、その作りから見ても、確かに徳川家重鎮の三河の武将並の待遇が感じられる。その偉容に圧倒された直吉は、緊張で鼓動が鳴るのを感じた。

塀をくぐり、直吉が前庭に足を踏み入れるとそこには六尺（一八〇センチ）はあろうと思われる大きな男が立っていた。鼻は高く、髭を生やし、髪の毛は赤茶けて、目は藍色をしている。そして、どういうわけか着物の裏地を表に出し、その装束も上下が分かれ、下半身は細い袴のようなものを履いていた。江戸の冬にしてはずいぶん薄着だった。

その男こそが、父から聞いていたヤン・ヨーステンその人であった。右手を直角に曲げ、二人を屋敷の中へ入るように促す。案内された奥の部屋は畳の上に大きな厚手の布が敷かれ、その上に木製の椅子が置いてあった。正面の大きな椅子にはヤン・ヨーステンが座り、相対する椅子二つには利兵衛と直吉が座った。この座り方で直吉はヤン・ヨーステンが江戸では大名級の扱いをされていることを感じとった。ヤン・ヨーステンはすでに日本へ来て五年、だいたいの日本語がわかってはいたが、今日は通詞がついている。

「耶揚子殿、これが倅の直吉でござる。今後ともよろしゅうお願い申し上げる」

今まで仏頂面だったその男の顔が、いくぶん柔和になったように感じられた。

「ナオキチ！　父上と協力し、江戸の街づくりに精進されるよう願っている」

通詞を通じてそう告げられると、突然ヤン・ヨーステンは微笑み、大きく手を叩いた。すぐに、女たちによって椅子の傍の机にガラスに入った紫色の液体が運ばれてきた。同時に皿も運ばれ、そこには薄黄色い羊羹のようなものが載っていた。

みな同時に立ち上がり、そのガラスを高々と挙げた。父の仕草を真似、直吉はその液体を口に含む。突然口の中が熱くなり、異様な味が喉をむせばせた。直吉は口に手をあて、その液体を吐き出すことをようやくの思いで防いだ。周りの者は大笑いであった。

「ナオキチ、これが葡萄牙の酒、葡萄酒じゃ。慣れれば美味しいものじゃ」

その一件によって、場は急に和やかなものになった。直吉の葡萄酒には当時貴重であった砂糖が入れられ、水で薄められた。とたんに直吉にとって今まで口にしたことがない素晴らしい飲み物に化けた。皿の上の黄色い塊はケース（チーズ）と呼ばれるものであると女たちから教えられた。鼻につくような奇妙な匂いを発してはいたが、口に含むと独特な味がした。

直吉にとって、江戸での最初の日は、異国人との酒席という印象に残る日となった。帰り道、江戸特有の冷たい北風がまだ若い直吉の赤らんだ顔を冷やした。

## 二

直吉が江戸に来て三ヶ月が経とうとしていた。下舟町を流れる運河沿いの柳も芽を吹き、江戸にも春の到来が感じられる季節になった。

直吉は父利兵衛とともに江戸の治水について、様々な仕事を手伝った。主に人夫の手配、土嚢や工具の調達、治水現場の監督など、見よう見まねの三カ月であった。利兵衛親子が住む、ここ下舟町もつい十数年前までは石神井川の河口があった。

いまでは川自体は神田川と合流させて、埋め立てられたが、川の一部を運河として残しており、河口ゆえに埋め立て部分の陥没や護岸の崩れが頻繁に起こり、土留めには細心の注意が必要な場所であった。

さらに厄介なことに、江戸湾からの干満の水位の変化が堤の崩壊に拍車をかけた。将来江戸湾からこの運河を利用し、一帯を全国からの物資の陸揚げ基地にする計画になっていたが、今のままではその機能を全うするにはとても無理な状態であった。利兵衛はじめ、岡崎出身の者たちがその困難な仕事の最前に立たされている。利兵衛の何回にもわたるヤン・ヨーステン邸の訪問も、オランダの治水技術をこの地区に応用できないかとの相談だった。

度重なる崩壊の現場を見ていたヤン・ヨーステンらオランダ人たちは、この春、一つの提案を利兵衛たちにしてきた。それは、一三世紀の祖国オランダのロッテ川の堰堤工事の方法であった。その場所も大西洋からの塩水の流入でたびたび国土が痛んだ場所であったが、強固な堤のお陰で四〇〇年経った今でも国土が保全されているとの話である。ロッテ川のこの強固な堤防（ダム）がそのままその地域の名称、ロッテルダムとなったとの話であった。

オランダ人たちは、日本橋川からこの東西にある川沿いの地盤強化のため、松杭を地中深く打ち込み、その上に石積みし、さらに水上部にも石積みして護岸の強化をはかる方法を提案してきた。同時にこの方法が以前、利兵衛たちが江戸城で聞いた地中海の都市、ヴェネチアの護岸工事と同じ方法でもあることをも教えてくれた。

当時、松杭を用いる方法はすでに大坂城や宇治川護岸工事には採用されていたが、のり面の少ない江戸での護岸工事には特殊な技術が必要であった。かくして、直吉の江戸での最初の仕事は全国から松材の調達となった。

慶長一一年（一六〇六年）は年初から不順な天候が続いていた。正月には春のような気温が続いたかと思うと、一転、初夏には肌寒い日が来るという状態だった。夏が終わり、江戸下舟町にトンボが群れて飛ぶ頃、二回にわたって江戸には台風が上陸し、風雨と高潮によって護岸はかなり緩んでいた。直吉にとって人生の大きな転機となった事件が起こるのは、この年の九月六日のことだった。

その日の深夜、その年の三つ目の台風が江戸湾から日本橋付近へ上陸した。猛烈な風雨が町を襲い、その猛烈さは家の瓦が吹き飛ぶほどであった。利兵衛は東西の運河の護岸が気がかりになり、一人護岸の状態を確認するため風雨の中、家を飛び出した。折から満潮に重なり、水面はかなりせり上がっていた。

利兵衛は運河の東側の護岸の状態を自らの足を使って、緩みを確認している時、悲劇が起った。利兵衛の立っていた護岸は利兵衛もろとも瞬時に崩れ、利兵衛の体は土砂とともに川へ投げ出された。不運にもその土砂の上に柳の木が倒れこみ、利兵衛は身動きが取れないまま満潮の川の中へ消えた。

直吉が父利兵衛の姿が見えないのに気づいたのは、嵐も去った明くる朝であった。雇い人の勘助とよねの夫婦は、すでに日が出る前から主人である利兵衛の姿を追い求めていた。直吉も家を飛び出し、眼下の川面を捜索し続けたが、ついに父親の姿を見つけることができなかった。

同じ遠州伊場村出身で、大伝馬町に住む善兵衛が運河の川底で利兵衛の変わり果てた姿を発見したのは、昼過ぎのことだった。すぐに遺体は引き揚げられ、きれいに水洗いをされた後、居間に安置された。利兵衛の生誕地である岡崎の上和田から遠州、そして江戸へと苦楽をともに生きてきた勘助、よねの夫婦は利兵衛の足元で泣き崩れた。

一時、同じく三河から利兵衛とともに江戸に来た大伝馬町の馬込勘解由《まごめかげゆ》が血相を変えて駆け込んできた。

「利兵衛！　利兵衛！　どうした、おい起きろ！」

何の返答もない利兵衛をしばらく見つめた後、彼もその場で泣き崩れた。

しかし、直吉は最愛の父の遺体の前でも不思議と悲しみは大きくはなかった。それは家康が松平信康と呼ばれている頃から苦楽をともにし、岡崎での一向一揆の後始末、武田信玄との戦い、そして関東移封、ポルトガル領ゴアへの渡航、江戸の開拓と、家康の影になって働いてきた父利兵衛の死に顔にどこか満足した表情が浮かんで見えたからだった。

自分が江戸に引き寄せられるようにやって来たのも、この悲劇が用意されていたからではないのか？　そんな思いも脳裏をよぎった。

利兵衛四六歳、直吉一六歳の親子の突然の別れであった。


利兵衛の四十九日が終わる頃、利兵衛の妻世喜、娘のかなは悲しみのなか、遠州伊場村から江戸に住居を移し、直吉との新たな生活が始まることとなった。喧騒の中での江戸の生活は家族の悲しみをしばし癒し、気持ちを前向きにする力になった。そして百日の法要も終わり、ようやくすべてが落ち着いた頃、馬込勘解由が直吉の家にやって来た。

「直吉、驚くでないぞ、家康様が城内でそなたとの面会を所望じゃ。明日身支度を整え、参内の準備をいたすよう。わしも同行いたすので心配は無用じゃ」

「家康様がこの私と……」

「そう、畏れ多いことじゃ、家康様、私、そしてそなたの父も同じ岡崎の出身、お互い家康様の幼少からのご縁じゃ。遠州、駿府、江戸と苦労を共にしてきた。きっと父上への慰労の言葉を頂戴することとなろう」

父親の羽織、袴を急遽身に着け、明くる朝、直吉の住む江戸下舟町を出、城内に入った二人は江戸城本丸大座敷にて徳川家康との謁見に臨んだ。左右には大久保忠隣、本多正信など三河出身の重鎮たちが居並び、一同家康登場をひたすら待ち続けた。やがて廊下を足早に駆け寄る音がしたと同時に、正面左側の障子が開け放たれた。二人は瞬時に平身低頭を行い、着座を待った。

「両人、頭を上げよ」

すぐに上座から家康の声が聞こえてきた。

「直吉、このたびの父の突然の死は難儀であっただろう。悔みを申すぞ」

「は、は、はい、有難きお言葉、畏れ多いことと存じます」

「直吉、これからも父利兵衛と同様、江戸の開発に邁進するよう願っておる」

「畏まりました」

「父利兵衛には、わしも幼少の頃から様々に力を尽くしてもらった。わしがここまで来られたのも思いをともにする利兵衛のような者があったればこそ。改めて礼を申す」

「たびたびの有難きお言葉、恐悦至極に存じます」

「ところで直吉、おぬしは遠州伊場村の生まれと聞いておるが、間違いないか？」

「その通りにございます」

「そうか、そなたは三河の血を引いておるが、生まれは遠州じゃ。すぐ隣におる勘解由の一字をもらい、今日から名前を直吉改め、勘左衛門と名乗るよう申しつける。これを機に父親以上の働きをするようますます励め」

「畏まりました」

緊張する直吉に構わず、家康は言葉を続けた。

「勘左衛門、常日頃、苦難に耐えて誠実に生きればやがて、天下を震わすような偉業を克ちとることもできよう。しかし、大器ある者は自分の偉業を誇示することはない。謙虚に、控え目に生き抜くことが肝要じゃ。これからそなたは下舟町の名主になるに違いないが、上に立つ者は常に下の者に頭を下げるよう心がけよ。卑しい者ほど威張りたがるものじゃ。江戸はこれからこの国の中心となろう。この街の有力なる者の品性がこれから問われるぞ」

再び低頭をし、家康の退室を待った。

「勘解由、勘左衛門、頭を上げよ、家康様は退室されたぞ」

重鎮の一人、本多正信が体を二人に向けるようにして、両人にゆっくりと話しかけた。武将としては幾分柔和な表情をしているのが感じられた。正信は勘左衛門の父利兵衛と同郷の三河国上和田に生れ、幼少のころから利兵衛と親交があった。

「勘左衛門、家康様はのう、竹千代様と呼ばれた時代から人質生活を含め、幾たびかの艱難辛苦を味わられた。織田信長、豊臣秀吉という個性強い指導者に蹂躙されながらも、ついに覇権は家康様が獲得した。この長い、長い道のりの中での言葉こそ、人の品性というものだ。これからそなたたちは江戸を盛りたてる商人となろうが、奢り高ぶってはいかんぞ。地味に、寛容に、そして愚直に生きることが肝要じゃ。上に立つ者こそ、万人の話をよく聞くことじゃ。この生き方こそ三河、遠州の者たちの考え方じゃ」

本多正信は岡崎時代、一向一揆の際に門徒武士として家康に逆らった者の一人であった。しかし、再び傘下に下って以降、家康の治世についての考え方、国造りの考え方に同感するところ多岐にあり、今は徳川家康の幕閣の一人として重要な地位にいる。その言葉だけに若い勘左衛門は改めて家康の心の寛容さに感動を覚えた。

この後、勘左衛門には反物一反が徳川家康より下賜された。謁見はわずか一刻の出来事であったが、勘左衛門にはとても長い時間に思えた。


勘左衛門ら一行が下舟町の家に帰ると、馬込勘解由が口を開いた。

「勘左衛門殿、参内ご苦労なことであった。さぞ畏れ多いことであったろう」

「馬込様、父の法要も済み、本日家康様との謁見も無事に終わりました。有難いことと存じます」

「勘左衛門殿も若いのに立派に利兵衛殿の法要を務められ、今日はお城へ参内し、家康様との謁見か。さぞかし父上もお喜びだと存ずる」

馬込勘解由もまた三河に生まれ、やはり家康の江戸入りと同時に居を移した。伝馬役や軍馬の調達などの仕事を承り、軍事面で徳川を支え、後に大名主になった。その仕事は大伝馬町の名前の由来でもある。馬込という名は伊場屋勘左衛門同様、やはり遠州馬込村周辺の出身ゆえのものか？　伝馬役からの名前なのか？　いずれにせよ勘左衛門同様に家康から授かったものだ。

勘左衛門の母世喜、妹のかなは、今日のために鯛を用意し、酒席の準備を整えていた。部屋にはこのほか、三河・遠州出身の者、父からの使用人であった勘助とよねなど一〇名ほどがすでに座っていた。

「さあ、勘左衛門殿、武家であったら元服の儀式であろうが、今日は元服にも勝る盛大な酒席じゃ、大いに飲もうではないか！　皆も今日は無礼講だぞ！」

馬込勘解由の大きな声でささやかな宴が始まった。ここ江戸の集まる三河出身の者たちは宴、行事など祝い事は人知れず地味に行う習慣があった。家康の生涯の大半にわたり苦労をともにした者たちだけに、常日頃吝嗇を旨として生きることが体に染みついていた。

宴も盛り上がっている頃、馬込勘解由はそっと勘左衛門の肩を叩き、別室に招き入れた。

「勘左衛門殿、今日はめでたき日にあたり、一言申し述べておかねばならぬことがある。父上の利兵衛殿が常日頃述べていることであったと思うが、我々三河の者たちがこの江戸を創り、未来永劫繁栄した街として育てていかねばならぬ。それは今まで誰もが経験したことのないような、大変な事業じゃ。人の手によって途轍もなく大きな町を作り、全国からたくさんの人をここに集め、西洋の街に勝る活気のある商いの街を出現させようというのだからの、そなたたちの遠州での埋め立て技術だけでとても手に負えるものではない。幸いにも阿蘭陀の耶揚子殿の技術が大いに役立っておる。あの国は海を埋め立て自分たちの住む国を創り上げた。ぜひとも阿蘭陀の埋め立てについて学び、江戸に役立ててもらいたい」

馬込勘解由の話はさらに続いた。説かれたのはやはり人の道だった。

「今日、家康様直々に、またご家来の本多様からもお話があったと聞いておるが、私の口からも申しておきたい。我々三河の者たちは愚直に生きてきた。お主も同様に、目立たぬよう、他人から奢り高ぶって見えぬよう、常に謙虚に生きていくことじゃ。町が繁栄し、これから京、大阪など全国から人が集まって来るだろう。奢り高ぶる者たち、華美な振る舞いの者たち、声高に自分の意見を言い張る者たち、かような者たちがこの町にやって来るだろうが、それには決してなびかぬことじゃ。三河の誇りを忘れてはならぬぞ。それこそ、将来父上利兵衛殿がそなたに伝えたかったであろう生き方じゃ」

この慶長の時代から長い歳月が過ぎ、明治、大正、昭和、そして平成と続いていったが、徳川家康とともに江戸を創設した三河、遠州の者たちの子孫たちの考え方に大きな相違はない。大きな事業を成し遂げても奢らず、いたずらに目立たず、上下分け隔てなく皆に頭を下げる、いまもなおそれが彼らの生きざまである。

## 三

慶長一二年（一六〇七年）に入り、第一次の天下普請といわれる江戸城周辺の工事が活況を呈してきた。江戸城本丸、二の丸、北の丸の城郭が完成したのに伴い、いよいよ日比谷入り江の埋め立てが本格化してきた。

ヤン・ヨーステンらオランダ人たちの指示により、神田山は削り取られ、その土は日比谷入り江の埋め立てに使われていたが、埋め立てが順調に進んでいくことですでに神田山は半分が削り取られ、赤茶けた山肌を見せていた。葦の原の浅瀬であった日比谷の入り江もすでに大半が埋め立てられ、新たな人工の台地がその姿を現しはじめていた。

また、京からの道である小田原道は防衛上、江戸城に近いことから江戸前島の中心に移設され、東海道と名前が変えられた。この道に平行し、外部からの攻撃を防ぐため、江戸城に外堀が掘られ、江戸城もまたその全容を見せはじめていた。勘左衛門たちは主に江戸前島の運河の掘削現場で人夫たちに指示を与える役目をしていた。さらにこれらの残土を日比谷入り江の埋め立てに使うべく、多くのもっこの手配を同時にしなくてはならなかった。彼らは多くは農家の次男坊・三男坊で、年も勘左衛門と大差はなかった。

勘左衛門は、引き続き下舟町周辺の地域の地盤強化を進めていた。オランダ人から教わった松杭を使った路肩の強化方法を行ってはみたものの、石神井川の河口の痕《あと》であったため、土砂には砂を多く含んでおり、大雨や大潮の際は路肩が崩壊することが多かった。父利兵衛の命を奪ったのもこの土砂のためであったから、冷や汗の連続だった。

この地域は近い将来全国から江戸への物資の陸揚げ拠点として計画されており、幕府は河岸として、早急に工事を終了させるようとの命令だった。

工事の停滞を憂いた勘左衛門らは、ここで独自の工法を考えていた。それはこの地域に神田山の土を運び入れ、それを土砂の上に被せ、さらにその上に石を敷き詰め、その圧力で地盤を強化するというものであった。と言っても、もちろん難工事である。これでどこまで地盤が安定するかはやってみないとわからない。現在の日本橋小舟町、堀留、本町、小伝馬町、大伝馬町などの町並みはかような労苦のなかで生まれることになる。

勘左衛門が直面したのは、こうした埋め立てばかりではなかった。

さらに三ヶ月たった夏の日の夕方、勘左衛門たちは急遽ヤン・ヨーステンから招請がかかった。屋敷に着くと驚いたことに、その場にはイギリス人ウイリアム・アダムスも同席していた。いったい何事だろうか？　居間の真ん中のテーブルに六尺ほどの図面が置かれており、その図面には長い掘割に、それを挟む形の堤防が描かれている。

オランダ人からはその図面通り、日本橋の南側に八丁（約八四〇メートル）に及ぶ堀を掘削し、その堀の両側に人間の背の五倍ほどの堤防を造るように進言をしてきた。当初、勘左衛門ら日本側はこの奇妙な堀の意味が理解できなかった。なにしろそのような長い直線の掘割、その両面を高い堤防で囲むなど、日本中のどこを探しても見たことがなかった。勘左衛門は、この堀の意味をヤン・ヨーステンらオランダ側に問い質した。

「ヤヨス殿、八丁にも及ぶこの奇妙な掘割が、なにゆえ江戸に必要なのでしょうか？」

返答をしたのはヤン・ヨーステンではなく、ウイリアム・アダムスであった。

「直吉……いや勘左衛門殿、これから私の言うことを肝に銘じて聴いてほしい」

彼は、今までになく真剣な表情で勘左衛門を含む日本人一同を見回した。ヤン・ヨーステンも同様の表情を浮かべている。

「勘左衛門殿、これから世界の戦争は大きな軍艦を駆使した海上からの戦いとなる。敵からの攻撃、侵略は必ず艦船を使って海から行われよう。徳川様は関ヶ原という陸上での戦いで勝利を収められた。それまでの戦の大半も陸戦であっただろう。それゆえ、三河以来のご家来衆は海の防御についてあまり重要と思っておられぬようだ。我々が進言しても真剣にはお聴きにならぬ。それゆえ、徳川様とご苦労をともにされた父上の子孫の方々にご説明すれば何とか理解いただけるものと、今日はお集まり願った」

勘左衛門たちは、ようやく今日の会議がヤン・ヨーステンの屋敷で行われた理由がわかった。ウイリアム・アダムスの話は続いた。

「勘左衛門殿、これから欧州の国々がアジアにますます侵攻してくることが予想される。この侵攻から江戸を守るため、江戸の埋め立てには細心の注意を払っていただきたい。日比谷入江の埋め立てによって江戸城近くまで船が進んでくることは食い止められたが、さらに江戸市中に大型の船が入り込まぬよう、それぞれの運河はなるべく幅を小さくし、あまり深くならぬよう掘削していただきたいのだ。この八丁に及ぶ運河も江戸の玄関口に長い運河を作り、ここで入って来る船を監視するために必要なものだ。幅も狭いのでそれほど大きな船も入ることができぬだろう。さらに運河の堤を高くしておけば、船上からは江戸城は見えない。すなわち死角となって江戸城を艦砲射撃することは不可能となろう」

勘左衛門ら日本人は、ようやくアダムスが言っている意味がわかりだした。確かに日本では戦いと言えば平原での衝突や城攻めなどが中心で、海からの侵略などあまり考える機会はない。しかし、艦船を使えばそれを決して不可能ではない。よくよく考えてみれば将来スペイン、ポルトガル、他の国々などが船を使って江戸攻めすることもないとは言えない。

勘左衛門は話を聞くうちに、ここは幾度かの海戦を経験したウイリアム・アダムスにある程度街づくりを任せたほうがよいのではと思った。アダムスは日本にやって来る前、海上で激戦のうえスペイン艦隊を撃破した体験を持っていると聞く。ヨーロッパにおける海上戦争を肌で感じたアダムスの言葉に切実したものを勘左衛門は感じた。

オランダは一七世紀の初め、すでにインドネシアのバタビアに通商の拠点を構築しており、その街のデザインも外洋からの攻撃から都市を守るための要塞や運河の配置に様々な工夫が凝らされていた。話を聞くとこのバタビアにもウイリアム・アダムスが述べた八丁にも及ぶ堀や星型の運河に囲まれた要塞が構築されているという。事実、これこそが日本橋八丁堀の原点であり、後の函館五稜郭の基本になったと言われている。

オランダがかくも江戸の防衛に神経を注ぐのは、スペイン、ポルトガルとの覇権戦争に勝利を治め、東南アジアの商圏を確保しつつあったからだ。

スペインとの八十年戦争を勝ち抜き、一六〇〇年に入った段階で実質的な独立を果たしていたオランダは、アジアにも侵出し、一六〇二年に東アジア交易の一大拠点となる「東インド会社」を設立。江戸幕府と結びつき、膨大な銀を入手することで、東アジアの海洋を制していたポルトガルの追い落としにも成功していた。

念願の日本の銀を手中に収め、東アジアに一大海洋帝国を築きつつあるなか、凋落しつつあるとはいえ、スペインやポルトガルの勢力も残存している。ここで侵略を受け、徳川政権をひっくり返されようものなら元も子もなくなってしまう。ウイリアム・アダムスやヤン・ヨーステンの固い表情は、そのままオランダという国家の意思と重なっていた。

勘左衛門一行がヤン・ヨーステンの屋敷を出た頃には陽はとっぷりと暮れ、常盤橋から遠く西を見ると夕陽を背景に紫色の富士のシルエットがくっきりと見えた。駿河町には家から出てきた大勢の女子供が彩り鮮やかな着物を着て、夕涼みをしていた。勘左衛門は他の者たちと分かれ、下舟町へ急いでいると突然女の声で呼びとめられた。

「勘左衛門さんではありませぬか?」

振り返るとやや長身の女が立っていた。色白で、目鼻立ちが整い、故郷の遠州でよく見られる美人であった。年齢は勘左衛門より少し上に見える。

「驚かせてごめんなさい、私はお雪と申します」

「お雪さま?」

「はい、私の亭主は勘左衛門さんが今お会いになった、アダムスでございます。失礼いたしました。いえ、お声をかけましたのは先ほど主人が勘左衛門さんの目を見ていて、とても輝いている若者だ、近いうちにぜひとも食事をと申すものですから」

「は、はい、有難きお言葉と存じます」

その女は小伝馬町の馬込勘解由の娘、お雪。ウイリアム・アダムスの日本人妻であった。勘左衛門は返答に困った。女の周りには南国からの香水だろうか、言いようのない香りが立ちこめ、一種独特な雰囲気をかもし出していた。

「お帰り、ご一緒させていただいてもよろしいでしょうか?」

「はっ、私とでございますか? 別に構いませんが」

さすがイギリス人の妻だけあった。いくら年下の勘左衛門とはいえ男は男、こうして妙齢の女が声にかけられ、帰り道を一緒に歩くとはあまりに大胆な行動に思えた。

「勘左衛門様はそのお名前を家康様から頂戴されたと父から聞き及んでいますが、さぞかしのご出世、誠に喜ばしいかぎりでございます」

「い、いいえ、そのような大それたことはございません」

勘左衛門はお雪の前で流暢に言葉が出てこないもどかしさを感じるとともに、透明感のある、涼しげな声に接し、生れて初めて異性に対するときめきを覚えた。すれ違う者たちはお雪と一緒に歩いている若者を訝しい目で追っている。

「勘左衛門様はいつもお忙しくしておられますが、お暇な時間は何をされているのですか？」

そう聞かれた勘左衛門、確かに江戸に来てからというもの、いろいろなことが目の前を通り過ぎ、遊びの時間などなきに等しかったことに気づいた。

「勘左衛門様、ぜひ今度当家へお越し下さいますよう」

「はい、ありがとうございます」

勘左衛門は浜松時代、異性と言えば母と妹のかなしか身近におらず、女と会話することなど皆無であった。ウイリアム・アダムスはそんな彼の若さを見越し、わざわざお雪を遣わしたのだろうか？　江戸下舟町の家に着いてからも妙に胸の鼓動が収まらなかった。

「勘左衛門様、今日はお顔が火照っているようですが、何かございました？」

かなが女のカンを働かせ、勘左衛門に聞き及んだ。

「うるさいな、かなは。早く夕餉の支度でもしたらどうだ！」

「おやおやご立腹のこと！　ただ聞いただけなのに」

つい声を荒げてしまった勘左衛門だが、自分がただ初な若者でいられないことも知っていた。国と国の思惑が交錯する前線に身を置き、そのなかである役割が期待される一人でもあった。政治がどうであれ、自分は与えられた責任を果たさねばならない。そう思うとお雪の顔はスーッと消え失せ、彼のなかにまたある種の緊張が甦ってきた。

## 四

明くる慶長一三年（一六〇八年）、勘左衛門は一八歳になった。その年の春、下舟町、小伝馬町など勘左衛門をはじめとする三河出身の者たちは再び江戸城参内を申しつけられた。本多正信ら三河出身の重鎮が並ぶ中、一行は江戸城本丸の大広間へ案内された。

「そなたたちに今後の日本橋周辺の街割りについて申し述べたい。前から申しておるが、まず勘左衛門たちの住む下舟町や上舟町、馬込勘解由の住む小伝馬町周辺を江戸の商業の中心として考えてもらいたい。ここを江戸湾より全国の人や物資、金などが集まる場所に決め、三河の者たちが優先的にその仕事に従事してもらうことになる。下舟町周辺の埋め立てが難工事であることは承知しておるが、勘左衛門、三河の魂をここで発揮してくれ」

当時の家康の幕閣の大半は武士と言っても土木工事に明るい者たちが多く、藤堂高虎のように江戸城築城に従事する大名もいた。本多正信らは上舟町、下舟町や小伝馬町の地盤が石神井川河口の三角洲にあたり、ここの埋め立ては地下からの伏流水が絶えず吹き出て、難工事であることを早くから熟知していた。

ヤン・ヨーステンはじめオランダ人たちにしても、こうした事情に目をつむっていたわけではない。すでに自国の埋め立て技術だけではどうにもならぬことに気づいた彼らは、ついにはヴェネチアで行われている松杭を地中深く打ち込み、その上に石積みをすることで人工地盤を作る方法を提案し、これが取り入れることになった。

この方法は思いのほか功を奏し、十ヶ月もの歳月を費やすことで、ようやく路肩の崩壊を防ぎ、曲がりなりにも埋め立てを完了させることができた。いまの日本橋の原型となる、東堀留川、西堀留川に挟まれたU字型の運河を取り囲むような町ができあがったのだ。

難工事を完成させた勘左衛門ら三河の者たちを高く評価した徳川政権は、物資の流通でもたらされる巨額な利益を彼らに独占させることで、家康を中心とする三河出身者の江戸での勢力を盤石なものにしようとした。事実、徳川政権が消える江戸末期まで、三河出身のいわゆる御用商人たちは大いに活躍し、その利益の一部を徳川政権を通じて全国に還流させることになる。勘左衛門の子孫もその後二五〇年あまりにわたって、出身地岡崎の矢作川周辺の土木工事や架橋にその利益の一部を還流させることとなった。

かくして日本橋の町並みの基礎が整ったことで、本多正信ら幕閣は、勘左衛門ら三河出身の者たちにこの地域に全国から米、繊維製品、水産物など主要物資の陸揚げ地とするよう命じ、いよいよ河岸の整備工事が開始された。

さらに幕閣は日本橋地域を細分化し、町によって取り扱う製品を特定させた。勘左衛門の住む下舟町は米、竹、紙、上舟町には繊維製品、染料、本町地域を薬品、小田原町、伊勢町を鮮魚、乾物などの商品が特定され、河岸の工事もそれに合わせて進んでいった。

室町に住むウイリアム・アダムスの妻お雪が勘左衛門の家に突然やって来たのは、河岸の護岸工事が一段落したある夏の日の夕暮時であった。

「勘左衛門様、お雪さまという方が来られておりますが……」

使用人のよねが訝しそうな目で勘左衛門に伝えた。

「お雪さま? あ、ああ、すぐに参る」

「勘左衛門様、突然に申し訳ございません、ぜひとも今宵は主人がそなた様とご一緒に食事をしたいとのことで、お迎えに上がりました」

玄関に行くと、長身のお雪が藍の着物に身を包み、楚々と立っていた。半年前に会った時と比べ、格段に妖艶になったその姿に勘左衛門はしばし立ちすくんだ。

「お雪さま、ご無沙汰しておりました。それでは身支度を整え、すぐに参ります」

室町までのわずかな距離であったが、傍のお雪のうなじや胸の膨らみに視線が向かうたびに勘左衛門は戸惑い、たじろぐ思いであった。

アダムス邸の食堂にはすでに晩餐の支度が整っており、ポルトガルからと言われているワインや鰯の酢漬け、揚げ芋、乾燥した肉などが並んでいた。

ウイリアム・アダムスは、お雪の実家にほど近い小田原町（現日本橋室町）に屋敷を構えていた。今日の晩餐は江戸の開発に従事している若者に西洋事情を説明することが目的と言ってよく、話はお雪を介して行われた。

「勘左衛門殿、今日はよく拙宅にお出でいただいた。父上にも似て、よおく輝いた目をしているものじゃな、そなたは。私も勘左衛門殿同様、若い時船員である父を亡くし、大変苦労したものだ。その後私も船員を志したが、造船に興味を持ち、縁あって日本に来た。何か小生と共通するものを持っておるような気がして、お雪にそなたを誘わせたのじゃ」

「アダムス様は大西洋での海の戦に多大な功績をなされたとお聞きしております」

「いやいや、前線と港を往復して物資を運んだのだけが仕事であった。ただ目の前でスペインとの海戦を目撃したことは、その後の人生において大きな財産となっておる。今日はこの話からいたすことにしよう！」

グレゴリオ暦における一五八八年七月、大西洋上のアルマダでスペイン無敵艦隊がイングランド侵攻を企て、無敵艦隊を派遣したがイングランドはこれを撃破した。スペインの覇権衰退を象徴する海戦であったことは述べてきたが、当時アダムスはイングランドの補給艦の船長として前線に物資を運ぶ仕事に従事していた。この海戦こそ彼がはるか一万八〇〇〇万キロの海原を航海し、日本へ来るきっかけとなった事件でもあった。

「勘左衛門殿、過日ヤン・ヨーステン邸にてお話しした通り、ヨーロッパでは海を制する者が世界を制すると考えておる。シナや日本では残念ながら陸上での戦いばかりであり、大砲を駆使し、海上で戦いをするなどの発想は皆無じゃ。勘左衛門殿には今後の世界の趨勢をお話ししたほうがよいと、かねがね思っておったのだ」

「私などに……恐縮でございます」

「いや、残念ながら徳川様ら幕府の要人はこの考えをお持ちになっておられないのだ」

「それはなぜなのでありましょう?」

「おそらく家康様は海防についてはネーデルランドに全面にお任せになるおつもりなのであろう。我がイングランドと同様、ネーデルランドは海戦には抜群の戦力を持っており、やがて世界の海を制覇する勢いであるから頼りになることは確かじゃ。だが、ただ懸念するのは一国に海の守りを委託することは日本にとって決して良いことではござらぬ」

勘左衛門は国防や軍事などの話を聞かされるとは思ってもみなかったし、実際に聞いても皆目見当がつかないことばかりだった。

しかし、アダムスは彼の心中など構わず話を続けてくる。

「海戦に必要な艦船、それに大砲など、すべては鉄からできておりますから、まずは良質な鉄を作る技術、それに砲弾の弾道の計算に必要な算術など、どれも日本の臣民に教育することが重要ですぞ。それに遠洋への航海には星の位置を正確に測る技術、イングランドでは天文学と称しているが、その学問も取得されるのが肝要」

「……算術、天文学でございますか?」

勘左衛門にとって今まで聞いたこともない学問であった。アダムスの西洋事情の説明はその後延々と続いた。算術、金属学、火薬を作成するための薬学など、その内容は勘左衛門にはついていけないものばかりだった。

「さあさあ、お二人ともお食事に手をおつけくださいませ」

お雪は呆れて二人を促した。葡萄酒で顔を真っ赤にさせて、家に帰った勘左衛門がなぜアダムスがこのように当時のヨーロッパの軍事技術を滔々と話すのか、改めて不思議に思った。彼がこのことに気づくまで数年を要した。


盛夏も過ぎ、暑さも峠を越し、下舟町界隈にも蜻蛉《かげろう》が空を舞いはじめた。空気は澄み、駿河町のはるか西の空には富士がくっきりと見える季節になった。近くを流れる運河の護岸の所々には女郎花《おみなえし》が咲きはじめ、秋の気配が感じられる。

勘左衛門たち三河、遠州の者にとっては再び台風の季節の到来を迎え、緊張が増す時期であり、しかも、埋め立て工事が完了したとはいえ、この付近の地盤は江戸でもいまだ最も脆弱であることは誰もが知るところだ。そのため高潮、豪雨によっていつ決壊するかわからない、不安な時期の到来でもあった。

勘左衛門達の不安は時を経たずして、現実のものとなった。

慶長一三年（一六〇八年）の秋月（九月）のある日、相模湾から上陸した台風は箱根を通り、武蔵府中に急激に進路を変えた。江戸湾から来る猛烈な風雨が日本橋下舟町も襲い、木々は大きく撓《しな》り、日本橋川や運河の川面も激しく波立った。一軒の家屋の雨戸が吹き飛んだことが契機になったのか、数軒の家屋の雨戸、屋根が宙に舞った。父利兵衛が同じ台風による土砂の決壊で命を落としていただけに、勘左衛門は下舟町、上舟町の住民とともに、比較的地盤が安定していた江戸城常盤橋付近に避難し、台風の通過を待った。

二刻(四時間)ほど経ったその日の未明、ようやく日本橋周辺の風雨も治まり、勘左衛門たちは家へ戻った。今回はどうやら水による護岸の決壊はなかったが、それからしばらくした午の刻(正午)の頃、またしてもこの町に悲劇が襲った。

台風一過、空は秋の到来を予想させるようにすっきりと晴れ上がり、もはや水害など起こる気配さえないなか、二つの運河が合流する地域で突然土砂が陥没したのだ。と同時に大量の水が噴き出し、一挙に周辺の土砂を洗い去った。十数名の住人が土砂とともに日本橋川に投げ出され、何人かは救助されたが生まれたばかり赤子を含む十名の住人が犠牲となった。

この事故の結果、石神井川河口の三角洲の埋め立ては再びやり直しとなった。父の時代からすでに数年たっても依然脆弱なままの地盤を目の前にして、勘左衛門の落胆は計り知れない。オランダから伝わった埋め立て技術を駆使しても事態は好転していないことも心を痛めた。

この石神井川の伏流水は、その後三〇〇年経過しても完全に止まることはなく、昭和の時代になっても地盤は弱く、この地域でビルを建てる際に建設会社を大いに悩ませることとなった。

ともあれ、同じ災害に見舞われることだけは何とか食い止めなくてはならない。ヤン・ヨーステンらオランダ人技術者たちは崩壊したのは地中内部であって、表面の土砂は比較的しっかりしていることに気づいた。彼らはオランダのロッテ川の護岸工事とヴェネチアの埋め立て技術を駆使してもなぜ内部の地盤が脆弱なのか、皆目見当がつかなかった。

土質に関しては江戸では火山灰台地であり、オランダ、ヴェネチアは川から流入する土砂との違いはあったが、きめの細かさにはそれほど相違はなく、むしろ日本橋台地の土のほうが粘着質であり、地盤は強固になる可能性のほうが大きかった。

彼らは一様に頭を抱え込んだ。二ヶ月にわたる調査や議論を経過しても問題は一向に解決の糸口さえもつかめなかった。

# 五

江戸では木枯らしが吹き始め、町行く人たちも身を屈めて歩く光景が目立ってきた。

久しぶりに勘左衛門はヤン・ヨーステン邸に向かった。今日は工事のこともすべて忘れ、オランダから来たワインの試飲と汁粉を皆で作って食べようという、一風変わった午餐の集いが開かることになっていた。

ワインのつまみは大西洋から運ばれた魚の燻製、それにチーズ、江戸でとれた鴨肉、食後は汁粉という献立であった。まだチーズとワインの味に慣れぬ勘左衛門であったが、オランダ人の前では義理でも口にしなくてはならず、はなはだ辛い時間が経過した。

一刻ほど過ぎた頃、女中が大きな粉を入れた器を持ってきた。

「お二人さん、汁粉に入れる白玉を作ってみませんか?」

「シラタマ?」

ヤン・ヨーステンは訝しげに女中を見た後、勘左衛門に視線を移した。

「白玉は粉を水で溶いて湯に入れて作るのです。拙者が作ってお見せしましょう」

勘左衛門は椀に白玉粉を入れ、水を注ぎながら箸でこねはじめた。ヤン・ヨーステンもその作業をじっと見つめている。水を少しずつ加えながら適度な粘り気になったところで作業をとめた。女中が二人のところに戻ってきた。

「お二人さん、できましたか？」

女中が椀の中を覗き込む。

「いやですよ！　水が多すぎますよ。ほらね、こうやってお椀を叩くと水が出るでしょ！だめですよ、もう少し粉を入れなきゃ」

その仕草を見ていた勘左衛門とヤン・ヨーステンは同時に席を立って、目を見合わせた。

「そうか！　地震が原因だ！」

勘左衛門が大声で叫ぶ。

「勘左衛門殿！　わかりましたぞ！」

ヤン・ヨーステンも大声で応える。周りの者たちは二人が大声をかけあっている、その内容がまるでわからなかった。

その年の九月、勘左衛門の街、江戸下舟町を襲ったあの地盤の崩壊の前日、江戸にやや大きな地震があった。二人はあの地盤崩壊の原因こそがその地震による土壌の流動化であることを、白玉を作りながら同時に閃いたのだ。

ロッテ川とヴェネチアの工法を駆使した埋め立てでも、この江戸下舟町の地盤崩壊を防げなかった原因は二つの都市にない地震が原因だったのだ。

二人は明くる日、オランダ人技術者たちと図面を見ながら対策を練り、すぐに作業に着手した。まずは松杭の本数を他の街に比べ二倍に増やし、さらにのり面だけでなく、内部にも打ち込んだ。現場は土壌より松杭のほうが多い、異様な台地となった。

二人の対策は後に功を奏した。上手く伏流水も治まりその後の台風や高潮、大雨でも三度土壌が崩壊することはなかった。

慶長一二年（一六〇九年）の正月を迎え、勘左衛門含め三河の者たちはようやく江戸下舟町の地盤強化のめどがついたことに安堵し、穏やかな正月を迎えることができた。勘左衛門はその年の恵方にある神社に正月のお参りをしたその足で、大伝馬町の馬込勘解由の屋敷に新年の挨拶に向かった。

「新年おめでとう存じます。昨年は下舟町の埋め立てについては多大なご支援を賜り、誠にありがとうございました」

「勘左衛門殿よくお出でなさった。まあまあ、堅苦しい挨拶は抜きで、どうぞお上がりくだされ」

広間に通されると、すぐに正月の晴れ着を着飾ったお雪が現れた。

「お雪さま！　これはこれは、いかがなされましたか？　アダムス様とご一緒の正月ではなかったのですか？」

正月の挨拶を忘れ、勘左衛門はお雪の艶やかな晴れ着に圧倒された。

「アダムスの国では正月はあまり重要な日ではございません。実家で正月を迎えたらという主人の計らいで、ここに参っております」

お雪は相変わらず、鈴の音のような声で答えた。

膳にはすでに節の料理が並べられ、一同お神酒で正月を祝った。

「勘左衛門殿は昨年、本当にご苦労の多い年であったのう。今年は、新年早々良い知らせがありますぞ」

「良き知らせとは？」

「家康様より、このたび下舟町、上舟町の埋め立てに尽くした者たちへその土地を下賜するよう、間もなくお達しが出ることとなった」

「さようでございますか？」

「喜ばれよ、下舟町の土地の一部が勘左衛門殿のものとなる」

勘左衛門は父利兵衛からこの土地の埋め立てを引き継ぎ、父の犠牲の上に生まれたこの土地に愛着があった。そのため、故郷遠州には帰らずにいつかこの新天地江戸で土地を手に入れ、土木工事以外の仕事をしたい、できたら商売をしたいと思っていた。

それが、まさか親子二代にわたって切り開いてきたこの江戸下舟町の土地を徳川家より下賜されるとは想像もしていないことだった。

「馬込様、有難いことと存じます」

「貴殿は親子二代にわたってこの土地を創り上げてきた。その間のご苦労は誰もが認めるところじゃ。遠慮なくいただき、商売を繁盛させ、家康様に報いることが勘左衛門殿の責務ですぞ」

「誠に有難く存じます。なんとお礼を申し上げてよいか言葉もございません」

「私に礼を申されても困る。松の内が明けると勘左衛門殿はじめ、この土地の埋め立てに貢献した者たちがお城へ呼ばれることになっている。そこで正式に土地の下賜が行われるので、謹んで受けられよ」

正月十日、勘左衛門はじめ江戸下舟町、上舟町の埋め立てに貢献した者たち五人が江戸城へ呼ばれた。真正面に雪を抱いた富士が遠望できる江戸駿河町を西に向かって歩き、大手御門より城内に入り、長い距離を歩いて江戸城西の丸接見殿に到着した。

下賜は同じく三河出身の幕閣本多正信より伝えられることになっていた。やがて五名ほどの武家衆が部屋に入り、同時に五人は頭を下げた。本多正信は下賜の書面を読み上げはじめた。勘左衛門の番がやって来た。

「伊場勘左衛門、江戸下舟町西側の土地を幕府より下賜する」

勘左衛門はその言葉聞き、耳を疑った。町の西側の一部の土地と思っていたが、まさか全部を下賜されるとは思いもよらなかった。

「皆の者、頭を上げよ」

驚くことに、正面には徳川家康本人が鎮座していた。

「皆の努力、とりわけ勘左衛門、父親の死を乗り越え、江戸下舟町の埋め立てを完了させた功績、誠に大義であった」

わずかな言葉であったが全身が身震いし、やがて感涙が勘左衛門の両頬を濡らした。勘左衛門数え二十歳の正月であった。

この年、すでに征夷大将軍となった秀忠はオランダとの交易を許可し、晴れて日蘭の国交が正式なものとなった。これを契機に覇権をさらに強固なものとするべく、オランダはスペイン・ポルトガルの東アジアからの駆逐を本格化させた。

手始めに家康を通じ、肥前の有馬晴信に日本近海を航行するポルトガル船を撃沈させ、日本とポルトガルとの交易を断絶するきっかけを作らせた。熱心なキリシタンであった晴信がなぜポルトガル船を撃沈に追い込んだのか？　今もって謎だが、その年マカオで家臣ら四十八人が殺されるという事件があり、その仇討であったと言われている。

しかし、この事件を裏で操っていたのはオランダではなかったのかという、実しやかな噂がその当時から流れていた。これ以降、オランダは二十数年にわたり日本からスペイン・ポルトガルの勢力を根こそぎ根絶すべく、様々な政治の舞台で介入を行うこととなる。

さらに同じ年、オランダは長崎の平戸に商館を開設するよう、幕府に願い出た。江戸から遠い平戸に貿易の拠点を設けたオランダの意向は、平戸が天然の良港であるというのが表向きの理由だったが、それ以外に、松浦藩をはじめとするキリシタン大名やカソリック信者たちの動向を監視するという裏の理由もあった。

いまや江戸は、いや日本、そしてオランダは、目の前の大きな峠を乗り越え、新しい時代の扉を開けようとしていた。戦が完全に終わったわけではなかったが、いずれの人々もそうした古い時代の澱の向こうに、これまでになかった新しい秩序を求めていた。古いものが駆逐され、若々しい時代の息吹が胎動しようとしていた。

# 第四章　江戸の商い

一

慶長一五年（一六一〇年）、勘左衛門は数え二十一となった。

埋め立てた下舟町の一二〇〇坪に及ぶ土地は商売をするには広かった。下賜された者のほとんどは土地貸しとして地代をもらうことを選ぶことが多かったが、勘左衛門はここで商売をやってみたいと従前から思っていた。

ヤン・ヨーステンはじめとするオランダ人たちは、「ここ江戸は世界的な商業地として永遠に栄える。これから世界は通商によって国が栄える」と折に触れ勘左衛門に言い続けていた。父利兵衛も息子には商売をさせたいとの思いを生涯持っていた。彼自身、父の命を奪い、自らも辛酸を舐めた土地開発の仕事には少しの未練もないというのが本音だった。

幕府は江戸下舟町を紙と竹材、それに鰹節などの乾物の、上舟町は繊維や糸の、運河を挟んで下舟町の対岸は薬や染料の集積地として反映させる計画を立てており、小田原町には大規模な魚河岸が創られようとしていた。

勘左衛門は、このような都市計画に添う形で全国から紙を仕入れ、江戸市中に販売する仕事に従事するようになった。

大伝馬町の馬込勘解由からは商売の難しさをさんざんと言われていたが、いざ始めてみるとそれ以上に難しさを感じることが少なくなかった。仕入れた紙に利益を載せて販売し、それによってさらに多くの紙を仕入れ、また販売する。算術では雪だるま式に利益は増えていくはずであったが、そうは問屋が卸さない。いくら江戸下舟町の土地持ちと言っても現金のない勘左衛門に大量の紙を卸す生産者などはいなかったからだ。

商品がない以上、勘左衛門の商売は開店休業となるほかない。土地の開発中は幕府からの冥加金で母親と妹の食いぶちを何とか稼いでこられたが、それも間もなく底をつくことは目に見えていた。父親亡きあと一家の大黒柱となった勘左衛門は、二人の前では口が裂けてもそのような事情は言えなかった。仕入れ資金をすぐにでも用立てしなくてはならない。頭を抱えていても埒が明かないと感じた彼は、早速、馬込勘解由に相談に出向いた。勘解由はこの事態を予期していたのか、待ってましたとばかり屋敷に招き入れた。

「はっはっ、勘左衛門殿も商売については何もご存じないようじゃな。商売を始める時は仕入れ資金を用意しておかねば駄目であろうが。まあ、勘左衛門のお人柄と今までの功績に報い、今回はわしが用立てしよう！　心配はいらぬ。ただ勘左衛門殿の商売の懸命さを担保するため、年一割の利息を課すがよろしいか？　簡単に言えば百両の金を貸したら一年後に百十両にして返していただくことを約束してもらおう」

馬込勘解由は仕入れ金を用立てるだけでなく、幕府に請願し、勘左衛門が独占的に紙を納められるよう御用の証書をも取ってくれていた。これ以降、勘左衛門の店は明治維新まで「江戸幕府御用」の商人として続けられていくことになる。家康から勘左衛門という名字を拝命された彼は、店の屋号を自らの出身地、遠州伊場村にあやかり、「伊場屋」とすることにした。勘解由は当座の資金として五〇両を用立ててしてくれた。これによって勘左衛門はようやく紙の仕入れをすることができた。

しかし、さらなる困難が待ち受けていた。勘左衛門が思うほど江戸市中では紙の重要は少なかったのだ。幕府の御用といっても、江戸城内で使う紙の量など高が知れていた。勘左衛門は江戸市中を歩きまわり、寝食を忘れ販売に勤しんだ。しかし、勘左衛門が仕入れた紙は四国や越前の高級紙ばかり、当時の江戸ではそのような高額な紙の需要はほとんどなかった。新築した蔵の中にはまださばけていない紙が山のように積み上がっていた。慶長一五年の春は、若い勘左衛門にとって商売の厳しさをまざまざと見せつけられた季節となった。

「遠州に帰って、米を作っていたほうがよっぽど楽であったのう。おまえばかりに苦労かけて申し訳ないねえ」

母の世喜は毎日のように息子をなだめ続けた。


事態がいくらか好転したのは、初夏を迎えようとする頃だった。江戸城西の局沢にある洲崎明神より越前の紙のまとまった注文が舞い込んできた。勘左衛門は大喜びであった。ようやく一息つくことができ胸を撫で下ろした。

この神社はすでに九〇〇年も前にここ江戸に創建されており、祭司が徳川家に挨拶に出向く際の様々な奉納品に越前の紙を使うことにしたのだという。この商いを縁に勘左衛門はたびたびこの神社に出向き、商売繁盛の祈願をすることになった。

結局、この年は売上より紙の仕入額のほうが多い仕入超過で年を終えた。勘解由への利息は借入れた金子より充当せざるを得なかった。

明くる年、慶長一六年（一六一一年）も商いは上手くいかなかった。前年の在庫は少しも減らず、資金は間もなく底をつくのが目に見えていた。この地域の土地を下賜された他の三河の者たちは土地貸しによって収入を得ていることがほとんどで、彼らの生活と自分の生活を比較するたびに惨めな思いに苛まれた。

「勘左衛門、もう商売を諦め、一緒に遠州伊場村へ帰りましょう。まだ米を作る田んぼは残っていて、食べるには困りませんよ」

母はなだめながら、息子が商売に向いていないのではないかと心配の毎日だった。

しかし、勘左衛門は帰郷するつもりはさらさらなかった。この江戸で必ず一旗上げてみせる。父利兵衛がたえず夢見ていた江戸での商いを成功させることで、家康様が目指していた天下太平の世を創りあげていく、これこそが親子二代の夢でもあった。

自分がだめになれば、将来の経済都市として勃興しつつある江戸も、そして日本も発展しようはずもない。もう少しの辛抱だ。必ずうまくいく。みなぎる若さも手伝い、かような思いに我が身を奮い立たせる毎日だった。

## 二

勘左衛門が慣れぬ商いに悪戦苦闘していた慶長一六年、幕府を震撼させる大事件が起きた。発端となったのは、日本近海を航行する外国船に神経を尖らせていたオランダ海軍が、一艘のポルトガル船を拿捕したことにあった。

その船内から徳川幕府転覆計画を企てるポルトガル国王宛の密書が発見された。こともあろうに、その首謀者こそ大久保石見守長安だというのだ。

石見銀山をはじめ諸国の金山、銀山を統括し、金山奉行、勘定奉行を歴任してきた大久保長安がなぜ？　徳川政権のみならずオランダにとっても、この事件は晴天の霹靂であった。調査が進むにつれ、事態は深刻さを増していった。

なにしろ、当時の銀の産出量は年間百五十トンといわれ、それは世界の総産出量のじつに三分の一を占めていたと言われる。それだけの莫大な銀を生み出した事実上の立役者が、ポルトガル、そしてカトリックの信徒と通じているという。ポルトガル国王宛ての密書には、必要な軍艦、軍勢の派遣を要請する旨が書き記されていた。早急に手を打たなければ、大量の銀がポルトガルに渡り、彼らがまた息を吹き返してしまう。

ここには幕閣の中心にあった本多正信・正純父子と、大久保長安、その後見役でもあった大久保忠隣との確執もあったから、放置しておけば内紛も起こりかねない。大久保長安は家康の六男忠輝の付家老でもあり、伊達政宗ら有力大名とも縁戚関係にあった。ここにポルトガルなど海外勢力が絡めば、確かに国家転覆の危機となろう。家康は頭を悩ませた。なによりもポルトガル、スペイン勢力の影響を排除しなければならない。

この危機感は遠い海を隔てたオランダのマウリッツ公も共有していた。旧教勢力の巻き返しを何よりも怖れていた彼は、ヤン・ヨーステンに向けて決意を込めた書館を極秘に送った。書簡が届いたのは慶長一七年（一六一二年）の年が明ける頃であったが、その内容たるや周辺の事情を知っているヤン・ヨーステンにとっても驚愕すべきものであった。

「トクガワ将軍を説得し、日本国内にいるスペイン・ポルトガルの同調者を一人残らず抹殺するよう。これにはトヨトミ家の血縁者も含まれる」

オランダの意思は明白であった。今、徳川政権に万一のことがあれば、オランダの世界覇権に必要な日本の銀を失いかねず、そうなればここまでオランダが築き上げてきた東アジアの利権を一挙に失い、再びスペイン、ポルトガルの勢力が世界に拡大し、オランダの地位はおろか、国が滅ぶことさえ考えられた。

ヤン・ヨーステンは、意を決して二代将軍秀忠に謁見を求めた。

「秀忠様にご進言いたしたく存じます」

「どうされた、ヤヨス殿、今日は幾分顔が青ざめているが」

ヤン・ヨーステンが二代将軍秀忠と面と向かって話すのは、これが初めてであった。

「家康様がお考えの大坂城攻めは、いつ頃になると思われますか？」

「ヤヨス殿、それは僭越でござるぞ、秀頼様はまだお若い。今は大坂城攻めなど考えてはおらぬ」

「僭越を承知でご進言をいたしておりますが、豊臣勢とキリシタン勢が結びつけば、徳川政権にとって厄介なものとなりますぞ。もし大坂城攻めを早急にお考えなければ、手始めにキリシタン弾圧に着手していただきたく存じます」

「いきなり何を申される！　ヤヨス殿、お主も切支丹を信奉しているのでないのか？」

海外の状勢に疎い秀忠が驚いたように声をあげた。

「ご説明いたしましょう。スペイン・ポルトガルは同じキリスト教でも教条が厳しい旧教でございます。対する我々ネーデルランド・イングランドは、教条の縛りの少ない新教を信じております。難しいことはさておき、信仰の縛りなく自由に商いのできるのが新教の良きところと考えていただければよいかもしれませぬ。ヨーロッパではこの旧教、新教の反目が抜き差しならぬ事態になっており、戦争さえ起こっているのが現状でございます。両者の対立は、私たち新教と秀忠様がご信奉の仏教と比べても百倍以上の差がございます」

ヤン・ヨーステンは一呼吸置いて説明を続けた。

「旧教が教条の縛りが強いと申し上げたこと思い出してくださいませ。旧教、すなわちカソリックの勢力は必ず政権と結びつき、全世界で我々新教の追い落としにかかるのは必定でございます。もしカソリックと豊臣勢が結びついたら、秀忠様、ただでは済まされませんぞ。いち早くキリスト教を禁じていただかないと取り返しがつきませぬ」

ヤン・ヨーステンは、あえて豊臣秀頼の排除は言及しなかった。ポルトガルとの結びつきが取り沙汰される大久保長安についても口にしてはいない。キリシタンの脅威について伝えれば、経験の浅い二代将軍とも言えども、父家康の手前、何か行動を移すに違いないと思ったからだ。以後、ヤン・ヨーステンは幕府の対応をひたすら待った。

慶長一七年の春、幕府は手始めに京都におけるキリスト教禁止令を発布し、さらに教会の打ち壊しを命じた。そして、明くる慶長一八年一二月、全国にキリスト教禁止令を発布した。この年を契機に、徳川政権のキリシタン弾圧は過酷を極めることになる。オランダの恫喝にも近い進言が功を奏したのだ。

こうしたキリシタン弾圧と並行して、陰謀の首謀者と見なされた大久保長安一派も粛正された。

長安がこの年に死去したのを機に、長安の腹心が次々と捕縛され、獄につながれた。生前の鉱山開発をめぐる収賄や横領が問題にされたが、その背後に政権の基盤を揺るがす旧教勢力との結びつきが危惧されたことは言うまでもない。

埋葬されていた長安の遺体は掘り起こされ、改めて磔にされたほか、七人いた息子や腹心はすべて処刑された。伊達政宗ら諸大名は証拠不十分で連座を免れたが、有力な幕閣であった大久保忠隣は翌慶長一九年に改易となっている。

この時期、まだ豊臣家も安泰であったことから、始まったばかりの徳川政権の基盤がいかに危ういものであったかがわかるだろう。幕府は自らが生き延びるためオランダとのつながりを強化し、旧教に結びついた勢力の徹底弾圧を図ったのだ。

## 三

こうした政権内外の動乱をよそに、この頃から伊場屋の紙の売上は徐々に増えはじめていた。台帳を調べると、増加した分はほとんどが幕府御用の売上であったが、商いが軌道に乗ってきたことに変わりはない。勘左衛門の父利兵衛の七回忌法要が、建立されたばかりの日本橋馬喰町の龍光院で行われたのもこの時期、慶長一八年のことである。

家康は勘左衛門が生まれた天正十八年（一五九〇年）当時、武蔵国豊島郷貝塚（現在の千代田区平河町）にあった増上寺の住職、存応上人に深く帰依し、それ以降、浄土宗の寺である増上寺を菩提寺として厚く保護してきた。

徳川家の信教である浄土宗は、また三河出身の者たちの信教でもあった。江戸の人口が増えるにしたがい、この頃江戸では多くの寺院が建立されていく。勘左衛門はその中から浄土宗の寺である龍光院を江戸での菩提寺に選んだ。

「徳川様のご意向通り、江戸はこれから多くの人々が全国から集まり、商いも盛んになり、ここ日本橋はいつの日か日本の中心地なりましょう。亡くなられた父上、利兵衛様はその日を夢見て、日夜新しい街づくりに精進されていたと聞き及んでおります。しかし御不幸にも道半ばで、その夢が断たれました」

勘左衛門は、新しく赴任した住職の説教を聞いていた。

「徳川様も含め、浄土宗を開祖された法然上人も人質に取られたり、あるいは流罪にされたりと艱難辛苦の中で偉業を達せられました。残された勘左衛門様はじめご家族の皆様、何かとご苦労が多いことと存じますが、お父上のご遺志を引き継がれ、これからもこの新しい街を盛り立たれますように。併せてここに集まられた方々の幾久しいご繁栄を祈念して、皆さまで南無阿弥陀仏のお念仏唱えましょう」

手を合わせながら、改めて父利兵衛の思いが勘左衛門の心に刻まれた。同席していた馬込勘解由も同じことを感じたのか、法要の席でしみじみと語りだした。

「勘左衛門どの、早いもので父上が亡くなってもう六年が経つのじゃな。若くして残された勘左衛門殿も、ここまでよく頑張ってこられた。父利兵衛の望みもそなたが商売をすることであったから、きっと本望であるに違いあるまい」

「馬込様のお陰と存じます。同郷のよしみとは言え、日頃からいろいろなご支援を賜り、有難く存じております」

勘左衛門の言葉に静かに頷きながら、馬込勘解由は別の話を切り出した。

「ところで、このような法要の席に恐縮であるがの、勘左衛門殿、紙の販売以外に竹材の仕入れもやってもらえぬか？」

「竹の仕入れでございますか？」

「そうじゃ、竹材はこれから江戸でも売れる商品になる。ぜひとも扱ってほしい」

「……承知いたしました。早速仕入れてみましょう」

勘解由の意図がいまひとつつかめなかったが、借入金はいまだ半分も残っている以上、申し出を無下に断ることはできない。再び資金がいることになるが、とりあえず現在の売上金の一部を仕入れ資金とし、安房の鴨川周辺の竹材を選んで蔵に持ち込んだ。

しかし、奇妙なことに仕入れるそばから幕府御用の注文が入り込み、竹材が蔵に積まれることはなかった。勘左衛門はこの竹を幕府は何に使うのか皆目見当がつかなかったが、おかげで店は繁盛し、商いはさらに軌道に乗った。

勘左衛門ばかりでない。話を持ちかけた馬込勘解由の店も、最近とみに忙しくなってきた。オランダ人の出入りも目立つようになり、勘解由が店に姿を現すことが少なくなった。聞くところによれば馬の調達に全国を回っているらしいが、それほど多くの馬をいったい何に使うのか？　何かが動き出す前兆のように思えたが、勘左衛門にはそれが何かわからない。

慶長一九年（一六一四年）の春を迎える頃には、勘解由から借り入れた資金もすでに十両を残すだけとなっていた。全国を飛び回っていた勘解由が勘左衛門の店へ久しぶりに顔を出したのは、この時期のことだった。

「勘左衛門殿、折入って話があるが……」

「さあさあ、奥へどうぞ。勘解由様、お借り入れの返済は間もなくいたしますので、もう少々のご猶予をいただきたく……」

「いやいや、勘左衛門殿、金の話で参ったわけではござらぬ」

いぶかしがる勘左衛門の耳元で勘解由はささやいた。

「家康様は間もなく大坂城を攻めなさるおつもりじゃ」

「……秀頼様との戦でございますか？」

「その通りじゃ。五〇〇頭の馬の調達を終えて、これから大坂へ送り込むことになった。阿蘭陀や英吉利は大砲や弾薬の準備を行っておる。このままだと関ヶ原以来の合戦になるぞ」

勘左衛門は息を呑んだ。彼が調達した竹材も弓矢の材料に用いられるのだろう。注文の量からするとかなりの規模であることが想像できる。

「秀頼様がご謀反を起こすと？」

「いやいや、お雪が按人（ウイリアム・アダムス）から聞いた話によれば、阿蘭陀が大坂城攻めを強く家康様や秀忠様に所望されたとのこと。幕府はもちろんであるが、阿蘭陀も徹底的に豊臣潰しに本腰を上げるということであろう。大坂城には葡萄牙の神父や多くの切支丹がすでに籠城しておるとの話じゃからの」

大坂城内の状況はオランダの予想通りであった。豊臣勢はポルトガル人、キリシタン多数を籠城させ、多くのポルトガルの武器も配備していた。スペイン・ポルトガル勢は豊臣秀頼を前面に立て、オランダの東アジア支配に一矢を報いる覚悟だった。

慶長一九年から元和元年にかけて行われた大坂城攻め、いわゆる大坂冬の陣、夏の陣は、オランダ、イギリスの火力に支援された二〇万人に及ぶ徳川勢が真田幸村ら浪人衆の執拗な抵抗にもめげず、圧倒的優位に立ち、豊臣家はついに滅亡した。これによりポルトガルの日本支配の野望も潰え、かくてオランダは日本を含めた東アジアの覇権をさらに盤石なものにした。

戦は終わり、年号は慶長から元和に改まった。日本の歴史では天皇が即位する年に年号が改まるのが普通であったが、この年号だけは特別であった。徳川家康は朝廷に年号を「元和」と改元することを奏請した。いわゆる「元和偃武《げんなえんぶ》の宣言」である。偃武とは「武力を倉庫に納め施錠し、二度と開けない」ことを意味する。これによって豊臣を滅ぼした家康は、日本が戦のない平和な国になったことを天下に宣言したのだ。

勘左衛門がいる江戸下舟町や大伝馬町の商売も、二度にわたる豊臣との戦を経ることで、さらに活況を帯びてきた。江戸市中の需要が増えはじめていたことも確かだが、伊場屋も結局は大阪冬の陣、夏の陣の戦争特需で潤ったのだ。馬込勘解由も、徳川方の軍馬の調達など軍需品を納めることにより大きな利益を得ることができた。何しろ二〇万人の兵を大阪へ送り込んだのだからその軍需はとてつもなく大きかった。勘左衛門が勘解由から借り入れた資金の全額を完済することができたのも、この年であった。

江戸幕府が名実ともに日本の覇者となることで、勘左衛門たちが開拓した江戸日本橋にも全国から労働力が集まり、さらに多くの店が開店しはじめた。

同郷であった三河出身の者たちが伝を頼って集まりだし、彼らの多くは江戸市内で需要が増えつつあった木綿の販売を手がけはじめた。経済はさらに活況を呈し、男が多かった街も華やかな着物を着た女の姿が多く見られるようになった。その賑わいは大坂や京の街と遜色がないと誇らしげに語る者も現れるようになった。

とりわけ、勘解由のいる大伝馬町は日本橋の中心街となり、いっそうの活気を見せていた。店の繁栄では勘左衛門も負けてはいない。草紙や瓦版などの出版業が興ったことで紙の需要が鰻登りになり、併せて江戸城内で扱う奉書紙の枚数も多くなったことで、売上げはますます上がり、一〇人ほどの店員が雇えるようになった。とりわけ奉書用の紙の需要は仕入れに追いつかない状況であった。先行きの不安が減り、商売が一息つけるようになったのはこの頃だっただろう。

「勘左衛門もそろそろ嫁をもらわんといかんね。どうするおつもりじゃ？」

母の世喜は事あるごとに勘左衛門に問いかけた。考えてみればもう当時としては晩婚の範疇になる二十五にもなり、そろそろ身を固めてもよい年頃であった。

「母上、なぜ私が嫁をもらわなくてはならぬのでしょうか？　かなの嫁入りのほうが先でございましょう！」

「勘左衛門、実はかなの嫁入り先が決まったのじゃ」

母の言葉に勘左衛門は目を丸くした。働きづめであったから無理もないが、自分の知らないうちにかなの縁談が進んでいたようだ。

「で、お相手は？」

「大伝馬町の勘解由様の遠縁にあたる方じゃ。やはり三河からやって来られた」

「ああ、私も一度勘解由様のところでお目にかかったことがございます。算術に長けた、なかなかのご商売人と聞き及んでおりますから、まず良いお相手と思います。本人はどこにおるのですか？」

「馬込様のところへ出向いていることと思いますよ」

七歳年下の妹かなは、この年一八歳。勘解由から江戸城大奥見習いの話が来ていた。徳川方も当面は三河出の子女を大奥へ配置したいのが希望であったが、田舎生活が長かったかなはおおざっぱな性格で、母の世喜も本人も堅苦しい城内の生活を望んでいなかった。この日、本人自らが勘解由に出向き、出仕を断るお詫びと縁談の報告をしていた。

もちろん、勘解由に異存があるわけはない。かくして祝言は、増築したばかりの家の広間で近親だけを集めて行われた。近親と言っても勘左衛門の家族三人と、佐久間家の関係者六人だけのじつに質素な婚儀であった。

## 四

勘左衛門の住む江戸下舟町に徳川家康逝去の報が届いたのは、明くる元和二年（一六一六年）の秋のことだった。

この年の春、大伝馬町に住む三河の商人たちは江戸城参内の折、家康に謁見をしていた。その際はいたって壮健そうに見えたことから、急に身罷ったに違いなかった。

竹千代と呼ばれていた時から織田家、今川家の人質となり、信長との同盟時代にも正室築山殿、嫡男信康の殺害を強いられるなど艱難辛苦の生涯であった。豊臣秀吉との対立と和解を経て、関ヶ原の戦いに勝利し、ついには大坂城攻めで豊臣氏を滅ぼすことでようやく徳川の時代を盤石とさせた矢先の死であった。

家康の葬儀は、最期の地、駿府城に近い久能山にて神式で行われた。

若くして父親を亡くした勘左衛門にとって、家康は父親以上の存在であった。同じく父に近い思いを抱いてきた馬込勘解由のように頻繁に会える存在ではなかったが、不思議と自分の父が亡くなった時以上の喪失感があり、その悲しみは深かった。

江戸城内で家康から直接声をかけられた時のことを、勘左衛門は繰り返し思い出した。

「上に立つ者は常に頭を下げるよう心がけよ。卑しいものほど威張りたがるものじゃ。大器ある者は自分の偉業を誇示することはない。謙虚に、控え目に生き抜くことじゃ、江戸日本橋はこれから幾百年この国の中心となろう。この街の有力なる者の品性が問われるぞ」

まるで昨日のことのように、家康の言葉が何度も甦ってくる。事実上、これが勘左衛門への家康の遺言であった。

もちろん、悲しんでばかりではいられない。この国の一番の権力者が身罷った以上、政治も大きく変わるはずだ。その日の夕刻、馬込家には三河出身の商人たちが集まっていた。その中にはヤン・ヨーステン、ウイリアム・アダムスをはじめ数人の外国人もいた。

彼らの心配は、家康の死によって「御用商人」の地位が盤石でなくなるのではないか?

新将軍徳川秀忠は商売や江戸の開発にどのような考えを持っているのか？　早くも死の悲しみより、自分達の地位の危うさを心配しはじめていた。

とりわけ、オランダ人たちにとって事態は深刻であった。家康の信頼を受けてきた彼らにとって、秀忠はどのような国際感覚を持っているのか？　従前と同じように日蘭通商の決めごとを守ってもらえるのか？　いや、それよりも秀忠がポルトガルに寝返るようなことが万が一でもあったら、これはオランダの国家の存在さえ危ぶまれる重大な局面になる。ヤン・ヨーステンは、秀忠の冷徹な雰囲気に家康と違った危うさを憶えていた。オランダの打つ手は父家康への忠義を演出する一方で、秀忠やその側近たちに近づくことであった。

二代将軍秀忠を家康に推挙したのは幕閣の一人大久保忠隣であったが、忠隣は大坂の陣の直後にすでに失脚し、政治生命を失っていた。この先、どの有力者に近づけばいいのか、オランダは新たな幕閣の情報収集に躍起になった。

幕府がこの年から江戸城参内、将軍拝謁の行事を定例的に行いはじめたこともあり、将軍はもとより、老中を含め側近へ多くの献上品を差し出し、その反応もうかがった。この行事はその後寛永一〇年（一六三三年）に正式に始まるまで十数回に及んでいる。

年が明け、徳川家康の死の衝撃がようやく江戸市中に広まりはじめた頃、店先で午後の暇な時間を過ごしていた勘左衛門の耳に、遠くから聞きなれぬ囃子の音が聞こえてきた。町の者たちが大伝馬町の方向へ足早に駆けていく。

何事か？　勘左衛門も店を出て、皆の行くほうへ駆け始めた。大伝馬町大通りにはすでに道の両側に二重三重にも人々が並んでおり、常盤橋のほうを見つめている。勘左衛門も人垣の後ろで背伸びをしながらその方向を見ていると、遠くにたくさんの幟が見え、聞きなれない音曲が少しずつ大きくなってきた。それにつれて、見たこともない派手な赤い衣装をまとった人々が列を作り、こちらのほうへ行進してくるのがわかった。

彼らは細い袴のようなものをはいており、頭には装飾された金の王冠をかぶっていた。そして、奇妙な太鼓を持ち、聞きなれぬ楽器を奏でている。総勢は一〇〇人にもなろうか？

嫁に行った妹のかなもこの行列を見ていた。

「かな、この行列はなんなのだ？」

「兄者、ご存じないのですか？　朝鮮の王様のお使いでございます」

「ございますだと？　田舎育ちのお前もずいぶんと大人の言葉を使えるようになったのう。で、なぜに朝鮮の王様の使いが日本橋へお出ましなのだ？」

「うーん、それは私にもわかりませぬ」

その行列こそが、歴史に名を残す朝鮮通信使の行進であった。

家康逝去の明くる年、新将軍拝謁のために江戸城常盤門から出て、これから日光街道を一路東照宮参拝に行くとのことであった。豊臣秀吉が朝鮮から拉致してきた陶工など技術者の返還交渉も、幕府から朝鮮王朝に謝罪文が出されることでようやく解決に動き始めた。今回は朝鮮王朝の感謝と徳川家の代替わりの挨拶を兼ねていた。

表面上は和やかなうちに両国の雪解けが演出されていたが、じつは徳川幕府は朝鮮王朝に対し一行の謝罪の言葉も表してはいなかった。後の世になりわかったことだが、国書は朝鮮貿易でしか藩の経済を維持できなかった対馬藩が偽造したものだったからだ。

ともあれ、家康の死によって新たな外交の動きが日本橋の街中でも感じられるようになってきた。勘左衛門は知るよしもないものの、家康の逝去によって地位の揺らぎが見えたオランダも、自らの東アジア戦略の完成に向けて水面下で動きつつあった。

大伝馬町、江戸下舟町などに多く住む三河出身の者たちは、家康の死の直後であった元和三年（一六一七年）まで慶事を差し控えていたが、年が明けた元和四年になると、町内で様々な祝い事が目白押しに再開された。

家や店の新築、婚礼などで再び周辺は賑やかになり、そこかしこで槌の音が聴こえ出した。そうしたなか、元和四年の春に、勘左衛門と遠州伊場村の豪農の娘、貞との縁組が決まった。今回も馬込家の紹介であった。家族はもとより、勘左衛門の縁談がいつ決まるのか、絶えずやきもきしていた店員たちの慶びはまた一入であった。

その日は母の世喜と嫁いだ妹のかなも家に来て、久しぶりの家族での会食が行われた。女中のよねが腕をふるって作った料理の数々が食前に並べられた。

「勘左衛門さん、おめでとうございます。このお宅へ奉公してきた時はちょうど父上様の利兵衛さんの祝言の日の前の日でしてね、今でもあの日を思い出しますよ。村中から多くのお客さんがやって来て、それは賑やかな一日でした。利兵衛さんかなり緊張してしまってね！

奥様がとても心配していたのを思い出します」

「よね、よく覚えていたね。ほんとうにあの日はどうなるかと心配しましたよ。嫁ぎ先からはいろいろな注意を言われてね、こちらが緊張して家に嫁いできたのに、当の連れ合いが私以上に緊張してしまって、しょっちゅう汗を拭くわ、扇子を開けたり閉めたりで、まあ落ち着かないったらありゃしなかった。後であの人に聞いたら来客の挨拶が続いて厠に行けず、それで汗を拭いていたんだって。馬鹿な人だよ」

世喜がそれは楽しそうに思い出話に花を咲かせている。

「明くる日の祝言の日だって、注がれる杯がしょっちゅう震えていた。私のほうが落ち着いていてね、私も合わせないと皆の前でおかしいのでないかと思って、それで一緒に手を震わせてね。そしたらそれを横で見ていたあの人が心配して、大丈夫かい、少し休んだらどうかって。それはこっちの台詞だよ、って言いたいぐらいでしたよ」

「まあ、奥様もそうでしたか」

「よね、もう早いものであれから三〇年ですね。まさか遠く江戸の地で倅の祝言をあげるとは思いもよりませんでした」

「兄さま、おめでとうございます。兄さまもお手が震えるのでしょうね！　ふふふ」

「かな、馬鹿なことを言うのではないぞ、震えてなどたまるか！」

「ところで、兄さまのお嫁様はどのようなお方なのですか？」

妹のかなの素朴な疑問に答えられる者はその場にはいなかった。当時の縁組は祝言の当日まで夫婦になるもの同士会うこともまれなことだったからだ。

祝言は新築なった伊場屋の二階の広間で行われた。大伝馬町の馬込勘解由などの有力な名主たち、下舟町に住む人々が集い、三浦按人の妻お雪も途中から加わった。オランダからはポルトガルのワインが多数届けられた。

江戸湾でとれたばかりの鯛の焼き物を中心として、母の世喜や妹のかな、それによねらが腕によりをかけた料理が振る舞われた。料理が膳に並べ終わった頃を見計らって、新しい夫婦が客の前に現れた。新婦の貞は数日前に遠州から江戸に着いたばかりだったが、旅の疲れも見せず、明るく客の前で振る舞っていた。

全員が揃ったところで、皆で酒の杯を上げることとなったが、ここで奇妙なことが起こった。勘左衛門の手が震えているのだ。

「母上、兄さまの手をご覧くださいませ。だいぶ緊張されておられるようですよ」

「馬鹿だね、勘左衛門は。父上と同じじゃ、血は争えないものだね、かな」

「それにつけても、貞さまは泰然とされていらっしゃる」

貞は遠州の女にしては色白で、目が大きく、幾分痩せぎすであったが、誰がみても美人の類に入る容貌であった。

「三河の男は恥ずかしがり屋が多いが、遠州の女はこのような時でも腰が据わっておるわ」

世喜は満足げに宴席を眺めていた。

宴もたけなわの頃、幕閣の一人、本多正純より鯛三尾と絹の反物一対が届けられた。正純は元和二年家康の後を追うように他界した本多正信の子である。幕閣の有力人物と商人という身分の隔てこそあったが、父を亡くした者どうし、どこかで気持ちのつながりが感じられるようだった。勘左衛門は三河の血の絆を改めて確認した。

年が明けた元和五年夏、勘左衛門に待望の長男が、翌年には長女が相次いで誕生した。それぞれ名を正吉、志津と名づけられた。さらに元和八年には二男信吉が生まれた。跡継ぎができたことで、勘左衛門はもちろんのこと、家族の少なかった江戸の生活の中で二人の孫ができたことに母世喜の喜びは格別なものがあった。

あれほど苦労した商売のほうも順調で、新たに始まった秀忠政権で繰り広げられる人事、さらに様々な法度の伝達が増えることで奉書紙の需要はさらに高まり、江戸市中でも人口の流入によって紙の需要は一段と高まった。またこれに輪をかけ、慶長十九年から始めた竹材の販売も軌道に乗りはじめ、伊場屋の商いは活況を呈した。

だが、ほぼ同じ頃、オランダが東アジア戦略の最後の仕上げに入ろうとしていた。日本の銀を手中に収め、ポルトガル、スペイン勢を日本から追い出すことにほぼ成功したオランダの次なる目標は、これらの敵対勢力をせん滅し、この地域を完全に支配することだった。

元和五年（一六一九年）、ジャワに総督府を置き、バタビアを建設したオランダは、まずポルトガル領フォルモサ（台湾）の奪取を計画した。

このフォルモサ侵攻にあたって、オランダは背後にある日本国内の不穏な動きをいち早く察知していた。九州地方にいまだ残るキリシタンたちの挙動である。ポルトガルとキリシタン、それに豊臣政権の残党が連携したら、それは侮りがたい勢力になる。このまま放置すれば、オランダにとって悪夢のような事態になりかねない。

異教徒をすべて邪教と見なす旧教の勢力にとって、「邪悪（徳川政権）を打倒することはキリストの教えそのもの」と言ってよいものだった。外から見れば理に合わない狂気であっても、彼らはこの原理で世界を席巻し、覇を唱えてきた。それは徳川政権にも、そしてオランダにも決して容認できるものではなかった。

# 第五章　沸騰する江戸の町

一

元和四年（一六一八年）になると、江戸町内の経済はいっそうの活況を呈してきた。全国から江戸への人口流入は途切れることなく続き、消費市場規模は慶長年間の最後の年に比べても二倍に膨らんだ。

全国からの物資の流入もそれにつれて増加の一途をたどり、経済は相乗的に膨らみ続けた。街道の整備や架橋など、幕府による公共投資も日増しに増えた。

この時期、江戸の町並みも京や大坂に勝るとも劣らない勢いで成長し、次第に経済都市の様相を呈してきた。商売の決済に必要な金融機構も整備され、日本橋には金座、銀座ができ、米商人の町である本石町などの流通上必要な町々も生まれはじめた。

物の生産も活発になり、紺屋町、呉服町、本革屋町などの職人街も形成された。すでにこの頃全国から流入した男たちのために、享楽の場である遊郭も日本橋葺屋《ふきや》町（現在の日本橋人形町）の埋め立て地に作られていた。その場所では遊女たちの踊りも繰り広げられ、以後遊女歌舞伎と称され、現在の歌舞伎の原型となる大衆芸能も始まった。

江戸日本橋の水路も格段に整備され、水運により全国から様々な商品が江戸へ流入した。物資を下ろした舟は水路を経て別の場所に回漕され、綿製品や繊維製品など江戸で作られた商品が積み込まれ、日本全国へ運ばれていった。

水運と街道によって、全国から人、物、金が江戸に集積される。慶長六年、江戸城西の丸大広間でヤン・ヨーステンが家康に進言したローマ帝国の国造りの考え方、これが二〇年余の歳月を経てこの江戸の地で現実のものとなった。

勘左衛門のいる江戸下舟町も日々喧騒のなかにあった。伊場屋の西河岸を流れる運河には全国からの和紙を積んだ様々な舟の集積が続き、運搬船が数珠つなぎとなった。このため紙の陸揚げには半日待たなければならない日々が続いている。

慶長年間に入ると、江戸で紙の需要の増加が予想されることから、各藩では紙漉きの技術が高まりはじめた。天和年間に入ると、そうした予測の通り、各藩から紙の仕入を行わなければ江戸の需要に追いつけなくなった。もともと和紙は町人が使うものではなかったが、この頃には一般の町人からの需要も伸び、伊場屋の現存の蔵では物量をさばききれなくなった。そこで、紙を収納するための蔵を増築、店員も三〇人を超える大所帯になった。

勘左衛門の許へ嫁いだ貞も農家の娘にしては商才に富み、三人の子の育児をしながら伊場屋の商いを手伝うようになった。算盤も達者で、仕入や売掛帳の管理をさせてもそつなくこなす、男勝りの性分で、勘左衛門にとっては予想もしない戦力となった。

慶長年間、馬込勘解由の勧めで始めた竹材の販売も順調だった。全国から竹細工の職人が江戸に集まりだし、彼らに納める竹材の需要も鰻登りであった。この頃、伊場屋は紙と竹の販売では江戸で一番の商い量を誇るようになった。

やがて店員も五〇人に達するようになり、勘左衛門の出身地である遠州や父利兵衛の故郷、岡崎の出の者を多く抱えるようになったが、元和五年（一六一九年）の初夏を迎える頃、活況だった江戸の町に思わぬ異変が起こりはじめていた。

理由がわからぬまま、少しずつ商品の価格が落ちはじめたのだ。

その現象はまず生糸から始まった。当時、生糸は明からオランダ船やポルトガル船を使って輸入していたが、拡大する消費市場に生糸の輸入量はまったく追いつかず、価格は上昇の一途をたどっていた。慶長年間に比べると生糸の相場はすでに二倍を超えており、それでも旺盛な消費に追いつかなかったのが、にわかに価格が暴落しはじめたのだ。

その年の八月になると生糸の価格は一挙に三分の一にまで落ち、これにつれて綿糸や綿製品の価格まで落ちはじめた。とりわけ大伝馬町の綿問屋の打撃は大きかった。仕入価格より相場価格のほうが安いという、売れば売るほど赤字になる深刻な事態に陥り、二軒の問屋が廃業に追い込まれた。それだけでない。こうした価格の暴落は多くの商品に及び、恐ろしい諸物価暴落の嵐が江戸を覆いはじめたのだ。

その嵐が伊場屋の紙や竹の価格にも及びはじめたのは、秋も終わろうとしていた頃であった。当時阿波から引いていた和紙の価格が最も安かったが、事もあろうに高級紙である土佐の和紙の相場がその阿波の和紙の価格より安くなりはじめたのだ。まさか紙まで価格の暴落が及ぶまいと高を食っていた勘左衛門は慌てだした。

蔵にはこれからの旺盛な需要を見越し、全国から紙を仕入れてあった。あとひと月もすれば仕入先への支払いが始まる。一一月には土佐の瀧元へ五〇両、師走には美濃へ六〇両と、次から次へ待ったなしで金が消えていく。売上は夏からほとんど止まったままであった。売れば赤字になることがわかっていたが、売上がなければ支払いもできなくなる。店の所帯が大きくなっただけに店員の手当ても馬鹿にならなかった。預金も間もなく底をつく。とにかく、早急に資金の手当てをしなくてはならない。

勘左衛門は、暗澹とした思いで資金繰りに奔走しはじめた。妻の貞もその心配そうな顔を見るにつけ、どうしたらよいものか思案に暮れる毎日だった。その時貞は、遠州にある実家の米の収穫が間もなく始まることを思い出した。

「勘左衛門様、父上に掛け合って米を送ってもらいましょう。その米を江戸で売れば幾ばかりの資金になりましょう」

「貞、馬鹿を言うではない、父上たちの生活はどうなるのだ？　それに父上のところで採れた米を全部売っても支払全部の充当はできぬ」

勘左衛門の母世喜は二人の会話に割って入った。

「勘左衛門、遠州にあるお前の父上の農地をここで売ってしまいましょう。どうせもう使わぬ土地じゃ、それに私の甥があの土地で米を作りたいとちょうど言っておった。一度甥に会って算段してみましょう。遠州の土地を売ってしまえばお前も退路が絶たれ、江戸で骨を埋める覚悟もできるというものじゃ」

世喜は明るく笑った。そして明くる日、遠州へ旅立った。

幕府内部でも江戸市中を襲うこのデフレの嵐を何とか終息させなくてはならないと、幕閣は毎日のように顔を突き合わせては策を講じていた。

しかし、江戸城の普請や江戸の街づくりも一段落し、幕府の公共投資も急激に衰え、市中に金が回らない状況になっていた。幕閣の一人土井利勝はある日、秀忠にこの不況に対処するため再び江戸城と市中街道の整備を進言した。

「大御所様、今江戸は大変な状況になっております。諸物価は暴落し、商いは長期にわたって低迷を続けております。ここで何とか手を打たないと商人たちの怒りは極限に達します。万が一米の価格までもが落ちれば全国で一揆などが起こらぬとは限りません」

「利勝、何か手立てがあって参ったのではないのか?」

「良い策は思い当たりませんが……、大々的な普請を行い、市中に金をまわすことがいま考えられる最良の手立てでございましょう」

そこへ小田原町からヤン・ヨーステンが駆けこんできた。

「秀忠様、バタビアから重大な知らせが届いております。今回の物価の暴落はポルトガルが仕組んだものでは、との噂でございます」

「何だと!」

秀忠も利勝も、その場で立ち上がらんばかりに驚いた。

「お二方にご説明いたしましょう。ポルトガルは明で格安の生糸を大量に仕入れ、それを堺商人に薄利で売りつけ、その商人は江戸市中に安い生糸を広めたのでございます。何しろ綿糸に近い価格ゆえ、その波及効果は尋常ではございません。折から江戸では一連のご普請が一段落しており、諸物価暴落には絶好の機会でございました」

「ヤン・ヨーステン殿、それはまことか？」

利勝は身を乗り出して聞き及んだ。そのようなことは考えたこともないことだった。ポルトガルに戦を仕掛けられているようなものではないか。

「スペイン、ポルトガルでしたら、そのような手段を取っても不思議ではございません。江戸で経済の混乱が起こり、それが地方での一揆などに波及していけば、安泰に見えた徳川様の政権は一気に不安定になりましょう。そこが秀吉殿の残党、そしてポルトガルの狙いと存じます。おそらく堺の商人たちは、秀頼様や淀君様の息のかかった者たちでございましょう。火急に対処をいたしますようご忠告申し上げます」

今回の江戸の大不況は、ヤン・ヨーステンの話によれば、ポルトガルが安い生糸を日本へ大量に供給することによって国内の生糸相場を暴落させ、一挙に繊維製品全体の価格を下げ、物価暴落の波を江戸市中に蔓延させる。この混乱から経済不安、政治不安を引きだし、最終的に徳川政権を崩壊させる。そのような策謀だとの指摘であった。

しかし、需要の少ない生糸だけで江戸の諸物価を暴落させることなどできるのだろうか？

土井利勝は冷静になって考えてみた。何か他に原因があるに違いない。秀忠はすぐに江戸市中でいま何が起こっているかを調べさせた。数日後、江戸市中で扱われている生糸、綿糸などの繊維製品、食料品など多くの商品の価格が城内に集まりだした。

利勝をはじめ経済閣僚たちは、それらの価格を見て驚いた。すべての商品価格が昨年の三割以上も落ちており、繊維製品にいたっては半分になっていた。さらにその年は、農村での米の豊作と近海の豊漁とが相まって物価が落ちやすい環境となっていた。

さらに後でわかったことだが、ポルトガルは生糸だけではなく、安い綿糸をも日本国内に持ち込んでいたのだ。江戸城普請も一段落し、豊作と豊漁の絶好の機会と相まって、安い生糸、綿糸を持ち込めば日本中の諸物価を暴落させ、社会不安を増長させることができる。それによって徳川―オランダの関係を崩壊させ、豊臣―ポルトガルの復権を図ることができる。

それがポルトガルの謀《はかりごと》だったのか？

これを契機に、再びオランダは秀忠政権にキリシタンの徹底的な弾圧を行うよう働きはじめた。それに呼応するかのように、元和五年（一六一九年）、幕府は今回の事件の発端になった大坂に奉行所を設置し、京都において首謀者とされたキリシタンの処刑を行った。続く元和八年、長崎でキリシタン五五人の処刑を行った。徳川政権もこの弾圧を利用し、国内の締め付けと豊臣勢の残党の洗い出しに利用することになった。この頃から寛永年間末まで、徳川政権とオランダの対キリシタン政策は完全に利害の一致を見ることになる。

秀忠はさらに、大阪での監視強化と諸物価を上げる目的で諸大名に大坂城築城令を発した。現代風に言えば、江戸から全国へ波及が予想されたデフレを大坂城築城という巨大公共投資で総需要を喚起し、穏やかなインフレを誘導したことになる。

徳川政権はこれを契機にスペイン、ポルトガルへの監視も強め、彼らのもとで蠢いているキリシタンと豊臣残党の掃討に着手した。

こうした幕府の努力もあり、元和六年の秋頃になると、ようやく江戸市内の物価下落は止まり、ゆっくりとではあったが商売に活気が見えはじめてきた。

勘左衛門の店も岡崎の土地、さらには江戸下舟町の土地一部を売ることによって、最悪期を何とか脱することができた。先祖伝来の岡崎の土地、そして家康公より下賜された土地を売ることは誠に忍びないことであったが、背に腹は代えられなかった。

しかし、勘左衛門にとって何よりも替え難かったのは、店の者が誰のひとりも辞めることなく、主人の苦境に対し自分たちの手当の減額を受け入れることで救ったことであった。

この間、妻である貞の店員への心遣いも並大抵のことではなかった。

元和五年の大晦日には、遠州にある貞の実家からもち米を取り寄せ、一升ずつ皆に配った。配り終えた後に残ったもち米は五合だけとなり、勘左衛門一家の正月の餅としてはわずか一日分であることを店の者たちは知っていた。中には辞退する者もいたが貞は強く断った。この難局を乗り越えることで、伊場屋の店員の結束力は格段に強くなった。

「形ある物や金などは信用してはならぬ、それらはいつかなくなってしまうのじゃ。しかし、人の力は違うぞ、天下を取るものは人の力を最も大事にする人間じゃ」

家康公が父利兵衛に言っていたことを、この時勘左衛門は思い出した。勘左衛門、三十歳にして初めて直面した苦境であった。

## 二

元和九年（一六二三年）の秋、伊場屋にふらっと鮮やかな身なりの侍がお伴らしい人間一人を連れだってやって来た。

「こ、ここが三河から家康公と江戸に来たという、み、店か？」

「さようでございます。このあたりの街の者はほとんどが家康様とともに三河よりやって来た商人たちでございますが……」

たまたま店の玄関を掃除していた貞が対応した。これまで武士が町人の住んでいる日本橋、それも一介の商店である伊場屋に来ることなど無きに等しいことだったから、貞も扱いに窮した。

「あ、商いの様子はどうじゃな？」

吃音混じりのその侍は質問を続けた。

「はあ。二、三年前は大変なことでしたが、ようやく店も安定してまいりました」

「さようか、で、に、に日本橋ではお上への不満などはあるものか？」

貞は困った。侍の前で下手に喋れば取り返しのつかぬことだってある。しかし、あの時の苦労を考えれば一言言っておかなくてはならない思いがあった。

「お侍さま、物の価格を安定していただかなければ商人は不安でなりません。それだけはぜひともお願いしたく存じます」

「そうか、そ、それはそうじゃな、物の価値が極端に上がったり下がったりじゃ皆が大変だろうことはよくわかっておる」

「ぜひともそれだけは将軍様の耳に届くよう、ご便宜をはからいませ」

「だ、大丈夫じゃ。将軍様の耳には一刻もしないうちに届くぞ、ははは」

「はあ、一刻もしないうちに、でございますか？」

貞の怪訝な顔を後に、その侍は店を出て行った。

「どこのお侍様か？　確か羽織には葵の御紋があったが、徳川様配下のお旗本か？」

侍たちと入れ替わるように帰って来た勘左衛門は貞に問うた。

「いや、突然来られて、お上への不満など聞いてまいりました。不満は一刻もしないうちに将軍様の耳に届くなどとお戯れを申されて……」

「お上への不満か？　貞、そのようなことはお侍に軽々しく言うものではないぞ、ましてや葵の御紋をつけたお方になぞ」

「いえいえ、言うべきことはきちんと言わねば三河の女は生きていけませぬ」

「相変わらず強情だな、お前は」

　一刻を過ぎた頃、番頭の清八が血相を変えて店に飛び込んできた。

「た、た、大変にございます」

「どうした清八、落ち着いて話せ。おい貞！　清八に水を飲ませてやれ」

「清八さん、はい。水を飲んで落ち着いて」

「おかみさん、落ち着いてなんぞいられませんよ。先ほどお侍さんが来られたでしょう？」

清八の茶碗を持つ手が震えていた。

「はい、来ましたがそれが？」

「お、奥方様。あのお方はどなたか、ご、ご存じですか？」

「いやだね、清八にもあのお侍さんのしゃべり方がうつってしまって……」

「何を悠長なことを！　あのお方が徳川家光様ですぞ！」

「なな、何だと！　冗談を申すな、清八」

今度は勘左衛門達が慌てだした。

「冗談ではございません。大伝馬町の馬込様に上舟町でお会いましたが、家光様がお供もろくにつけずにこの界隈を歩いており、先ほど伊場屋へ入っていくのを見たとの話でございます」

みるみるうちに貞の顔から血の気が引いていった。

「一刻もしないうちに将軍様の耳に、と申されておりましたが、一刻もかかりはいたしませんねえ」

貞の目は虚ろになり、視点ははるか遠くにあった。

この年の夏、徳川家光が征夷大将軍に任ぜられ、徳川政権は三代目を迎えた。家光は二代将軍秀忠と織田信長の姪、江の間に生まれた二男である。家光は従前から江戸城外へ微行（お忍び）をする性癖があり、日本橋をはじめ江戸郊外までお供をつけずに外出するなど、母親であるお江の方を悩ませ続けていた。

## 三

三代将軍の誕生により江戸の経済はさらに活気を見せはじめた。家光は先代秀忠からの側近、土井利勝、酒井忠勝、酒井忠世を引き続き年寄として採用したが、この時代の政策は家光の政策と言うより、この三人の政策と言ったほうが適切であろう。

元和時代の経済の低迷に懲りた彼らは、次々と奇抜な政策で経済を盛りたてようとした。最も顕著な政策は武家諸法度の改定、すなわち参勤交代制度の採用であった。それにより、大名は妻子を江戸に置き、自らは一年ごとに江戸と領国を往復して暮らさなくてはならなくなった。政治的には大名の歳出を増やし軍事力を削ぐと言う政治的な意味合いもあったが、それよりも江戸の経済的効果に大きな貢献があった。

大名の移動により、街道の整備は徹底され、移動中の宿泊代や飲食代など街道沿いに与える経済効果は測り知れなかった。さらに江戸市中での各藩の消費活動も並大抵のものではなかった。加賀藩に至っては参勤交代の大名行列の人数は三〇〇〇人を下らないとも言われ、彼らが移動中街道沿いに落とす金額と江戸市中で消費する金額は年間二十万両を超えていた。現在の物価に置き換えれば年間二〇〇億円以上の経済効果をもたらしていたことになる。他の各藩を合わせれば参勤交代で費やされる金額は一五〇〇億円以上に達していただろう。

当時の国内総生産は一兆五〇〇〇億円との統計があることから、実に国内総生産の一割以上が参勤交代で賚されていた。土井利勝ら家康時代からの幕閣たちの政治・経済政策は、当時の状況から鑑みて、誠に当を得ていたことであった。

なお、この国内総生産のことであるが、当時ヨーロッパ諸国は日本の一・五倍から三倍の国内総生産をあげていた。とりわけオランダのGDPは新たな覇権国として急激な伸びを見せていた。このオランダを追うようにイギリスの伸びもヨーロッパ諸国の中では抜きんでており、両国の確執は抜き差しならぬ段階に達していた。

このようななかで家光が将軍の座に就いた元和九年（一六二三年）その年に、インドネシアのアンボイナ島で大事件が勃発した。香辛料貿易に絡む問題で、オランダがイギリス人を含む二〇名を虐殺し、オランダが同島の権益を独占した。この知らせは即座に当時平戸に赴任したばかりの五代オランダ商館長、コルネリス・ファン・ナイエンローデによって徳川政権の幕閣にもたらされた。オランダの言い分ではイギリスが英蘭間の条約を無視し、香辛料貿易の権益を、オランダ人を駆逐することによって独占を謀っており、それを未然に防ぐためにこのような処置をとったとの説明であった。

当時、オランダ商館長は新たな赴任の挨拶に貢物を持って江戸城で将軍家に謁見するのが慣わしであった。ナイエンローデは家光への挨拶をそこそこに切り上げ、江戸城西の丸の別室で土井利勝への面会を求めていた。

「商館長、このめでたい席で何事であるか？」

利勝は突然の呼び出しに不機嫌さを見せながら上座に座った。面会は通詞を通じて行われた。

「土井様、アンボイナ島でのことはすでにご承知かと存じますが、この事件で処刑しました二〇人の中には日本人九名とポルトガル人一名が関わっております。」

「商館長、それはすでに聞いておる。日本人と言っても英吉利の傭兵であろう。家光様が関わっていることはないから安心いたせ」

「それは我が国と貴国との信頼においても充分わかっております。私どもが重大視しておりますのは、この中にポルトガル人もいることにございます。わが国が従前よりご注進申し上げていることでございますが、ポルトガル勢と豊臣の残党たちの動きが気がかりです。日本国内でも何かしらのご処置を講じていただきたくお願い申し上げます」

「うーん、処置と言っても貴国はいかなることを考えておるのか？」

「僭越ではございますが、平戸にございますイギリス商館の閉鎖を断行していただきたく存じます」

この事件を契機にオランダはスペイン、ポルトガルの旧教勢力はおろか、新教勢力であるイギリスの東アジアからの駆逐をも言及するに至った。オランダはこの翌年、ポルトガルから台湾を奪取し、東アジアでの権益の独占が確固たるものになりつつあった。

東アジアでのオランダの唯一の懸念、それは日本国内にいる信長、秀吉の残党たちとその背後にうごめくカソリック教徒たちであった。オランダとこの懸念を共有する幕府は、異国の侵略を未然に払うため、外交政策を次から次へと断行した。

明けて寛永元年（一六二四年）、幕府はスペイン船の寄港を禁止した。ただ、オランダの意向通りポルトガル船の寄港禁止には踏み切れなかった。九州にはポルトガルとの貿易で潤う藩が存在しており、狂信的なカソリック教徒たちと彼らが結びつけば、将来徳川政権に謀反を起こす可能性も捨てきれなかったからだ。

もちろん、オランダもそのような状況をよく知っていた。オランダ一国との選択外交が完成するまであと一五年の歳月が必要であった。


海外状勢が様々な思惑が絡みつつ推移するなか、勘左衛門のもとにオランダ人ヤン・ヨーステンが死亡したという悲しい知らせが舞い込んできた。

思えば勘左衛門が江戸に来た際に父利兵衛とともに会って以来、江戸の埋め立て、護岸の工事など幾度かの苦労を共にしてきた。勘左衛門が江戸下舟町の土地で商売を続けられているのも、彼の埋め立て技術の助言があったからである。

江戸日本橋の埋め立て工事も一段落すると同時にヤン・ヨーステンの仕事も一段落し、その後はオランダとの朱印状貿易の仕事に従事するようになったため、勘左衛門と会う機会は薄れつつあった。今回の知らせはその矢先の出来事であった。

家康の死により秀忠、家光と代替わりすることで、徳川将軍家での彼の地位も徐々に微妙なものになっていた。最近では望郷の念に駆られ、来日したオランダ人たちにオランダへの帰国を口にする毎日だったという。

元和九年（一六二三年）、一時バタビアに渡り、日蘭貿易の打ち合わせと併せて帰国の準備を進めていたが、現地での帰国交渉が難航し、いったん日本へ戻る途中にインドシナ沖で乗っていた船が台風と遭遇、南洋の海で六〇歳余の生涯を閉じた。

関ヶ原での戦功、江戸日本橋の埋め立て、日蘭貿易の開設と、江戸初期の徳川政権の重要な一役を担い、日本の歴史を大きく変えた初めての外国人であった。

思えばオラニエ公マウリッツ伯爵から日本への渡航を命ぜられ、帰途デルフトからロッテルダムへ向かう道すがら、もう二度と故国へ帰ることはできないのではないかとのヤン・ヨーステン自身が抱いた予感は奇しくも的中することとなった。

ロッテルダムから豊後までの一万八千キロ余の大海原の大冒険が、日本の二六〇年にわたる平和と繁栄はおろか、祖国オランダのヨーロッパでの覇権獲得と繁栄の礎になった事実を知っている者は現在でも日蘭両国でごくわずかである。

# 四

寛永四年（一六二七年）になると、回復傾向にあった江戸日本橋の景気がようやく安定を見せ、再び商いが盛んになっていた。

参勤交代によって消費が上向きはじめたからだろうか？　江戸市中の人口増加に加え、生活にゆとりが生まれたこともあり、とりわけ町人たちが綿を着る機会が格段に増え、綿布は生産が追いつかない状態が続いた。このため江戸の綿製品を一手に扱う隣町、大伝馬町の活況は他の街の比ではなかった。

この頃、江戸市中では、松阪商人たちが持ち込んできた藍色の縞柄の綿布が流行し始めた。「柳条布《りゅうじょうふ》」と呼ばれるこの布は、粋を求める江戸町人たちに圧倒的な支持を得、この布を扱う店は笑いが止まらぬ状況となった。この綿布は後に松阪木綿と呼ばれることになったが、この源流は当時の安南（現ベトナム）の奥地で織られた布が港町の會安《ホイアン》から船で日本に来たものと言われている。寛永年間、朱印状貿易は明はおろか当時のベトナムにまで広がり、會安には日本人街も創られ、東インド会社も出店するに至った。

これらの交易品は、ここ大伝馬町にも及んだ。多くの店は間口を広げ、店主たちの生活も派手さを増してきた。昼間から葦原《よしわら》へ出入りする者も多く、勘左衛門の耳にも日中から酒宴を開き、なかには座敷で金をばら撒く者まで出るとの噂まで聞こえてきた。

こうした綿布ほどではないが、伊場屋の紙の扱い高も年々伸び、十年前の元和の頃と比較すると五割ほど伸びている勘定なる。店の経営もようやく安定し、真面目を通してきた勘左衛門にも幾分だが遊び心が芽生えてきた。

「やあ、勘左衛門殿、たまには息を抜いて葦原でも繰り出さないかい?」

大伝馬町の綿問屋の主、三河屋の忠兵衛がいつものように誘いにやってきた。店の奥では妻の貞の目が光っている。近所づきあいとは言え、同じ三河の出身、あまり断ってばかりいるのも今後に差し支える。勘左衛門はそう思いながら店を後にした。

「勘左衛門殿、一度風呂屋でも行ってみないか?」

「風呂屋?」

「そうじゃ、一度汗を流せばすっきりし、また商いに身が入るというものじゃ」

「わしは行ったことはないが……」

「だから連れて行くのじゃ、さあさあ」

葺屋町に最近できた風呂屋に二人は到着した。かなり繁盛しているのだろう、入口は昼間というのに客でごった返していた。

「勘左衛門、着物を脱いでこの褌を締めるんじゃ」

店員から新しい褌をもらうと、早速身に着けていた着物をすべて脱いで、これを身につけ、忠兵衛の後について風呂場に入っていく。屈んでようやく入ることのできる小さな入口を抜けて中に入ると、うす暗さと湯煙でまるで周りが見えない。

やがて、目が暗さに慣れてくると数人の客が座っているのがわかった。

当時の風呂は湯船などなく、水に浸した筵を下から加熱し、その蒸気で体を温める一種の蒸風呂であったが、なんと湯文字（腰巻）を付けた三十前後の女たちもそこにいた。勘左衛門にとっては何か淫猥な空間でもあった。

汗が噴き出す頃、今度はどこからともなく二十歳前後の薄絹を纏った女が背後に迫り、勘左衛門の背中の垢を落としはじめた。背中から手と足に女の手が伸び、やがて内股の垢を落としていくのを、勘左衛門は内心で戸惑いながら受け容れていた。女が上目づかいで勘左衛門の目を見据えている。女の姿が消え、自分で汗を拭きとり、明るい別室に移ってしばらくすると、また先ほどの女が酒を持って入って来た。

「どうぞ、ご一杯」

再び薄笑いをしながら先ほどと同じ上目づかいで勘左衛門を見る。勘左衛門にとって、奇妙な体験をした一刻であった。

「どうじゃな、勘左衛門殿、初めての湯遊びは？」

「まあ、びっくりした。何か別世界のようじゃ」

「そうだろうとも、仕事、仕事の毎日だろうから、たまには良いじゃろう？」

「忠兵衛殿は時々来るのか？」

「まあ、月に二度ほどじゃ」

「二度も来るのか？」

「そうだ。それで、あの女に金を渡せばまた別のことをしてくれるという按配じゃ」

「今日はここまでに……」

「ははは、勘左衛門はいまだ葦原では未熟者というわけじゃ！　それはまあ追々と……今日のところはもう一つ目の保養といこう！」

茶を飲みながら一刻ほどすると、勘左衛門の背中を流してくれた先ほどの女を含めた三人の女が赤い派手な着物で目の前に現れ、舞いをはじめた。艶めかしいほど腰と上半身を動かしている。足を動かす度に着物の裾が割れ、白い太股が垣間見える。さらに襟元が大きく割れ、胸のふくらみも見えた。勘左衛門にとって初めての江戸葦原、官能の一夜であった。

この遊女歌舞伎も、勘左衛門が初めて足を運んだ二年後の寛永六年（一六二九年）、あまりにも淫らで風紀上好ましくないとの理由で幕府は禁令を発した。この年以降現在まで、歌舞伎が男の役者によって演じられるのはそのような理由でもある。

勘左衛門にとっては最初の葦原体験でもあった。

寛永一一年（一六三四年）を迎え、勘左衛門も四十四歳をとなった。すでに二男一女をもうけ、店も江戸の発展に伴って繁盛の一途をたどっていた。売上は一万両を超え、大伝馬町の綿問屋には及ばないものの、江戸日本橋下舟町でも有数の店に成長していた。

父利兵衛や家康の残した人生訓から外れることなく、つねに質素倹約に勤め、妻の貞も店の者の世話に勤しんだことから、夫婦ともに店の者からの人望は厚かった。

下舟町の町の役目も進んで手伝い、祭りの世話なども積極的に行うようになった。これも父利兵衛が生前から勘左衛門に説いてきた「地域の人たちへの貢献こそが店の繁栄の礎」との言葉を忘れずに守ってきたことの表れにほかならない。

当時、江戸日本橋の祭りは、神田祭が幕府直轄の官製祭りとして「天下祭」と称されるのに対し、同じ徳川政権の庇護のもとに民間が行う天王祭があった。天王祭は財力があり、なおかつ三河、遠州出身者が多い南伝馬町、大伝馬町、小伝馬町の三つの町で行われ、順に天王社一の宮、天王社二の宮、天王社三の宮と呼ばれていた。勘左衛門のいる江戸下舟町は、隣町である小伝馬町の三の宮祭礼に人手と資金の協力を行っていた。

その年の初夏、祭りを六日後に控えた伊場屋では、店員総出となって、商売そっちのけの準備に取りかかっていた。三十両もの金を用意し、町を灯す提灯や子供たちに振る舞う餅や菓子、手拭などを準備していくのだ。

番頭はじめ店の者は町中に提灯を飾り、勘左衛門や貞は餅、菓子、手拭を紅白の半紙に包んだ。その数は五百個の山にもなり、店の商品は隠れるほどであった。祭りに配られる伊場屋のこの包みは町の子供たちには大人気で、初日には子供たちが殺到し、わずか一刻で五百個の山はなくなってしまうほどだった。

勘左衛門と貞がその包みを作っている最中、六歳ほどの女の子が軒先に立った。

「おや？　お嬢ちゃんどうしたんだい？　祭りはまだ先だよ。祭りの前にはこの包みはあげられないのだけど」

女の子はそれでもじっと立っている。何か寂しそうな表情だった。

「そうかい、それじゃこの包みを一つあげるから持っておいで、気をつけてお帰り」

包みを大事に抱えながらも、女の子はその場を去ろうともしなかった。

「お姉ちゃんの分も」

「お姉ちゃん？　お姉ちゃんはどこにいるんだい？」

貞がそう問うても、何も答えない。

「お姉ちゃんの分はお姉ちゃんに渡すからね。早く来るといいね！」

「お姉ちゃんは来ないよ」

そう言うと女の子は突然泣き始めた。そこへ、女の子の母親らしい女性が息を切らして店に飛び込んできた。

「まあ美和、なんでこんなところに！　おかみさん申し訳ありませんねえ」

色白の細面の女だったが、着物は地味な着古した綿の絣であった。どこかの賄婦なのだろうか？

「おかみさん、申し訳ありません。この子がどうしても下舟町の伊場屋さんに行きたいと申すものですから、芝大門からまいりました」

「まあ、芝大門から？　あっ、そうそうこのお嬢ちゃん、お姉ちゃんの分もと言うものですから祭りの包みを二つおあげしたところです」

「まあ、なんと。申し訳ありません、そんなずうずうしいお願いなどして」

「いいんですよ！　包みはこれだけあるのですから、二つぐらいは。ところで、お姉ちゃんはお家に？」

それまではきはきしていたその女は、突然うつむきながら小声でしゃべりはじめた。

「実はこの子の姉は、長患いの末に二か月ほど前に死にました」

「えっ？」

「……そうなんです。実は去年の夏、子供二人と私とでここ小伝馬町の祭りにやってまいりました。その時姉妹は伊場屋さんの包みをいただき、本当に嬉しかったようで、さすが江戸の祭りの土産は豪華だとしばらくこの包みの話でもちきりでした。しかし、秋になり姉のほうが急に高い熱が続いて寝たきりとなり、この春に息を引きとりました。仲良かった姉の位牌の前に今年も伊場屋さんの包みを置きたいとこの子が申すものですから、今日ここへ……」

「そうでしたか、それは悲しい出来事でしたね」

貞の目にも涙が浮かんだ。

「私たちは越後から江戸へ奉公に来たのですが、植木職人だった夫は江戸の華やかさに夢中になり浪費三昧、二人の子供を残してどこぞへ去っていきました」

「まあまあ」

「残された三人で何とか生活をしてまいりましたが、子供の薬代がかさみもうどうにもならず、じつは明日、故郷の越後に帰るところでなのございます。これから旅たちの金子を工面に行くところでございました」

「それは、それはご苦労なさって。で、江戸には金子を用立てする親戚でもいるのですか？」

「いえいえ、おりません」

貞はしばらく考えると、奥座敷から半紙に包んだ金子を持ってきてその女に渡した。

「さあ、これで越後へ帰れますよ。宿代もこの頃ではばかにならないから、さあ」

「おかみさん、冗談じゃありません。私は物乞いに来たのではございません。これはお返しいたします」

「まあまあ、そう言わず。親戚縁者もいない江戸でどうやって金子を工面するんだい。小さなお子もおいでなのだから、早く故郷にお帰り」

「おかみさん、とんでもないお話でございます。ただ伊場屋さんには祭りの土産をいただきにきただけで、何もこんなことまで」

「さあさあ、早く旅立ちなさいよ。さあさあ」

「……申し訳ありません。私の名は加奈と申します。いずれの日にはお借りした金子は必ず返しにまいります。今日は本当に地獄に仏のような心境でございます」

親子は江戸橋の方へ消えていくまで、何度も振り返ってお辞儀を繰り返していた。

この顚末を店の奥で見ていた勘左衛門は、いきなり貞の前に立ち塞がった。

「おい貞、あの女にいくら渡したのだ？」

「はい、一両を工面いたしましたが！」

「い、い、一両もか？」

「はい、越後までの道のりは長うございます。それに向こうでの当面の生活費も考えればそのくらいが適当かと」

「おい貞、目を覚ませ！　あれは今江戸で噂の親子の詐欺師だぞ、涙もろい話にかこつけて金を騙そうという輩だ。お前もなんで一両も渡したのだ」

「私には詐欺師に見えませんでしたが……」

「ばかを言うな、詐欺師は詐欺師らしくないから詐欺師なのだ」

「まあまあ、ややこしい言い方だこと」

「いいか貞、あの一両は絶対に帰ってこないぞ。もし返ってきたら、十両でも百両でも貞の前に積み上げてやろう」

「それでは、楽しみにしております」

「おい、冗談は休みやすみ言え！」

それから祭りの日まで二人の間で会話がなかった。貞も日を増すにつれてやはり騙されていたのかもしれないとの思いも強くなってきたが、なかなか素直に認める気になれなかった。

あの親子はやはりその後も江戸に留まり、町人たちを騙し続けているのだろうか？

## 五

かくして六月十日、日本橋小伝馬町、下舟町の町民が待ちに待った祭りが始まった。

元和二年（一六一六年）、局沢（現在の皇居吹上御所）にあった八雲神社が江戸城拡張に伴い湯島台に移され神田明神が造営されたが、その際、境内に地主神を祀る天王社が造営されていた。その天王社を早朝に発した祭礼の行列は、幟を先頭に太鼓、小太鼓、次に玄武、白虎、朱雀、青龍の鉾が続き、さらに獅子頭、最後に神輿が続いた。

きらびやかな装束を着飾った勘左衛門をはじめとする町民は神妙な面持ちで列を作り、ゆっくりと練り歩いていく。小伝馬町に作られた御旅所に着いたのは、すでに昼すぎであった。ここで神事が行われ、祭りの開始が告げられた。

当時、神輿が置かれる御仮家の屋根は総ヒノキで作られていたが、これは職人たちの手によってわずか一夜で完成されたものだ。また、楼門と呼ばれる門を町の入口にしつらえ、店の軒には軒提灯と絹行灯が並べられるため、町の様相は一変していた。

八つ時（午後三時頃）になり、いよいよ神幸が始まる。神田明神から出た列のまま御仮屋から町内各所へ向けて行進が開始された。町々では神輿に向けて手拭や餅などの御ひねりが投げられ、それを拾う子供たちが我先にと殺到する。祭列は日本橋上で泰安祈祷が行われると、そこから再び町々への神幸が始まった。

その頃になるとあたりはすっかり夕闇に包まれ、先頭の幟の両脇の提灯に火が灯された。軒先の提灯と絹行灯にも火が入り、町は幻想的な雰囲気となった。勘左衛門もこの日は終始この列の後ろに従い、合計四里余の道を歩いた。

翌日は、町人たちが待ちに待った神輿の町内渡御《とぎょ》が行われる日だった。

この日は明け方から町全体が騒がしかった。伊場屋の店員のほとんどは、すでに神輿を担ぐ準備を始めるため御仮屋に集まっていた。

やがてそこに近隣の町の若い店員も集まりはじめ、大伝馬町の時の鐘を合図に三百貫はあろうと思われる神輿が大勢の若者に担がれ、御仮屋を出発した。威勢のよいかけ声は町中に響き、子供たちも一斉に家から飛び出した。

神輿の後ろには大店の旦那衆が紋付袴で従い、今度は町の人々へ、手拭や菓子が投げ入れられた。町人たちは神輿に向かって酒や水を浴びせ、町全体に異様なかけ声が満ち、次第に興奮状態が高まっていく。神輿は大伝馬町大通りを東へ向かい、一刻ほどかけてこの街をめぐり、小伝馬町楼門に帰ってきたのは昼過ぎであった。担ぎ手たちには寿司、酒、菓子が振る舞われ、ついてきた子供たちにも再び菓子が振る舞われた。

午後になると、いよいよ神輿を含めた祭列が江戸城大手門に向けて出発する。祭りの最大の行事の火蓋が切られた。小伝馬町を含めた三つの宮の天王祭は町人の祭りとは言え、徳川将軍家により格別に重んじられ、当時江戸で唯一江戸城大手門までの神幸が許されていた。

大伝馬町、小伝馬町、下舟町の町には、勘左衛門の父利兵衛はじめ、若い頃の家康とともに三河より移り、苦労をともにした多くの商人が住んでいたためでもあった。

「八雲神社祭礼」と書いた二丈（六メートル）もある幟を先頭に、玄武、白虎、朱雀、青龍の四神旗が続き、獅子頭の後に勘左衛門は大伝馬町、小伝馬町、下舟町の有力な商人たちとともに祭列を作った。未の刻（午後二時）に小伝馬町楼門を出た祭列は常盤御門まで進み、内堀に沿って江戸城大手門外に到着したのは申の刻（午後四時）を過ぎていた。

祭列が止まり、百名を超える人々が小休止していると、列の前方から突然どよめきが起こった。勘左衛門たちが何事かと前方に駆けつけると、そこには今しがた大手門からお福の方（春日局）を伴って現れた徳川家光の姿があった。家光は三ノ宮天王祭の祝辞を述べた後、神輿の傍までやって来たのだ。神輿の大きさに驚いた様子であった。

祭列は再び同じ道をたどり、小伝馬町楼門に到着した頃には夏の陽も暮れ、酉の刻を過ぎた頃（午後七時頃）になっていた。しかし、店々の軒先には提灯や絹行灯があかあかと灯され、道筋は昼間のような明るさであった。一三日に再び御仮屋を出た祭列は神田神社に戻り、四日間にわたった八雲神社祭礼は終了した。

この天王祭は、寛文六年（一六六六年）、小伝馬町より勘左衛門がいる下舟町（後の日本橋小舟町）に受け継がれ、平成の現代まで引き継がれている。最近では、祭礼は四年に一回行われているが、祭列の先頭に幟がはためき、四神旗や獅子頭などが町人たちによって運ばれるなど、三五〇年前と同じ祭列が再現されている。

# 第六章　覇権の時代

一

小伝馬町の祭りが終わった同じ年一六三四年（寛永一一年）の初夏、江戸から一万二〇〇〇キロ離れたオランダのデン・ハーグでは短い夏を迎えようとしていた。町中を走る運河には北方からの渡り鳥が羽を休め、堤にはひなげしの花が一面に咲き、町を行き交う人々も解放感のある気候のなかでしばしの軽装を楽しんでいた。

そうした人々をかき分けるように、一台の馬車がかなりの速さで王宮に向かっていた。

馬車の中には一時日本から召喚された七代平戸商館長ニコラス・クーケバッケルの姿があった。クーケバッケルは馬車から飛び降りると、足早に王宮の外交接見室に向かった。部屋にはマウリッツ伯爵の異母弟で、王家であるオラニエ公を引き継いだフレデリック・ヘンドリックと、後のオランダ海軍提督デ・ロイテルがクーケバッケルの到着を待っていた。

「商館長、長旅ご苦労であった。ヒラトやエドでの生活はいかがかな？」

「国王閣下、思いのほか日本での生活は快適でございます。寒い時期はそれほど長くはなく、またフォルモサ（台湾）ほど夏は暑くなく、春と秋は実に快適です。新鮮な魚介類も豊富で、食生活に困ることは一切ございません」

「そうか、わしも行ってみたいところだ、長い船旅がなければじゃが」

フレデリック・ヘンドリックは、一六二五年に兄のマウリッツが死去した後に総督職を継承し、いまやオランダの国王として手腕を振るっていた。

「現在のところ我が国と日本の通商も順調でございます。三代の徳川将軍からも蘭日通商には深い理解をいただいており、我々も逐次オランダや近隣国の情勢を耳にお入れしています。日本からの銀も途切れることなく届いているかと存じますが、ただ一つの懸念、それはいまだ掃討されていないキリシタン勢力とキリシタンに理解の深い諸侯たちにございます」

クーケバッケルの言葉にヘンドリックは深く頷いた。

「商館長、そのただ一つの懸念が今日の話の主題じゃ。ここにデ・ロイテルを呼んでいる意味を本人から説明させよう」

デ・ロイテルは跳ね上がった髭に手を当てながら、クーケバッケルの眼前に顔を差し出した。

「商館長、バタビアに駐留している我が国の艦船二隻を、来年ヒラトへ派遣する予定だ」

「それはまた何か目的でも？」

「聞くところではシマバラというところに多数のカソリック教徒が籠城しているとの話だが、その裏にはポルトガルが介在している」

ここで再びオラニエ公ヘンドリックが口を開いた
「商館長、わが国の極東での権益を確実にするには、日本のカソリック勢力の息の根を今度こそ根絶させなくてはならない。不安は大きくならないうちに刈り取ってしまえというのが私の考えじゃ。商館長、再び日本へ戻り三代目の将軍にカソリック勢力の根絶を説得してもらいたい。どうも代々の徳川将軍家はカソリック勢力に手ぬるいようじゃ」

「国王閣下、確かに徳川はカソリックに寛容なところがございました。いくたびか側近たちにその点を指摘してまいりましたが、何しろ日本の西部にはカソリック系の有力諸侯が多いゆえ、下手に手を出せば反乱の危険があるという思いが頭から離れないのでしょう」

「そこでだ、商館長。今日海軍からデ・ロイテルを呼んだのは我が国の海軍兵力で徹底的にシマバラを殲滅するという作戦を考えているからじゃ。陸上戦では徳川軍にも犠牲が多く出るであろうから、海からこれを支えるという判断じゃ」

オラニエ公フレデリック・ヘンドリックは、就任直後にロッテルダムの南にあるブレダをスペインから奪還し、さらにフルーンロを奪取、一六三二年にはフェンロー・マーストリヒトなどマース川流域の諸都市を奪い取った。

スペイン、ポルトガルなどのカソリック勢力のヨーロッパでの覇権に敢然と立ち向かってきた勢いを極東の地においても敢行し、オランダの世界覇権を確実なものする。国王はこの野望の実現に向け並々ならぬ決意を持っていた。


年が明けた寛永一二年（一六三五年）、大伝馬町の馬込勘解由の店は異様な熱気に包まれていた。軍馬五千頭、二万の兵のための軍需物資の調達を幕府から申しつけられていたからだ。この噂はまたたく間に大伝馬、下舟町に広まり、詳細ははっきりとわからないものの、どこかで戦が近いことを多くの町民が気づきはじめた。

「勘左衛門殿、またまた日本橋も忙しくなるようじゃ」

勘解由は上機嫌な様子で口を開いた。

「馬込様、私の店の商品は戦には関係ございませんゆえ、おこぼれにもあずかることはこれっぽっちもございません」

「いやいや、勘左衛門殿、世の中そうとも限りませんぞ！　金の動きが活発になれば、めぐりめぐってここ日本橋も潤うというものじゃ」

「そうでございますか……ところで次の戦はどちらで始まるのでございましょう？」

「いやそれがよくわからぬのじゃ。ただ平戸までの船の手配も同時に進められている由、戦はあのあたりと思われますぞ」

「平戸でございますか？　すると有馬様が反乱でも？」

「いやそうではあるまい。城内で松平（信綱）様が言うには切支丹の反乱とか」

松平様とは、知恵伊豆と称された老中の松平伊豆守信綱を指していた。しかし、切支丹とはあまり穏やかな話ではない。

「とすればまた、阿蘭陀が裏で何か画策でも謀っているのでございましょうか？」

「それも考えられぬことではないでしょうな！　いずれにしろ阿蘭陀の利益は江戸の利益、江戸の利益は阿蘭陀の利益、それは確かなことじゃからの。この乱を治めれば、秀吉様の勢力も根絶されるゆえ、おそらく最後の戦となりましょうぞ」

デン・ハーグの王宮と江戸城、ここに日本橋大伝馬町が商いを通して加わり、いよいよお互いの覇権を完成させる最後の事業が開始されようとしていた。

幕府はこの年参勤交代を制度化し、さらに各藩が大船を建造することを固く禁止する令を発布した。一方、オランダ商館長クーケバッケルは日本への帰国の途上バタビアに立ち寄り、日本へ派遣する大型軍艦二隻の整備に着手した。

翌年、幕府は国内の経済活性化とそれに伴う通貨供給量を増やす目的で、寛永通宝の鋳造に着手する。これで日蘭両国の臨戦態勢はすべて整った。

寛永一四年（一六三七年）、度重なる幕府側の陽動作戦に乗った島原の反乱軍は、有馬村のキリシタンが中心となって代官所に詰め寄り、時の代官林兵左衛門を殺害するにいたった。いわゆる「島原の乱」の勃発である。

徳川政権は急遽御書院番頭、板倉重昌を派遣して討伐にかかったが、結束の強い反乱軍にことのほか手を焼き、幕府軍が敗退するという由々しき事態を招いた。この事態を重く見た徳川政権は、ときの老中松平信綱を急派し鎮圧にあたったが、四千人もの犠牲者を出しながらまたも敗退、討伐は膠着状態に陥った。

この年の暮れも押し詰まった一二月二二日の早朝、日本橋本石町三丁目に宿泊していたオランダ商館長クーケバッケルは海軍関係者を引き連れ、常盤門から江戸城西の丸へ足早に向かっていた。彼らの目的は、徳川家光への直々の談判であった。

家光も彼らの進言することはすでにわかっていた。

「将軍様、シマバラでの戦況は深刻とお聞きしております」

「その通りじゃ。信綱を派遣したがいまだ鎮圧できずにいる」

「イエミツ様に申し上げますが、まもなくフォルモサ（オランダ領台湾）より大型の軍艦二隻が日本へ到着いたします。この船には大型の大砲五門を積んでおり、艦船の大砲含め二〇門が使用できます。どうかこれを鎮圧にご活用いただきたく参上いたしました」

「両人の申し出はありがたいが、外国の力を借りたとなればあまりにも面目がない」

「イエミツ様、恐れながら現状は政権の存亡に関わる重要な局面でございます。私どものもとにはカソリックの総本山ローマ教皇がポルトガルを利用し、シマバラの反乱軍に援軍を送るとの情報を入手しております。ポルトガルの艦船がシマバラに到着したら、再びトヨトミの残党たちが息を吹き返すことは必定でございます。それまでにどうか反乱軍を壊滅させるよう私どもの力をご活用いただきたくお願い申し上げます」

クーケルバッケルは、幕府の危機はオランダの危機でもあることを家光に向かって言外に伝えた。その強い意志に将軍の意志も固まった。

年が明けた一月六日の未明、原城に籠城する反乱軍は地を揺るがす大音響で一斉にたたき起こされた。大音響は一刻も続いた。陽が昇り、一部の者たちが城壁に見回りに行くと石積みがことごとく破壊され、一部は地崩れが起きていた。

このままだと幕府軍に容易に侵入されてしまう。十数日後、反乱軍が改修の作業に入ろうとしたその時、再び大音響が原城を揺るがした。二隻のオランダの艦船の大砲二〇門が一斉に開き、容赦のない艦砲射撃が始まった。

砲撃は辰の刻（午前八時）から巳の刻（午前十時）までの二時間、間断なく行われた。城内は砲弾が次々と着弾することで文字通りの地獄絵と化した。数百名が爆死し、城壁はことごとく破壊された。オランダの砲撃の精度は正確そのものであった。原城という動かぬ目標物への砲撃など、海を移動しながら攻撃を仕掛けてくるスペインの無敵艦隊を破ったオランダの艦砲射撃の技術をすれば朝飯前のことであった。

二月に入り、壊滅的な被害を蒙った反乱軍の士気の低下と、底をつきかけた食料の状況を慎重に判断した松平信綱は、討伐軍を一気に原城に攻め入らせた。その判断は正しかった。もはや反乱軍は抵抗する力を完全に殺がれていたからだ。オランダの参戦について、後世、島原の乱平定に大した効果はなかったと語る向きもあるが、平戸の松浦資料館に所蔵されている掛け軸「原城攻囲陣営並城中図」にはオランダ艦船二艙が描かれており、平戸の人々の間ではオランダの砲撃が鎮圧を決定づけたことを後世に伝えている。

いずれにせよ、この寛永一四年の島原の乱の鎮圧、そして寛永一六年（一六三九年）に発布されたポルトガル人の来航と居住の禁止によって日本でのカソリック勢力は完全に消え去り、オランダの東アジアでの覇権は決定的なものになった。

後世では、この一連の事件をもって「鎖国の完成」と称されるが、当時徳川政権にとっても、またオランダにとっても国を閉ざし、閉ざされたなどという意識はまったくなく、強いて言えば「カソリック勢力に対して国を閉ざす」との言い方が適当であろう。この乱の鎮圧により、徳川政権はカソリックとつながり、失地回復を図っていた九州における豊臣系の残党、たとえば改易された小西行長、加藤忠広の旧臣らの駆逐にも成功した。

以後、黒船の来航に至るまで二〇〇年あまりにわたって日本から大きな戦はなくなり、泰平の世を謳歌することになる。オランダの支援によって反乱の芽をすべて摘み取ることで、徳川政権は長い平和の時代を迎えることになった。

## 二

かくして盤石なる権力基盤を確立した徳川政権だったが、将軍家光の治世下、すべてが順風満帆に進んだわけでは決してない。

とりわけ、寛永十八年（一六四一年）から翌十九年にかけて全国的に飢饉が起こり、江戸日本橋でも米の値は急騰、伊場屋でも店員に供する米の出費もばかにならぬ額になっていた。この危機を乗り越えるべく、貞はある妙案を思いついた。

「勘左衛門様、ここ最近の米の値が上がり、このままではどうにもなりません。一つの案ではございますが、米の代わりに蕎麦を皆に振る舞おうかと考えております」

「蕎麦だと！　あんなものは腹にはたまらぬ。そもそも、そんな噂が町内に広まったら伊場屋の沽券にかかわる。駄目じゃ、駄目じゃ」

「しかし、地方の飢饉の影響で江戸の商売も、うちの商売も大変厳しい状況です。見栄を張っている場合じゃありません」

「駄目と言ったら駄目じゃ、店の者の士気にもかかわる」

当時、蕎麦は飢饉の時の非常食として農家で栽培されていたが、江戸の町民の間に広まったのはちょうどこの寛永の飢饉の頃だったらしい。天正年間の頃は今の蕎麦掻のように蕎麦を湯で練って食べる方法だったが、この頃になると蕎麦きりと言い、今の細い線状のものになった。勘左衛門はあくまでも蕎麦掻を連想していたのだ。

勘左衛門は、幕政の状況を聞きに大伝馬町の名主、馬込勘解由のもとに出向いた。

「馬込様、この頃の城内のご様子はいかがでございますか？」

「家光様もようやく内外の状況が落ち着き、安堵をなさっていると思っていたが、この飢饉に乗じて外様大名の不満がいつ爆発するか、心配の種は尽きないようじゃ。大老は間もなく譜代たちにも江戸勤務を命ずるらしい」

「江戸勤務、ですか？」

「うん、聞くところによれば、各地の大名に一年ごとの江戸勤務を命ずるらしい」

「それは大変なご出費でございますな！」

「まあ、大名の蓄財を殺ぐことも目的だが、江戸と地方で物の行き来が盛んになれば皆が潤うというものじゃ、我々日本橋の商人には願ったり叶ったりと言ったところじゃ」

「まさか馬込様がご考案されたのではあるまいか？　このしきたりが定着すれば日の下一番の御利益は馬込様でございますでしょうに」

「勘左衛門殿、滅多なことを言うではない」

「ははあ、図星では。ところで馬込様、うちの貞が妙なことを言い出しまして。米の代わりに蕎麦を店の者に供するなどと」

「ほう、蕎麦を！　米の代わりに？　うん、それは妙案じゃ」

勘解由は算盤を取り出すと、玉を弾きはじめた。

「店には二百人、米の値がひと月十五両、その一食分を蕎麦に替えると……うん、月三両は浮くな。決まった！　我々の店でも蕎麦を出すことにしよう！　さすが貞は三河の女だ！　勘左衛門殿も良い伴侶を持ったものだ！」

「は？　はあ……」


寛永一九年（一六四二年）、いわゆる参勤交代が始まった。

前述した通り、各大名に妻子を江戸に置き、一年交代で江戸勤務を命じたもので、一般的には諸大名の経済力を削減させ、軍事力をも殺ぐのが目的と言われているが、この制度による経済効果は莫大なものだった。

寛永年間では、江戸市中での藩士の生活費、土産物や遊興費の効果は江戸の経済を支え、また参勤交代が通る沿道の村々の経済も支えていた。よって三百諸侯の参勤交代による経済効果は三〇〇〇億円を下らない。当時のＧＤＰは約六兆円前後と推測されていることから、その経済効果はかなりのものだったようだ。

正保年間に入ると寛永の飢饉の影響もようやく一段落した。地方の農業生産高も増えはじめ、江戸の経済も再び徐々に上向きはじめた。諸国大名の江戸での消費も旺盛となり、大伝馬町、堀留町の繊維業も活況を呈した。

一昔前、江戸市中に散在していた女郎屋は駿府から移ってきた遊郭と一体になり、日本橋の東外れにある葦屋町に統合されたが、そこの「商売」も急に忙しくなりはじめる。商人はおろか各藩の藩士も足しげく通うようになり、海辺の寂しい町は一変して一大娯楽地となっていた。遊女らによる女歌舞伎も上演され、夜な夜な妖しい饗宴が続いていた。界隈が一夜中薪と蝋燭で照らし出されるにつれ、周辺の街とのいざこざも絶えぬようになった。

「葦屋町の騒がしさも尋常ではありませんね。勘左衛門様も時々は羽目を外しにでもいかれましたか？」

「馬鹿を言え、葦屋町になぞ一歩も足を踏み入れたことなどない」

「あら、大伝馬町の馬込様の番頭さんが先月の夜分に葦屋町で勘左衛門殿をお見かけした、などと言っていましたよ」

「誰かの見間違いだ、余計なことなど言うでない」

だがそれは見間違いではなかった、先月確かに勘左衛門は葦屋町に出向き、町の様子を見聞し、それを勘解由に報告をしていた。

舟町や大伝馬町の町内でも子供たちに悪い影響が及びかねない、と母親たちが問題にしはじめ、勘左衛門もこの狂乱は放っておけないと思うようになっていた。確か五年ほど前には、葺屋町の夜間の営業はご法度になっていたはずである。

この葺屋町遊郭はそもそも駿府の娼家の主人、庄司甚右衛門が幕府に懇願し、開設した公認の遊郭であり、様々な規制がかけられていた。客の遊郭への連泊は禁じられ、犯罪者の取り締まりも厳重に行われていた。

また、地方から騙されて遊郭に送り込まれた女子供は見つけ次第、強制的に故郷へ返さなくてはならなかった。庄司甚右衛門は娼家の主人とは言え、これら規制を厳格に守っていた。にもかかわらず、いったいこの頃の狂乱は何なのか？　勘左衛門はそれを見に行ったのだが、思わぬ事態に出くわした。

遊郭は確かに夜間の営業は行ってはいなかったが、この町内に風呂屋が林立しはじめ、それが夜間にも営業を行っていたのだ。

風呂屋の中ではいったい何が行われているのか？　外からは窺い知れなかった。遊郭の規制はあったが、風呂屋の規制は当時何もなかったため、規制の網の目をかい潜った悪知恵だった。勘左衛門の懸念を逆撫でするかのように葺屋町遊郭周辺は江戸の歓楽街に変遷していった。江戸の東端の葦の生えていたこの街はやがて葦原と呼ばれるようになり、誰とは知らずやがて「吉原」と名が変わり、明暦の大火の後、幕府によって浅草寺裏の日本堤に移転させられるまで江戸の一大歓楽地となった。

正保年間は江戸の街も地方からの移住者が増えはじめ、さらには参勤交代による各藩の武士たちの江戸勤務も定着していくことで、江戸の商取引は家光の治世の始めである寛永年間と比べても二倍以上の規模に膨らんできた。

利幅が薄くなったとは言え、勘左衛門の商売もより順調になり、貞をつれ堺町の芝居小屋に見物に行ったり、大伝馬町本町通りに集まった全国の大店の店先を見ながら買い物を楽しんだりする余裕もできた。

時代も寛永から正保を経て慶安へと年号が移り変わり、勘左衛門もすでに齢六十に近づいていた。利兵衛から店を継いで四十余年、浜松から江戸に来て初期の開拓に従事し、実業を立ち上げてから数えても三十余年が過ぎ去った。飢饉や不況、戦乱をかいくぐり、ようやく創業の人生のゴールに近づいていた。

長男の正吉も成人し、そろそろ家督を譲ろうと考えていた。

番頭は清八から又吉に交代していた。初代番頭の清八は創業の生業であった土木工事には辣腕をふるったが、紙や竹の問屋に業態変更をしてからは人の扱いにかなり苦労をしていた。それでも勘左衛門の生き方に共鳴し、公私にわたり支え続けたが、さすがに寄る年波には逆らうことができず、昨年の秋、故郷遠州馬込村へ帰郷していた。

交代した又吉は商才にも人の扱いにも慣れており、とりわけ男女、歳の差、入店年度にかかわらず平等に仕事を与える姿勢を持っていたため、店の丁稚からはかなり信頼されていた。温厚な人柄ゆえに厳しい仕事の指示が苦手で自分だけで仕事を抱え込むという、勘左衛門から見ての歯がゆさも持っていたが、その弱点を長男正吉が上手く補填し、二代目としててきぱきと店の者に指示をできるようになっていた。

慶安二年（一六四九年）の早春、江戸は例年になく暖かい日々が続き、堀沿いの花々もちらほらと咲きはじめていた。

貞が上野寛永寺の桜を見たいと言い出し、勘左衛門もお供を余儀なくされた。この頃は花見と言っても、ただただ桜の木の下をそぞろ歩くというだけのものである。桜の木の下に宴席を設け、町人が飲食をするようになるのはまだずっと先、十八世紀に入ってからであり、当時の江戸には桜の名所といった場所はなく、日本橋に近いところで花見ができる場所と言えば、上野寛永寺の庭の他には見当たらなかった。

大伝馬町本町通りに出ると、大店の娘たちとおぼしき三人が競うように着飾ってはしゃぎながら歩いている。顔には入念に化粧を施し、やや派手な紅を塗っていた。すれ違う若い男たちは思わず振り返り、娘たちの艶やかさに目を輝かせた。ぼんやりと歩くだけでも華やかさが目立ち、小物や下駄などは新調したものが多いように思える。

確かに江戸の景気は上向きはじめていた。端午の節句を迎えるころになると経済は明らかな活況を迎え、日本橋を歩く人々も気忙しくなり、舟からの物資の荷揚げも以前に増して頻繁になった。大伝馬町で綿製品を扱う太物問屋ではどこも倉庫に商品が収まりきらず、店の前にうず高く積み上げられているのが目につく。下舟町の運河では物資を積みすぎた小舟が横転する事故が、その年の半年で三回も起きる有様だった。

やがて初夏になり、貞は今度は花菖蒲が見たいと勘左衛門に言い出した。

「花菖蒲？　いったいどのような花なんだ？　お前の花好きはよいが、咲いている場所まで歩かされるのはまっぴらじゃ」

「馬込様によりますと、浅草寺から丑寅の方角に菖蒲がたくさん咲いている綺麗な場所があるとのこと。冥途の土産にはよろしいかと」

「お前は桜見の時もそんなことを言っていたな。菖蒲の次は何だ？　紫陽花か、朝顔か、秋には菊か、紅葉か、冬はどうするつもりじゃ？」

勘左衛門はいらついた。そもそも花なんかに何の興味もないのに、そのために往復四里も歩かされるのは真っ平だった。

「父上、もう商いは半分になされて母上のお供をされたらよいでしょうに」

この正吉の一言が勘左衛門の菖蒲の花見をうながした。

桜もそうだが、菖蒲などの花の名所など当時江戸にはなかった。寛永寺の境内の桜を見たり、豪農が広大な庭で趣味で栽培している花を遠くから眺めたりするのが庶民の花見だった。家康、秀忠、家光の三代は花の栽培には熱心だったと言われているが、江戸の町人が目にすることなどもちろんできなかった。

馬込勘解由が貞に教えた菖蒲の群生地は、今の綾瀬川周辺の湿地を利用して栽培されていた個人の菖蒲園と推測される。現在の堀切菖蒲園のあたりのことだろう。

その年の初夏も過ぎる頃、勘左衛門も貞もいよいよ江戸を離れ、長く留守にしていた故郷遠州伊場村への移住に思いを多く寄せるようになってきた。

長男正吉も番頭の又吉も次第に店の仕事に慣れ、勘左衛門抜きでも店の業務をつつがなくこなせるようになっていた。勘左衛門は齢五十九を迎え、他の店ではとっくに隠居になる歳であったが、江戸での創業という大仕事に歳をも忘れ突き進んできた。

思えば人生の楽しみには縁遠い生涯だった。ここですべてを後継の者たちに託し、貞とともに故郷へ帰ることを亡き父はきっと祝福してくれるだろう、勘左衛門は川面に浮かぶ季節外れのツツジの花びらを見ながら思いにふけった。

## 三

その日、勘左衛門が疲れのためか早々と床に就いた。ぐっすりと休んでいた丑の刻頃（午前一時）頃、江戸湾の方向から不気味な地鳴りが聞こえてくるのを感じた。音は次第に大きくなると同時に、勘左衛門は畳がもの凄い力で突きあがるのをおぼえた。すぐに台地はあらゆる方向に揺れはじめ、勘左衛門は思わず外に出て土の上にしゃがみ込んだ。

対岸にある呉服屋の土蔵の瓦はがらがらと音を立てて落ちだし、暗闇の中で川の土手が崩れ、川の中に落ちていく音が聞こえた。外にいても揺れはますます強まり、町中の者たちは台地にしゃがみ込まなくては立っていられないほどになった。

目の前の石積みの塀が突然倒れだした。明かりもないなか、女たちの悲鳴や赤子の泣き叫ぶ声が響きわたる。勘左衛門も全身に力を入れ、目をつぶり座りながら揺れが収まるのをひたすら待った。やがて地震は収まり立ち上がって目を開けると、ついさっきまで目にしていた下舟町の様相は一変していた。倒壊した塀が道を塞ぎ、隣の商家の土蔵は瓦礫の山と化していたのが暗闇のなかでも確認できた。土煙を払いながら店に入ると、正吉や又吉、貞が埃だらけの着物を払いながら駆け寄ってきた。

「旦那様、ご無事でしたか？」

「ご無事も何も、飛び出して、思わず座り込んでいたままでのこと、それより皆は無事か？」

貞をはじめ正吉や店の者は眼前にいるので、一時安堵した勘左衛門だった。蝋燭を灯してあたりを見渡すと、店の建物や蔵には被害がないように見えた。ただ番頭の又吉の姿が見えなかった。

「又吉はどうした？」

「そういえば、今日は奥の間で仮眠をしていたのできっとそこにいるかと……」

「そうか、とりあえず皆で後始末をやってくれ」

「又吉にも手伝ってもらおう」

明かりを携え勘左衛門が奥の部屋に向かうと一瞬異様な光景が目に入った。奥の間が視野には入らず、いつもは見えないはずの裏庭が見えている。

「はて、なんだ、これは?」

奥の間が崩れ落ち、次の間から直接裏庭が見えていることに気づくまで時間はかからなかった。

「おーい、皆こっちへ来い！　又吉を探せ！」

「この下に又吉がいるぞ！」

「おーい、又吉！」

「又吉さーん」

奥の間は帳簿を納めていた棚が折り重なるように倒れ、その上に梁ごと天井が崩れ、さらに屋根が完全に床を覆っていた。

「この下に、又吉がいるぞ！　早く救い出せ！」

店の者のみならず近所の若者があっという間に集まった。

「早く、屋根と梁を取り除いてくれ！」

屋根瓦を取り、梁が見えてくるまで一刻もかかった。

「又吉、大丈夫か！　返事をせい！」

勘左衛門は必死に叫んだが、うめき声一つも聞こえない。不吉な予感が頭をよぎった。

「又吉、聞こえるか？　声を出せ、又吉、又吉！」

初夏の陽が昇る頃、帳簿棚の下で倒れている又吉が見つかった。

「又吉！　おい又吉！」

「又吉さん、しっかりして又吉さん！」

「おい、又吉」

勘左衛門や貞、店の者たちが必死で呼びかけたが返答はなかった。

又吉の上にのしかかった梁や棚の重さで肺がつぶれ、ほぼ即死の状態だった。享年三六歳、これからを嘱望される大事な人間を伊場屋は地震で失った。

慶安二年六月に起こった慶安大地震は、江戸と川越の中間を震源とする推定マグニチュード7の直下型地震であった。江戸の被害はそれほどでもなかったが、どうしたものか下舟町や大伝馬町だけは被害が大きく、町内十数か所で土蔵や塀が倒壊し、二十数名が圧死した。時間的に火を使う時間でなかったのが幸いして、火事の発生は日本橋ではなかった。

又吉の葬儀は倒壊した奥の間を片づけ、更地にした後、仮屋を作って行われた。又吉の家族が三河から江戸に来るのを待って、ひと月おいてのことだった。又吉のただ一人の異母兄妹である妹よねが遺骨の前で泣き崩れた。

「兄さん！　兄さん！」

絞り出す声が列席する者たちの涙を誘った。又吉の故郷遠州馬込村には老いた母がいたが、老齢のため葬儀には出られなかった。又吉の仕送りで生活してきたこの二人の遺族の生活も支えなくてはならない。勘左衛門は重い責務を感じた。葬儀が終わり、茶の間で深い喪失感で塞ぎこんでいた勘左衛門のところへ貞がやってきた。

「勘左衛門様、妹のよねは家で引き取りましょう。まだ二十歳になったばかり、何か役にたってくれると思いますがどうでしょうか？」

「私もそう考えておった。浜松に帰っても老いた母の面倒を見なくてはならないが、先立つものがなければ生活は成り立たぬしな」

母親が違う兄妹でありながら、よねは本当の親以上に義母の面倒をよくみていた。

「いっそのこと母親も江戸に呼んだらどうか？」

「ただ、本人に聞かないことには……」

「気立てもよさそうだし、勘左衛門様、きっと伊場屋の役に立ってくれることと思いますよ」

まさに貞の予想通りであった。この大地震の八年後に迫る伊場屋創業以来、最大の危機をこのよねが救うとは、このとき誰一人予想する者はいなかった。

「それから勘左衛門様、私たちの浜松への隠居はしばらくお預けにいたしましょう！」

「その通りじゃ、還暦となったが、わしも隠居などしてはおれぬ。奥の間の修復や江戸舟町の復興、さらには又吉の後継者を選ばなくてはならぬ」

## 四

震災から一年が過ぎた夏の夕暮れ時、伊場屋の店先に一見見知らぬ女親子がやって来た。

「おかみさんはいらっしゃいますか？」

鈴のような澄んだ声で店員に問いかけている。店員もあっけに取られ、しばし返答に窮し

ていたようだがすぐさま我に返り、

「どちら様で？」

「越後から参りました加奈とお伝えください。」

「かしこ参りました、少々お待ちを」

「おかみさん、越後の加奈さんという方が店先でお待ちですが？」

「越後の加奈さん？　知らないね。はて、誰だろう？　まあお会いしてみるか」

貞は調べ中の台帳を帳場に置き、店先へ向かった。

年頃は親が三十半ば、娘が二十歳手前の年頃だろうか？　母親は高価な小千谷を着込み、娘は品の良い浴衣姿に高価なかんざしを付けている。一目で大店の奥方と娘とわかった。

「長くご無沙汰しておりました。恩を何時かお返ししようと十数年の歳月が経ちましたが、ようやくその時が参りました。江戸で大きな地震があり、さぞお困りだろうと思い立って参りました。今日は米五十表とお借りしておりました金子一両、それに地元の特産品、小千谷の反物二反もお持ちしました。どうかお納めくださいませ」

「五十表のお米？　あの、どなたか存じませんが、お店をお間違いなのではありませぬか？ここは紙問屋の伊場屋という店でございますが……」

「はい、承知しております。本当にあの時のご恩義忘れた日はございません。いつかはお礼にと思いながら本日になってしまいました。申し訳ございません」

貞は狐につままれた思いで呆然と立ちすくんだ。

「十二年も前、この町のお祭りでこの子にお菓子の紙包みをいただき、それだけでも嬉しかったのでございますが、田舎に帰る金子一両もいただき、私どもは本当に九死に一生の思いで故郷に帰ることができました。あの時は本当にありがとうございました」

祭りの日に店先にやって来たあの親子だ！　貞はようやく思い出した。夫からは「詐欺師に騙されたぞ、あの金は決して帰っては来ぬ」などと揶揄され、自分自身もはたしてそうかも知れないと思いながら忘れていたあの一件だった。

「はあ！　あの時のお嬢ちゃん！　まあ随分と綺麗になって、さあどうぞお上がりください」

親子は一刻ほど店に上がり、今までの経緯を話し始めた。

故郷へ帰った後、伯父に助けられ、農業の手伝いをする傍ら、染色の仕事をはじめ、それが殊更うまくいき、やがて越後十日町の織物問屋に入り、数々の仕事をするうちにその問屋の一人息子に気に入られ、再婚したとのことだった。当初は子持ちの女と店の跡取りとの縁組は自ら断ったが、周囲からもぜひ縁組をとの声に押され夫婦となった。その織物問屋も加奈の染色の美しさが評判となり、商いは隆盛を極め、現在に至っているとのことだった。

貞はその話を聞き、あの時の一両が一人の親子の人生を成功に導いたことに感涙を覚えた。

二人が去った後、どこから持ち込まれたのだろうか？　店の軒先には五十表の米俵が積まれ、道行く人たちが異様なまなざしでその米俵を見つめていた。帳場に帰ると傍らで貞と親子の会話を聞いていた勘左衛門が思わず口を開いた。

「すまなかった、てっきり詐欺師と思っていたが、世の中にもまだ美談というものがあるものだ」

「私の目に狂いはないのですよ！　さあ、これが十二年前の一両の包、あなたにお返ししましょう」

勘左衛門が紫色の縮緬の小風呂敷を開くと、半紙に包まれた三両の小判が目に入った。


慶安の地震の復興は江戸では一年を要した。

江戸城の石垣が崩れ、常盤橋も破損し、大手門の櫓も半壊した。江戸市中では数百人が犠牲になったと言われ、商家の損壊も数百軒に及んだ。

三代家光の後を継いだ家綱が儒学中心の文治政治を取ったためか、震災後の不況のためか、江の経済はしばらく停滞した。伊場屋も問屋としての売り上げがこの頃減少の傾向にあった。江戸の人口は増え続けているのに売り上げが減少するとは、家綱の政策だけの問題ではなかった。

こうした中、伊場屋もこの人口増加に呼応するため新たな商売を模索しなくてはならなかった。全国から和紙や竹材を仕入れ、専門の問屋に卸す商売も地方からやって来る同業者との価格競争が年々激しいものになっていた。

さらに紙の相場変動も伊場屋の経営を不安定にするものだった。勘左衛門も新たな商売を模索してきたが、なかなかいい知恵は浮かんでこなかった。

この年、長男正吉を居間に呼び、勘左衛門は話を始めた。

「正吉、この頃はなかなか利が出ぬ商売が続き、このままでは店が立ち行かなくなるような気がする。幕府の御用をいただいても、それだけでは今の店の者たちの給金を支払うことさえできなくなる、正吉としては何か考えはあるか？」

「はい、私もそのような懸念を持っております。店の者の中にも同業の店との商売に負ける案件がこのところ続いており。私もどうしたものかと考えていたところでございます」

正吉の思いが自分と変わらぬことに、勘左衛門は改めて長男の眼力を評価した。

「お父上様、私どもには大量の紙を仕入る能力があります。その紙を使って草紙の商売をされたらと存じます」

「伊場屋が草紙を出すというのか？」

「そうでございます。京大阪では今いろいろな本が作られており、町人もかなりそれを買って楽しんでいるとのことでございます。伊場屋は全国から紙を安く仕入れることができますゆえ、他の地本問屋とは有利に商いが運べます」

「なるほど、草紙を作るというのか、だが既存の商売相手である草紙屋には何と説得する？」

「そこで、でございますが、私どもの売り先は主に上方の江戸出店中心に、経典や歴史、暦、漢籍などかなり硬い書が多いのですが、伊場屋は町人中心の草紙を出されてはと思います」

当時、伊場屋の紙の売り先は正吉が言うようにいわゆる比較的内容の硬い本屋で、一般の町人が好んで読む草紙屋などの出版先には販売はしていなかった。最も大きな原因は、出版リスクの多い店には資金の回収のリスクも伴うからだったが、正吉は出版そのものを伊場屋でやろうとの考えであった。

「なるほど、町人が読む草紙を伊場屋がやるということか？　そうすれば店の販売先に文句をつけられることもないな。で、草紙の内容は考えているのか？」

「言い出しっぺとしてはお恥ずかしいのですが、まだ内容までは……」

このあと勘左衛門は、妻の貞はじめ店の何人かに草紙の出版について意見を聞いてみた。

「伊場屋が町人向けの草紙を出されるのですか？　紙問屋として沽券に関わるのかと……。それに売れなかった時はいったいどうなされるおつもりでしょう？」

貞は懐疑的であったが、店の経営改善にはこれと言った対案もなく、考えあぐねていた。他の店員に聞いても考えは貞の思いと一緒であった。

もはや店主である勘左衛門の決断一つであった。とどまるより前に進もう、これは三河の「やらまいか」の精神そのものだ。こうして勘左衛門は新しい出版業を立上げることとなった。しかし、そう簡単に出版という事業を紙問屋が始められるものではない。まず印刷を行う「板木屋《はんぎ》」や本の表紙を作る「表紙屋」、それに本の装丁を行う「経師屋《きょうじ》」や刷り師を探さなくてはならない。

大伝馬町には表紙屋と経師屋が数軒あり、伊場屋の要請には快く応えてくれたが、板木屋はそう簡単には見つからなかった。この頃、江戸の町にも本の出版を始めるところが増えはじめ、少ない板木屋に仕事が集中していた。

伊場屋のような新規の開業の仕事を引き受ける余裕は、どこの板木屋にもなかった。勘左衛門は長男正吉とともに下舟町にある板木屋に日参し、ひと月掛けて口説き落としたが工賃は市場の三割増しという悪条件の中での出発だった。

次の課題はこの草紙の内容だった。当時一番売れた内容は町人たちの噂話や時勢を風刺したもの、それに遊郭の人気の女郎などをまとめた情報誌であった。

しかし、勘左衛門としてはもう少し上品な内容を盛り込んだ本の出版を考えていた。町の人気の店、流行の着物や江戸郊外の情報を盛り込んだ、今でいうタウン誌がそれに該当するだろう。最後のページには暦をつけ、内容の拡充を目論んだ。当時、暦の出版は幕府の認可が必要であったが、これも馬込勘解由に依頼し特別早めの許可を取ることができた。こうして貞や店の者も納得するかなり完成度の高い草紙が完成した。刷り師には二千冊の予定のところ、五百冊の発注をかけ、まず慎重な滑り出しを図った。

刷り上がった本を早速町の草紙屋に卸し、売れ行きをじっと待った。勘左衛門は本の内容にはかなり自信を持っていた。しかし、蓋を開けると売れ行きは芳しくなかった。ひと月経っても売れた部数はわずか十冊と惨憺たる有様だった。店の者全員が打ちのめされた。大伝馬町の草紙屋三河屋の旦那が勘左衛門のところにやって来た。

「勘左衛門殿、全然本のことはわかっておらぬようですな。伊場屋さんの今回の本はいったい誰に売るのか、私にはわかりません。町の男衆か、それとも若い娘さんか、はたまた勘左衛門さんのような所帯持ちか、次回はもっと的を絞ってお作りなさったらいかがか」

言われて見ればまさしくその通りだった。将来競争相手になるかも知れぬ伊場屋にそのような指摘をしてくれることに勘左衛門は感激した。さすが同郷のよしみだった。そもそも妻の貞や正吉、それに店の皆が自分の思いを一冊の本に入れ込んだのが間違いのもとだった。

勘左衛門は店の業態を変えることがこれほど大変だとは考えもしなかった。

下舟町や大伝馬町に住む商家の者たちはすでに隠居し、安泰の中で悠々自適の生活をしていることを彼は知っていたが、これを羨んでもしかたがなかった。何もない湿地から江戸を創り、今の繁栄を築いた家康や三河の者たちの苦労を考えればこれも自分に課せられた宿命だと考えざるをえなかった。還暦の体に鞭を打ち、もう一度再出発しよう！　勘左衛門は創業の起点に立ってもう一度自分を奮い立たせなくてはならないと固く決意をした。

# 五

正吉を中心に新たな草紙の編集が始まった。まず読者層を江戸に来たばかりの若い男衆と若い娘に絞った。さらに前回の失敗をふまえ、男女別々の草紙にして出版することにした。男向きの草紙は長男正吉が、女向きのほうは貞と亡くなった又吉の妹よねが担当した。

まず男向けの草紙は、江戸のうまいものづくしや囲碁将棋、釣りの穴場からはじまり遊女風呂まで紹介した。一方、女物の方は当時流行りだした江戸糸あやつり人形の上演情報や呉服、和装雑貨店、さらには甘味店の紹介も載せた。

売り行きは上々であった。男物のほうは草紙屋から次々と注文が入り、増刷を求められた。女物はこの男物の四倍を超す注文が入り、ついには版木を彫り直す事態となった。特に甘味情報では当時長崎や佐賀で作られていたカステラやボーロの情報に多くの女たちが興味を持った。江戸では食べられないこれらの菓子の情報になにゆえ興味を持ったのか、貞たちは首を傾げたが「味わうことのできぬ菓子」の魔力は想像以上の効果だった。浜松からきたよねの江戸への興味が、同じ若い女たちの心を捉えた結果だった。

新しい商売ではあったが、出版業はようやく順調な滑り出しを見せはじめた。翌年には隔月から毎月の出版となり、部数も男物、女物あわせて四万部を超えた。勘左衛門は目標を十万部に置いており、これが達成できたら念願の故郷伊場村への帰還を実行しようと考えていたが、慶安の地震から五年後の来年、承応二年にはその目標に達する勢いだった。

「貞、そろそろまた隠居の計画も立てなくてはならぬな！」

「そうですね、あの地震でお流れになりました帰郷のことも、来年か再来年にはいよいよ進めても罰にはならぬと思います。それに死んだ又吉の妹、よねも草紙の制作には女の身ながら番頭並みの活躍でございます。それに正吉がなんとなくよねを好いているような気がしていますが、どう思われますか？」

「正吉も苦労が多く、婚期をとうに過ぎているし、よねも決して若くはないが、そうか！いっそのこと夫婦になってもらえれば一挙両得だな」

「その通りでございます。ただ、両人がそのような思いかどうか私にはわかりかねますが……」

勘左衛門と貞の思いは杞憂にすぎなかった。二人はすでにこのとき夫婦になろうという思いで仕事をしていたようだ。正吉にとって実に信頼できる片腕であり、相性も申し分なかった。当時祝言は神無月を避けるという風習があり、急遽残暑残る九月に行われた。

祝言は震災後という時期でもあり内々に行われたが、下舟町の町民や大伝馬町から代替わりして三代目の馬込勘解由喜与も駆けつけてくれ、賑やかな一日となった。

伊場屋の出版事業は、その後も正吉やよねたちの努力で順調に伸びていた。草紙には彩色された挿絵を施し、伊勢参りや大山詣での旅行記事も江戸では評判となった。この出版の仕組みは二百年の後、江戸市中はおろか、海外の人たちに絶大な人気を博した伊場仙版浮世絵出版の確固とした礎になった。

慶安から承応を経て年号は明暦に変わり、勘左衛門も齢六十五を数え、少しずつだが足腰の衰えを感じはじめていた。正吉やよねに店を任せ、故郷遠州伊場村への帰郷を決めたのは、明暦二年（一六五六年）のことだった。

帰京を来年三月頃と定め、貞もその準備に取りかかった。伊場村には新たに土地を買い、瀟洒《しょうしゃ》な家を建てた。

伊場屋の二階の奥の間を新しい夫婦に譲るためまず部屋の整理を始めていくと、埃をかぶった葛籠のなかからたくさんの書面が出てきた。読み取れないがウイリアム・アダムスのサインが入った手紙、家康に謁見した時の馬込勘解由の紹介状など思い出の書面が保管されており、底のほうからは「何事も続けることが肝要、道半ば投げ出すことは何もやらぬことと等しき」と揮毫された先代利兵衛の半紙も出てきた。

これらを見ると、四十年余りの江戸での生活が次から次へと浮かんでくる。時にその思い出に浸りながら、ゆっくりと作業を進めていく。

明けて明暦三年の正月になり、帰省する日が間近に迫ってきた。勘左衛門は半世紀ぶりの帰郷に心を踊らせていた。

*

その年は例年になく寒い日が続き、運河には暮れから厚い氷が張る日が多かった。北風も強く、子供たちのつく羽根や凧で破れた凧が氷の上に散らばっている。強い風で舞い上がった土煙に、せっかくの早春の江戸の正月風景は台なしだった。

「まあ、この寒さをしのげば春には温暖の遠州へ帰れる」。勘左衛門はそう思いながら凍てつく川面を眺めていた。時刻は申の刻（午後四時頃）の頃だっただろうか？　折から吹いていた北風が一瞬止まった。はて不思議なことだと思いながら店のほうへ歩き出すと、今度は南からの微風が吹きはじめた。店に入る頃には南風が強まり、机の上の台帳が自然にめくられた。

勘左衛門は何か不吉なことが起こり始めていると感じた。しかし、地の揺れが再び起こるでもなく、竜巻のような大風が吹きはじめた兆候もなかった。ただ遠くで半鐘の音が聞こえていた。どこか火事でも起こったのか？　そう思いながら二階の物干し台に上り、風の吹く南の方向を見ても日本橋の街並みが見えるだけで、変わった風景は見えなかった。

しかし、下に降りようと北向きの階段を歩きはじめた時のことだった。一瞬目を遠方に向けると、勘左衛門の目に異様な光景が飛び込んできた。西に傾きはじめた陽の光よりも強い帯状の光が、神田方面の頭上に輝いている。

「火事だ！」

勘左衛門は店の者に大声で言うと、もう一度物干し台に上り、火の勢いを確認した。これは今まで経験したことのない大火になる、そう思った。

「正吉！　金を取りまとめ外へでろ！　さあ早く、貞、よね、逃げるぞ！」

勘左衛門は店員十数名を引き連れ、隅田川方面へ走り出した。両国橋を渡り、本所方面にとりあえず避難をしようと思った。

「お父上様、それはなりませぬ！　江戸の人たちが皆両国橋を渡ろうとすれば大変なことになりまする。南のほうへ逃げましょう！」

よねが勘左衛門の前に立ちはだかった。

「そうか！　よし、南へ行くぞ！」

早足で八丁堀を駆け抜け、芝増上寺に向かおうとした。ここまで来れば火は追ってこないだろうと思い、幾分足をゆるめた。喉はからからに涸れ、草履の鼻緒は今にも切れそうだった。脛がひどく痛み、しばらくそこで小休止をしたかった。

「お父上様、大丈夫でしょうか？」

返事ができずにいると、その増上寺も危ないと言う。

「愛宕下には民家が密集しており、一度火がついたら大変でございます。これより右に曲がり京橋川に沿って参りましょう！」

不思議なことに、今は正吉の嫁よねが、皆の先導役になっていた。右手の日本橋方向を見ると、すでに紅蓮の炎が天高く舞い上がっており、そこここで半鐘がなり続けていた。避難する人たちで京橋川両岸は人であふれかえっていた。

すでに陽はとっぷりと暮れていたが、空は真っ赤に染まり、まるで松明で道が照らされているようだった。舞い上がる炎に向かって吹き込む南風はますます強くなっていた。この状況で体が火の熱さを感じたらそれで一巻の終わりだった。

日本橋から一里ほど歩き、溜池に出た。すでに深夜になっていたが、大勢の避難者で一杯だった。ここまで来れば大丈夫だと、よねは感じた。火元方向には江戸城があり、防火の役目をしてくれる。勘左衛門もくたくたになりながら胸を撫で下ろした。

明くる日の昼ごろ、ようやく火は治まった。麹町のほうを見るとまだ家々から火の手が上がっているのが見えたが、昨夜のような勢いはなかった。勘左衛門はじめ店の者たちは、疲労と空腹でこれ以上歩くのがやっとであったが、又吉の強い希望で日本橋下舟町へ戻ることになった。道中の様相は想像を絶するものだった。

後世、この大火事は明暦の大火と呼ばれ、その規模や焼失面積から西暦六四年のローマ大火、明暦の大火からわずか九年後、一六六六年にロンドンを焼き尽くしたロンドン大火を含め、世界三大大火と称される。江戸でもこの時数万人の犠牲者を数え、その十倍の人たちが被災者となった。

勘左衛門たちが日本橋へ戻る道中、ここに街があったのかと思うほどすべての建物は灰燼に帰しており、ところどころには焼死体が放置されている。八丁堀を過ぎると遺体の数はふくれあがり、じつに耐え難い光景であったが、その光景にも次第に慣れてきた。江戸橋に近づくに従って歩く人々の数は多くなり、日本橋川の手前では群衆で動けなくなった。

いったいどうしたのか？　皆は不思議に思ったがやがて日本橋川のほうから戻ってくる一団に聞くと、日本橋も江戸橋も焼け落ち、日本橋川を渡れないという。この時、勘左衛門は蠣殻《かきがら》町付近に浜松藩太田資宗の屋敷があることを思い出した。

太田氏とは浜松出身のよしみで、年に数回参上して挨拶をしている。もしかすると、ほんのひと時でも休ませてもらえるかもしれない。急きょ全員で茅場河岸に向かい、舟で対岸の茅場町へ渡ることにした。避難の際に店から金を持ち出してはきたが、渡しにはいくらかかるのか？　二刻を待たされた後、ようやく舟に乗ることができた。

幸いなことに船頭は一切の金は受け取らなかった。感謝の気持ちを伝え、一路、太田資宗の屋敷へと向かった。ようやく見つけた屋敷は半焼していたが、すでに浜松出身の者たちが二、三十人ほど集まり、前庭には立錐の余地もなかった。それでもなんとか握り飯と香の物にありつけ、皆生き返った気持ちになった。資宗本人も先頭になって被災者への水や食料手配の陣頭指揮を執っている。先ほどの船頭といい、資宗といい、度量の大きさというものはこうした災害時にこそ試されることを勘左衛門は改めて実感した。

「やあ、勘左衛門殿も災難だったな。ご覧の通り、当家も半分焼け落ち、私の寝る場所もなくなってしまったが、まあ皆も同じ苦労をされているので文句は言えん。日本橋はほとんどが焼失しておるようだが、勘左衛門殿はこれからどうするつもりじゃ？」

江戸では二十万人ほどが住む家もなく寒風にさらされていた。神社、寺に避難している者は多かったが、被災者全員を収容することはできなかった。そのため、年寄や生まれたばかりの子供は寒さの中で次から次へ命を落としていった。もちろん、勘左衛門もその一人だ。住む家を失ってしまった以上、この先どこで暮らすかを考えなくてはならない。

すでに勘左衛門は、店の者全員で浜松の伊場村へ避難することを心のなかで決めていた。村に帰れば作ったばかりの小さな屋敷もあり、米などの食料も手に入るだろう。当面はそこで過ごし、店の再建を考えようと思いをめぐらせていた。

かくして、整備されたばかりの東海道を二十数人が一団となって一路三河へと向かった。有難いことに、宿場では江戸からの避難民のために米や野菜の汁が用意されており、一同、空腹だけは避けることができた。

五日をかけて浜松城下に入ると、そこは別天地であった。気候は江戸と比べて温暖で、食糧不足に悩まされてもいない。夕刻に伊場村に着くと、勘左衛門の縁者たちが全員を暖かく迎えてくれた。よねの故郷である馬込村からは、地震で死んだ又吉の年老いた両親が野菜を満載にした籠を背負って村にやって来た。

「母さん……」

よねは駆け寄り、久しぶりの再会に涙した。

「おまえも、江戸では災難だったな。又吉もかわいそうなことをした。江戸は本当に恐ろしいところじゃ」

「母さん大丈夫、正吉さんも側にいるし、ご両親も親切にしてくれる。よねは幸せですよ」

「それならよいが、江戸で息子も娘も失うじゃないかと、ずっと心配しておったところじゃ」

その日は伊場村や馬込村の人たちが集まり、江戸での大火のことをこと細かく聞いてきた。できたばかりの屋敷はまだ木の香りが残り、これまでのことを思えば贅沢すぎるくらいだった。店の者の多くは二週間ぶりに屋根の下で熟睡することができた。

あくる日もその次の日も、米をはじめ野菜や魚が差し入れられ、貞やよねは店の者たちへの賄で明け暮れる毎日が続いた。そうしたなかで、勘左衛門は今後の身の振り方を考えていた。このまま貞とここ浜松に残り、余生を暮す方法が一番無難だった。

江戸日本橋の復興は時間がかかる。せっかくの江戸での商売だったが、諦めてここで一族が生きていくのも悪くはない。そのような思いが頭をかすめた。

店の者はここ三河の出身者が多く、それぞれ実家へ身を寄せていたため、伊場村に残っているのは勘左衛門、貞、正吉夫婦のほか五名の店員だった。

三河に来て一月が経過した頃、正吉夫婦と二人の店員が相談があるとのことで勘左衛門の部屋にやってきた。正吉がすぐに口を開いた。

「父上、江戸に戻り、もう一度商売を始めましょう！　いくたびかの災害がございましたが、江戸はこれからますます発展する町となりましょう。おじい様たちは、江戸は世界一の街になる、そのような思いで江戸の街づくりを徳川様たちと行ってきたと聞き及んでいます。私もかように思います。よねも江戸での生活に覚悟を決めております。店の者たちの多くも、もう一度活気ある江戸へ戻りたい、そう希望しております」

「勘左衛門様、私もそう思いますよ」

いつの間に傍に来たのか、妻の貞も同じ思いを述べた。

息子の正吉や若い者たちは、あれほどの辛い思いをしながらも、もう一度江戸への帰還、そして商売の再興を考えている。弱気になったのは自分だけか？　歳のせいなのか？　皆が部屋から出ていった後、勘左衛門は近所の賀茂神社へひとり足を運んだ。

境内の木々はいまだ冬の装いだったが、南向きの境内は風もなく初春の温もりを感じた。勘左衛門の父利兵衛は、家康や紅毛人たち、そして多くの三河の者たちとともに江戸を開いた。自ら命を落としてまで江戸の開発に人生を賭けていたのだ。

彼らの思い、それは数百年の後に江戸がローマやロンドン、パリを凌駕する世界一の街になるというものだ。外国から多くの商人たち、物産、金が集まり、人々は豊かできらびやかな衣装をまとい、夜も昼間のような燭に照らされ、嬉々とした生活が営まれる。それが彼らの夢だ。そうだ！　もう一度彼らの夢を実現しよう！　私の余生も江戸の再興に賭けるのだ。隠居した他の者たちの人生とは違い、自分には天命がある。勘左衛門はもう一度自らを奮い立たせた。

勘左衛門は遠州伊場村の屋敷と田畑をもう一度売り払い、三河という退路を断った。そして、半年が経った晩夏、一同とともに再び江戸へ向かった。

江戸に入るとまだ大火の跡は生々しかった。仮設の江戸橋を渡り、日本橋下舟町の伊場屋の焼け跡に立った。土蔵だけを残し、店、屋敷は跡形もなく燃え尽き、ただただ黒焦げの梁だけが残っていた。近隣の町もすべては焼失し、皮肉なことにいつもは見えなかった筑波山や雪を抱いた日光連山が北の地平線に見える。再び太田資宗の屋敷の一部を借りながら、伊場屋の普請が整うのを待った。

伊場屋が蘇ったのは、明くる五月中頃のことだ。その年の九月には大伝馬町の店々の建て直しも始まり、日本橋は次第に大火前の喧騒を取り戻した。正吉と嫁のよねは再び草紙の出版を始め、明くる年の春には千部ほどの草紙の出版にこぎつけた。人々は大火後の江戸の情報をいち早く知りたかった。行方のわからない町民の消息記事は引っ張りだこだった。

長男正吉、嫁のよね、そして伊場屋の店の者たちの必死の努力、そしていくぶんかの運も手伝い、伊場屋は明暦の大火から見事に復興した。とりわけ出版事業は順調に伸び、日本橋はおろか江戸中の有力情報を扱う一大発信基地となっていった。江戸の店からの広告の依頼も来るようになり、ようやく資金繰りも楽になった。

のちに伊場屋の出版事業は、元禄期から扱うようになった団扇《うちわ》に浮世絵を刷り込んだ団扇絵を手がけることで大きく飛躍した。江戸の人々は競ってこの浮世絵を刷り込んだ団扇を買い求めた。男たちは花魁や町の評判娘を刷り込んだ団扇を買い、女たちは人気の歌舞伎役者を刷り込んだ団扇を買い求めた。

文政年間になると広重や豊國、国芳などの有名絵師たちが伊場屋の団扇絵を手掛け、江戸堀江町（以前の下舟町）は江戸団扇の一大生産地として活況を呈し、団扇河岸と呼ばれるまでに成長した。

伊場屋はさらに木版技術と著名絵師たちの協力で浮世絵の出版を始めることとなり、有力な版元として後世に名を残した。明治の開国後大勢の欧米の商人たちがこの浮世絵を買い求め、瞬く間にパリやロンドン、ボストンなどの都市に広まっていった。伊場屋は維新後もこれらの需要に応えるため、浮世絵を増刷し続けた。

## 六

明暦から万治の時代になり、あの大火の惨状を眼前にした幕府は、両国広小路を皮切りに防火に徹底した新たな街づくりをはじめ、さらに定火消役を設けるなど、江戸を日本一の防火都市として生まれ変わらせるよう努力した。災禍から復興した江戸はさらに商業が発達し、日本橋は文字通り、日本の商業の中心地として発展した。

寛文三年（一六六三年）の秋に入る頃、勘左衛門は体の変調をおぼえるようになった。時々吐血をするようになり、医者からは安静にするよう固く言いつけられていた。しかし、重い体を押しながらも店に立って、正吉たちの働きぶりを見る毎日だった。

翌寛文四年の春、勘左衛門の容態はもはや店に立つこともできぬようになった。勘左衛門も自らの命が長くはないことをこの時悟った。悔いはまったくない。生涯のうちに大地震と大津波、大火という三度の災禍に遭遇したが、それでも幸せで充実した日々であった。町の他の商人たちのように享楽に接し、贅沢な着物を着ることも少ない人生だったが、妻や息子の正吉、店の者たち、そして思わぬ後継者の一人、嫁のよねを得たことはなんと幸運だっただろう。自分は江戸一の幸せ者だ、勘左衛門は心底そう思った。

五月、勘左衛門は臨終の床に伏した。床の周りからは貞や正吉、よねや店の者たちがすすり泣く声が聞こえている。おろかなことだ、そう悲しむことなどないではないか。私は至福の中で江戸を去っていくのだ。やり残したことや恨み辛みなど皆無だ。自分が生まれてきた時とまったく同じに、無垢な気持ちで旅立つのだ。

薄れゆく意識の中で江戸に初めて来た日のこと、二人の外国人と酒を酌み交わした時の驚き、家康と謁見した時のあの緊張した思い、貞との婚礼、大地震や大火に追われて恐ろしかった体験、すべてが走馬灯のように駆けめぐった。

数百年の後、世界一の街、江戸に戻ってこよう。勘左衛門は強い思いを抱きながらも、やがて深く心地よい眠りに入っていった。

＊

「社長、着きましたよ！　社長、さあ起きて、船が岸に着きましたよ！」

「はあ？　ここはどこかな？　あれ、君はなぜここにいるんだ！」

「何をおっしゃるのですか。ついさっきオランダに着いて、社長がこの船に乗りたいとおっしゃるのでこうしてご一緒しているんですよ！」

「……そうか、オランダに来ていたんだな。しかし、すっかり寝込んでしまった。江戸の街はその後どうなったものかな？」

「また何を寝ぼけたことをおしゃっているのですか？　ここは江戸でなく、オランダ……オランダのアムステルダムですって」

雅生が眠りに入っていたのはわずか十数分ほどに過ぎなかったが、何かとてつもなく長い夢を見ていたような気もする。話はどこまで進んだのだろう？　いや、話をしていたのか？

そんな夢を見ていたのか、いまひとつ判然としない。

「やはり、何か書き残さなくてはならないならないな。私がここにいて、この仕事をしている、その理由でもあるんだからな」

「何のお話？　仕事のこと？」

「いや……別にいいんだ。また時期が来たら話そう」

そう口にした直後、旅立った東京の光景が不意に思い出された。立ち並ぶ高層ビル、地面を網に目に走る地下鉄網、幾度かの災禍を潜り、四百年の歳月をかけて東洋一、いや世界一の大都市に変貌した東京。遠い異国にいながら、雅生は故郷東京が奇妙にも懐かしく思えた。懐かしさと同時にどこか寂しさもある。

こうして今があるのも、自分たちの祖先が土地を切り開き、商売を始め、必死になって生きてきたからだ。そうやって連綿と血をつなげながら町を作り、文化を生み出し……雅生には、人の世の営みというものの不思議が改めて感じられた。我々もまたその営みのなかで生きていくのだ。そして、何かを残してこの舞台から去っていく。

すっかりと陽は落ち、街には明かりが灯りだした。建物はオレンジ色に輝き、夜の街の喧騒や船頭たちが奏でるヴァイオリンの音色が、雅生の耳に心地よく聞こえてきた。狭い運河から見える石造りの河岸は先ほどの夢の中で出てきたような気もするが、いまだまどろんだ心地のなか、すべてを思い出すことはできなかった。
海の向こうから吹きこんできた一塵の風が、雅生を現実の世界に引き戻した。

（おわり）

# あとがきに代えて

西暦２０１５年、当社は創業４２５年を迎えました。普通の会社でしたら、記念の年に会社の沿革を記した記念誌を出すところでしょう。しかし、当社には記念誌を出そうにも４００年も前の資料などまったく残っていません。代々言い伝えられてきた口伝では、創業者は遠州伊場村（現在の静岡県浜松市中区東伊場町）より徳川家康と共に江戸に遷り、当時の江戸の開発に従事したことになっています。

社名である伊場仙は、その浜松の村の名前から採ったとのことです。当社の創業自体も、実は代々の菩提寺深川の龍光院にある過去帳に、創業者勘左衛門が万治三年（１６６０年）、七十歳で没したと記されていますが、初代が幾つの時に江戸で創業したかは残念ながらわかっていません。そのため、便宜上、初代が生まれた天正十八年（１５９０年）を創業としています。二、三の口伝とともに私たちに残された資料はこれだけです。

そこで私は、当社の社歴を「小説」として編纂することにしました。小説でしたら想像を交えながら文章を進めることができ、歴史的な証拠が存在しなくても、ある程度物語をまとめることができるでしょう。私が小説という手段を用いてでも一言申しあげたかったのは、今や世界的大都市である東京が、当社の創業者を含め、徳川家の人たち、幾人かの外国人、そして数万人にも及ぶ三河人の血の滲む努力と、度重なる災害や災禍にもめげず不屈の精神によって創り上げた事実を知っていただきたかったからです。

物語は、当社に伝わる「江戸は徳川と三河の人々、そして数人の紅毛人によって拓かれた」という言い伝えがもとになっています。紅毛人とはプロテスタント系のオランダ人、イギリス人を意味する言葉ですが、徳川の世の最初にやって来たヤン・ヨーステンやウイリアム・アダムスたちのことでしょう。彼らが遠き海原を乗り越えて日本にたどり着き、江戸日本橋に居を構えたことから、この物語が始まります。

当社が産声をあげた慶長年間は、日本でも、そしてヨーロッパでも、大きく歴史が動いた転換点でした。当時、日本も世界的な荒波に大きく影響を受けたことは疑いのないことです。東京、そして、東京の中心地である日本橋で、江戸開闢の時にどのようなことがあったのか？私はこの小説を通し、歴史の教科書に書かれている視点とは違った目で江戸の創業時の様子を書き記したつもりです。

２０２０年に、東京は二回目のオリンピックを迎えます。開催都市ではオープニングセレモニーや文化プログラムを通して、必ずその都市が生まれた歴史を内外の人たちに喧伝しています。本小説がその時に何らかのお役になれば、と思っています。

重ねて申し上げますが、本文には読者の皆様から見ても数々の歴史的な捉え方の差異を感じられるところがあるかと存じますが、当社に伝わる口伝をもとに書かれた小説であることに免じて、お許しをいただきたいと思っています。

最後に本文に目を通し、推薦の文を記していただいた松平定知氏、監修を引き受けていただいた歴史家の安藤優一郎氏、ＮＰＯ法人「江戸城再建を目指す会」の太田資暁氏（太田道灌第18代子孫）など、お世話になった皆様に感謝申し上げます。

平成二十九年三月吉日

伊場仙十四代目当主　吉田誠男

# 後世に残る歴史物語、その自由で、大胆な発想に脱帽

松平定知

1600年春のあのリーフデ号の難破事故が、巷間伝えられている「自然現象のなせる業」ではなく、オランダの世界戦略の一環として、実は「仕組まれたものだった」という、実に大胆な仮説に、まず眼を見はった。

彼らのキーワードは「家康」。彼らは日本の指導者は秀吉よりも家康と見切り、それゆえ、「家康の天下」の実現に手を貸し、その見返りに日本の「銀」を得、イスパニア・ポルトガルの大航海時代の覇者に一矢報いたい、と思っていたという発想に脱帽した。伊場仙の初代の父親である利兵衛さんが家康と同郷の岡崎の生まれで、家康の居城だった浜松城の近くに居を構えていたということから発想して、家康と利兵衛さんの家とは特別な関係にあり、利兵衛さんの息子の勘左衛門さんと家康は必要な時に対面し、話すことが出来た仲という設定は、この小説の構成上、重要な役割を占める。相当面白いフィクションだと思う。

オランダの商船・リーフデ号の乗組員のヤン・ヨーステンとウイリアム・アダムス（その日本人妻・お雪）を、勘左衛門さんと絡めて展開する江戸初期の話の展開。そこでは、吉良上野介の吉良家と勘左衛門の家との関係や吃音の家光の存在などにも触れ、また、慶長の大地震や明暦の大火といった江戸時代の天変地異もさりげなく取り入れてあって、歴史物語としての体面も維持している。さらには、紙商から団扇商、浮世絵鑑定や修復といった家業の変遷・発展に触れており、この小説を通して「伊場仙・発展の記録、足跡」を後世に残そうという試みは、そのすべてが見事にはまって、吉田当主の初期の目論見通りの結果になっていること、素晴らしく思う。

大学では原子力工学を専攻し、企業で技術者としての経験を積んだのち、400年もの歴史を持つ家業を継いだ著者が初めて筆を執ったこの小説は、はからずも後世に残る、血の通った「社史」となったと言えるだろう。

（まつだいら・さだとも）元ＮＨＫアナウンサー。京都造形芸術大学教授。国学院大学客員教授。

**遠き海原～世界都市「江戸」誕生の物語**
著者：吉田誠男

発行日：2017 年 4 月 11 日　第 1 刷
2017 年 11 月 1 日　第 2 刷
編集：長沼敬憲（ハンカチーフ・ブックス）
デザイン：渡部忠（ハンカチーフ・ブックス）

発行人：長沼恭子
発行元：株式会社サンダーアールラボ
〒 240-0112　神奈川県三浦郡葉山町堀内 1263-7
Tel&Fax：046-890-4829
info@handkerchief-books.com
handkerchief-books.com



印刷・製本所：シナノ印刷株式会社

Printed in Japan

ISBN978-4-908609-07-7 C0093